本书获武夷学院科研出版基金资助

20 SHI JI QIAN BAN YE XIAN ZHENG
ZHONG GUO HUA DE WEN HUA TAN SUO

20世纪前半叶宪政"中国化"的文化探索

施建兴 著

全国百佳出版社
中央编译出版社
Central Compilation & Translation Press

图书在版编目(CIP)数据

20世纪前半叶宪政"中国化"的文化探索／施建兴著.—北京：中央编译出版社，2011.10
ISBN 978-7-5117-1050-5

Ⅰ.①2… Ⅱ.①施… Ⅲ.①宪法－思想史－研究－中国－近代 Ⅳ.①D921.02

中国版本图书馆CIP数据核字(2011)第204747号

20世纪前半叶宪政"中国化"的文化探索

出 版 人：	和 龑
著 者：	施建兴
责任编辑：	曲建文　王　景
出版发行：	中央编译出版社
地 址：	北京市西城区车公庄大街乙5号鸿儒大厦B座　邮编：100044
电 话：	(010) 52612345 (总编室)　(010) 52612363 (编辑室)
	(010) 66161011 (团购部)　(010) 52612332 (网络销售)
	(010) 66130345 (发行部)　(010) 66509618 (读者服务部)
网 址：	www.cctpbook.com
经 销：	全国新华书店
印 刷：	北京振兴源印务有限公司
开 本：	710毫米×1000毫米　1/16
字 数：	253千字
印 张：	18.25
版 次：	2011年11月第1版第1次印刷
定 价：	45.00元

本社常年法律顾问：北京大成律师事务所首席顾问律师　鲁哈达
凡有印装质量问题，本社负责调换，电话：010-66509618

目 录

导　言 …………………………………………………………… 1

第一章　探索宪政"中国化"问题的文化前驱 ………………… 11

　一、梁启超对宪政概念和内涵的介绍诠释 ………………… 11
　二、梁启超对宪政"中国化"的文化探索 ………………… 15
　三、宪政框架与国民德性的现代重构 ……………………… 28

第二章　文化中道：传统和现代性之间的价值考量 ………… 42

　一、密尔政治理论对张君劢宪政思想的影响及其限度 …… 43
　二、《魏玛宪法》及其制宪经验的启示 …………………… 47
　三、自由与权力之间：对立宪价值的"中道"探索 ……… 51
　四、以个人"精神自由"为基础的民族文化之建构 ……… 56

第三章　"充分西化"：宪政"中国化"的另种文化选择 … 63

　一、留美教育对胡适宪政思想形成的影响 ………………… 63

二、"充分西化"和对文化传统资源的宪政意义之探寻 …… 70
　　三、宪政"中国化"何以可能 …………………………… 89

第四章　"势"和"理"：中国宪政之道的范式反思 ………… 102
　　一、梁漱溟对宪政本质的理论阐释 …………………… 102
　　二、"救急仙方"还是"最后成果"：对中国"宪政问题"
　　　　的理性反思 ………………………………………… 106
　　三、筚路蓝缕：中国宪政之道的范式思考及其实践探索 … 117

第五章　"全盘西化"：宪政"中国化"的"反动" …………… 130
　　一、"全盘西化"的提出及其理论基础 ………………… 130
　　二、"全盘西化"的诉求旨趣：对个人主义的倡导 …… 136
　　三、对中国政治文化传统的批判和解构 ……………… 138

第六章　宪政"中国化"的理论旨趣（一）：孙中山的探索方案 …… 149
　　一、"取法乎上"的乌托邦理念 ………………………… 149
　　二、中西璧合的探索方案及其缺陷 …………………… 152
　　三、离合之间：宪政民主框架内的政党 ……………… 166

**第七章　宪政"中国化"的理论旨趣（二）：毛泽东的新民主主
　　　　义宪政理论及实践** ………………………………… 183
　　一、对宪政的内涵及其本质的马克思主义阐释 ……… 183
　　二、对民族独立和民主追求之间张力关系的辩证认识 … 189
　　三、"人民民主"的立宪观念及其实践展开 …………… 195
　　四、新民主主义宪政的历史价值和时代局限 ………… 212

第八章 宪政"中国化"探索中的价值选择及其范式转换 …… 221

一、起点的偏向和缺失：20世纪初宪政启蒙的有限性/表面性 …… 222

二、张力下近代中国宪政价值的诉求路径 …… 233

三、宪法正义面相的历史嬗变及其启示 …… 244

四、当代中国宪法文化价值选择的范式转换 …… 259

五、当代中国宪法文化价值重构的和谐之维 …… 263

主要参考文献 …… 274

后 记 …… 283

导　言

作为一个后发外源型现代化国家，中国的政治现代化是在西方列强的武力威逼和文明示范下开始启动的。随着第一批不平等条约的签订，传统封建政治结构开始发生裂变。"当中国与整个世界变化日益结为一体，并日益卷进造成这些的机制之中时，中国的政治构架和特征就发生了深刻而不可逆转的变迁。"① 在这一变迁进程中，中国原有的社会阶级、阶层及新出现的阶级、阶层都必须主动或被动地作出回应。从19世纪末20世纪初开始，无论是启蒙思想家康有为、严复、梁启超等人还是民主革命先行者孙中山，以及同时代的新知识群体，"建立一个具有现代化导向的、高效率的、开放的政治共同体，为未来的经济起飞和文明结构全面转型创造前提"②，成为他们设计和探索政治现代化方案所孜孜以求的目标。在制度决定论下，被视为现代社会制度文明、进步标志的"宪政"命题，吸引了所有新知识群体的眼球。可以这样认为，中国近代以来的民主宪政追求是与现代化联系在一起的，这是作为异质文

---

① ［美］吉尔伯特·罗兹曼：《中国的现代化》，江苏人民出版社1988年版，第275—276页。
② 许纪霖、陈达凯主编：《中国现代化史》第一卷（1800～1949年），上海三联书店1995年版，第5页。

化的"宪政"最初得以在传统中国安身立命之所在。否则,西方宪政观念和制度设计是没有接纳空间的,由此,徐徐开启了传统中国政治现代化的艰难进程。

从文化发生学意义上说,宪政是西方社会基于自身文化传统而自然演进的文化结果,是一种生于斯、长于斯的"地方性知识"。对中国而言,它主要不是内生式的自我转型要求,而是近代以来在外力的冲击下、在中西比较中产生的文化诉求。正因为如此,事实上,包括中国在内其他非西方国家,自身文化传统和政治习性更多地显现出其现代性发展的种种困难甚至成为阻碍,恰如英国历史学家汤因比所譬喻:"虽然近代的唯物主义有许多妄论,文明却无论如何也不是由这些材料构成的;它们并不是由缝纫机、烟草和步枪构成的,甚至也不是由字母表和数目字构成的。在商业上输出西方的一种新技术,这是世界上最容易办的事。但是让一个西方的诗人或圣人在一个非西方的灵魂里也象在他自己灵魂里那样燃起同样的精神上的火焰,却不知道要困难多少倍。"[①] 因此,横亘在新知识群体面前的是,对宪政"中国化"这一历史性的文化命题如何才能真正破题,进而寻求可能的解题思路。

"中国化"是在20世纪20、30年代中西文化论争中出现的一个概念。梁漱溟在1920～1921年讲演《东西文化及其哲学》中最先提出"西方化"、"东方化"等概念,并首次使用了"中国化"的提法。"现在对于东西文化的问题,差不多是要问:西方化对于东方化,是否要连根拔掉?中国人对于西方化的输入,态度逐渐变迁,东方化对于西方化步步的退让,西方化对于东方化的节节斩伐!到了最后的问题是已将枝叶去掉,要向咽喉去着刀!而将中国化根本打倒!"[②] 显然,这里梁漱溟只

---

① [英]汤因比:《历史研究》(上册),曹未风等译,上海人民出版社1997年版,第50页。
② 梁漱溟:《东西文化及其哲学》,《梁漱溟全集》(第一卷),山东人民出版社1989版,第335页。

是用"中国化"指称"中国文化",尚不具有后来"中国化"的一般意义,即将外来文化运用到中国,与中国实际情况包括中国传统文化相结合,从而使外来文化在中国具体化、本土化、民族化、实用化。直到1933年陈序经在《教育的中国化和现代化》一文中再次使用了"中国化"概念,并首次分析了"中国化"的含义,他说:"假使能合中国的需要和国情,就是叫做中国化。"而中国所谓的"国情""虽可以包括一切的天然,气候,地理,物产,人种,以及文化的情况,然而事实上所指明的,却只能说是文化一方面",即"国情"专指"固有的中国文化"。① 1935年1月,以萨孟武、何炳松、王新声、陶希圣等十教授发表的《中国本位的文化建设宣言》为发端,中国思想界再次挑起了中西文化论争,"中国化"成为与"西化"、"世界化"等概念相对应的话题。自此,"中国化"概念一般专门用来指称外来文化、文明的中国化,自然包括西方的宪政理念和制度的中国化,也包括马克思主义中国化,等等。这是针对"全盘西化"的批评以及对外来文化思潮的进一步反思。②

"中国化"概念是伴随着中国人向西方学习不断深入的深刻背景下应运而生的,是对近代以来欧风美雨的冲击下更深层次的文化回应。没有外来文化的吸收、化合,当然也就谈不上中国化。1940年,嵇文甫在《漫谈学术中国化问题》一文中,将1840年鸦片战争以来的中国现代化追求,用国粹论——中体西用论——全盘西化论——中国本位文化论——中国化运动的螺旋式发展的文化轨迹来概括,从学理角度阐述了"中国化"之于现代性追求的文化意义。他说:"'国粹论'乃是沿袭中国传统的旧文化。'中体西用论'就渐渐承认西洋文化的有用,而略加采取,但仍是以中国文化为主体。这是中国'现代化'的初步。到了

---

① 陈序经:《教育的中国化和现代化》,余定邦、牛军凯编:《陈序经文集》,中山大学出版社2004年版,第156页。
② 参见余品华:《略论"马克思主义中国化"提出的历史原因和契机》,《江西社会科学》2010年第6期。

20 世纪前半叶 宪政"中国化"的文化探索

'全盘西化论',对于'国粹论'也就是对于中国传统的旧文化,才正式的来个'突变',来个全盘'否定'。所谓'西化',正确的说,应该是'现代化'。因无所谓中西文化的差异,在本质上,乃是中古文化和现代文化的差异;不过前者带上些中国的特殊色彩,而后者带上些西洋的特殊色彩而已。我们要'现代化',自然免不了要借径于西洋。可是一说要'全盘西化',那就使中国依附于西洋,什么都是西洋的好,而中国也将不成其为中国了。这正是中国社会半殖民地性的反映,而'全盘西化论'之不餍人意,也正在于此。为着克服这种依附性,半殖民地性和机械性,为着使中国现代化运动更加深化、醇化、净化,于是乎有'中国化'运动之发生。这对于'全盘西化论'又是一个'否定',即所谓'否定的否定'。然而所谓'中国化',并没有回到'国粹论',或'中体西用论',也并不是和'全盘西化论'简单的对立着,实际上,它乃是把'全盘西化论'发展到一个更高的阶段。至于'中国本位文化论',虽然缺乏历史实践性,可是这恰象基督未出世以前,先有许多'假先知'出来作他的前驱一样,这个投机性的'中国本位文化论'也竟替现实的'中国化运动'作了一个预兆。"[①]

按照马克思主义分析方法,宪政"中国化"就是将宪政的基本原理同中国的国情、文化传统相结合,从而使宪政在中国实现民族化和本土化。在规范意义上,宪政"中国化"应包括两层内涵,即宪政的"中国化"和"中国化"的宪政,前者是一种现实的追求,后者则为一种理论的旨趣所在。相比较而言,也许前者更具有当下性意义,时至今日仍不失为时代主题之一。作为一种现实的追求,这主要涉及到在中国文化语境中如何感知、了悟和解释运用宪政的基本原理问题,包含着两个彼此关联的问题:一是中国文化传统是否与宪政根本不相容?二是提倡和推

[①] 嵇文甫:《漫谈学术中国化问题》,罗荣渠编:《从西化到现代化》,北京大学出版社1990年版,第639—640页。

行宪政主义是否必然以西方为本位，必然摒弃传统、主张西化？由此在处理宪政与自身文化传统的关系问题上，20世纪前半叶中国思想界形成了不同的价值取向和探索进路。

一个命题的形成之初，就包含了以后历史发展中不同方面的内在关系。与马克思主义中国化命题有所不同的是，20世纪前半叶许多思想敏锐的新知识群体先接受了民主宪政目标，然后再对如何实现宪政"中国化"这个目标进行艰辛的探索。

从宏观视野上考察20世纪前半叶中国社会涌动的宪政思潮，在宪政的"中国化"问题上，从晚清到民国，我们基本可以梳理出两种值得重温的、脉络分明平行发展的文化进路：一种是从梁启超到张君劢，致力于溶民族主义与自由主义于一炉的儒家式功利主义进路，以"从中国看世界"、内省超越式的角度，致力于将西方自由主义宪政导入、统摄于中国民族文化的有机传统，更多强调民族性和创造性。另一种在严复精准地洞见"自由为体，民主为用"的宪政内核之后，由胡适肇始，演绎了另一种文化取向：世界主义式或观念型的自由主义进路，以"从世界看中国"、外化适应式的眼光，致力于西方自由主义宪政的典型意义上的本土启蒙，以"充分西化"为价值取向。后一种进路与人们一般理解的"全盘西化"式否定传统的民族文化虚无主义不同，而是试图从中国文化传统资源中整理、挖掘、导出与西方自由主义宪政观念相似的意义符号，在寻找渊源于西方的宪政在中国得以安身立命的历史文化空间的同时，努力缔造、促进近代中国社会自由民主的文化基础。可以看出，这两种文化进路相似之处在于力图将西方宪政文化与自身国情、文化传统相勾连。如梁启超指出："政治者，人类之产物也，而一国之政治者，又一国国民之产物也。凡人类有普通性，故政治大体之良恶，其标准固不甚相远。凡一国国民有特别性，故政治细目之适否，其裁择必因乎所宜。""盖政治无绝对之美，而惟适之为贵。……博考各国差别之相，而求其所以然之故，乃返按诸吾国之情实，效其相类者而弃其不相类者，采其可行者而去其不可行者，其有吾国之情实，为他国所无，则职权之断制，亦自我作古也。"① 张君劢亦认为，一个国家"贵乎有历史基础"，而"历史传统之尊重，实为不可忽略之一点"，主张中国的政治现代化诉求"不应依样葫芦，惟外人马首是瞻"，而应在理性地甄别分析西方宪政文化的糟粕和精华基础上，"表现我们的创造力"。② 胡适本人也认识到："西洋文化确有不少的历史因袭的成分，我们不但理智上不愿采取，事实上也决不会全盘采取。"③ 又指出："真正的问题可以这样说：我们应怎样才能以最有效的方式吸收现代文化，使它能同我们的固有文化相一致、协调和继续发展？"而其核心和关键在于要"能够成功地把现代文化的精华与中国自己的文化精华联结起来"④。他们对自身的文化传统既不妄自菲薄也不盲目自信，都对中国传统文化资源的局部进行了有针对性探索，注重挖掘中国传统文化资源的现代意义，意在寻求中国传统政治现代转型的某些内在依据或源头活水，从而各自在不同侧面、不同程度上涉及到文化传统的现代性转化问题。

与上述两种的文化进路有所不同的是，作为"最后的儒家"梁漱溟则以"势"（外力）和"理"（内力）为分析视角。在中西方社会结构、文化习惯的比较考察中，他以理性的态度批判指出了清末以来简单化的模仿、移植西方宪政不符合中国国情，主张中国宪政化努力必须实现范式转变，其文化进路只能是从固有文化引申发挥，从"自家开路来走"中西融通之路，从儒家文化传统与西方民主宪政精神的融通之处，把西方民主精神、民主制度"迎接进来"，植根于本土，以补充、引申和培

---

① 梁启超：《中国国会制度私议》，《梁启超全集》（第四册），北京出版社1999年版，第2108、2164页。
② 张君劢：《立国之道》，《张君劢集》，群言出版社1993年版，第262、260页。
③ 胡适：《充分世界化与全盘西化》，《胡适文集》（第五册），北京大学出版社1998年版，第455页。
④ 胡适：《先秦名学史》，《胡适文集》（第六册），北京大学出版社1998年版，第9—10页。

养符合现代政治文明发展的新礼俗、新习惯为中心,逐步推演形成所谓"中国式"的民主宪政,更多地追求儒家文化传统的现代复兴。值得一提的是,与梁氏文化进路形成鲜明对立的则是陈序经的"全盘西化"文化进路,在对西方宪政制度的认同和倡导同时,他对中国政治文化传统予以全面的解构和尖锐的批判,断然否定了传统文化资源可资借鉴利用或现代性转化的任何可能性。当然,这并不能因此否定陈序经"全盘西化"诉求背后的爱国主义情结。而且,"全盘西化"仍以其宪政"中国化"的"反动"面相,亦在某种意义上不时地警醒国人应当注意自身文化传统的负面影响或阻碍。

就"中国化"的宪政而言,孙中山和毛泽东不仅分别表达了对宪政的坚定追求,而且是以其智识在宪政"中国化"的理论旨趣方面作出了卓越的贡献,对中国政治现代化进程产生了深远的影响。孙中山在创建中华民国、促进中国民主政治发展的过程中,在"取法乎上"的乌托邦理念下,探索形成了中西璧合式的、以"全民政治"为目标的五权宪政方案,不仅汇集了他对欧美政治现代化范式的反思和经验的总结,而且凝结着他对中国政治现代化的探索和未来中国政治文明图景的筹划。毛泽东则继承和发展了孙中山晚年时期民主立宪思想中的某些合理内核,在新民主主义革命时期开拓性地提出了以实现最大多数人的民主为核心价值的立宪模式,并通过新民主主义的宪政实践,初步构建了比较系统的具有中国特色的"人民民主"宪政理论和制度体系,从而在学理意义和实践意义上敲开了"中国化"宪政之门。

一个多世纪以来,宪政"中国化"始终是一个历史和时代的命题。它包含了丰富的内涵,体现了新知识群体在回应现代性的挑战中,对推展宪政"中国化"命题的种种思考和探索,并以不同方式表达了现代性成长与乌托邦诉求之间的关系,向世人呈现了中国近代以来具有强烈公共情怀的新知识群体对宪政的信仰与追求,以及他们坚持一生为宪政"中国化"上下求索的执著精神。同时,也揭示了宪政"中国化"探索过程中的一种独特的内在结构,即现代性历史取向与文化传统价值诉求的二元张力。只有正确把握这种关系,才能正确认识20世纪初以来宪政"中国化"所面临的种种际遇和现实发展的问题。

一方面,一种来自域外的思想主张要在中国实现"本土化",必须与传统文化的创新(现代性转化)结合起来。因为,无论现代社会与传统社会有多大区别,其内在的生长力都来自传统的创新(现代性转化)。传统文化虽然有其保守性,但它一旦与现代化的发展要求联系起来,就会逐渐摆脱制度化了的传统文化意识形态的影响,发挥出推动社会变革的潜能,其中的关键问题即在于文化传统之现代性面相的历史把握。20世纪30年代中西文化大论争后,中国思想界大多已认识到:第一,"传统的旧文化中,有许多东西根本就带着一般性或共同性,根本就不是某一个特殊时代所独有,和现代生活根本就没有什么冲突"。这是应当接受的。第二,"传统的旧文化中,有些东西,虽然它原来的具体形态和现代生活不能相容;然而因为时代的转变,它那具体形态早已失掉,不致于再混入现代生活中;现在留给我们的乃只是它的某些精神或远景,而这些精神或远景,在现代生活中又能发生某种有益的作用或暗示",这些东西也可以接受。第三,"传统的旧文化中,有些东西,看着虽然是乌烟瘴气的,但其中却包含一种真理,或近代思想的某些因素",可剥取其合理的内核;第四,"传统的旧文化中,有些东西,从现代眼光看来,虽然没有什么道理,甚至还很荒谬,然而在当时却是有进步意义的",也应置于历史语境中予以客观评价。[①]总体上看,在对自身文化传统的处理问题上,20世纪前半叶新知识群体一般既不偏执于固守,也未采取全盘否定的批判、解构,而是从不同文化进路注重挖掘民主宪政在中国文化传统中的"本土资源"。

---

① 嵇文甫:《漫谈学术中国化问题》,罗荣渠编:《从西化到现代化》,北京大学出版社1990年版,第644—647页。

另一方面,由于宪政"中国化"质的规定性决定其本身并不排斥甚至重视中国自身的国情、文化传统,所以在重视宪政的"本土化"因素和过程中,人们往往有意无意间滑入"本土论"(国情论)的认识误区。如果过于片面、机械地强调所谓的"国情",甚至于滥用或夸大"国情",那么所谓的"国情"在社会实践中也往往成为阻碍宪政"中国化"的正当借口,从而淡化了宪政"中国化"探索中一切可能的文化努力。20世纪40年代一篇批评"国情论"的调侃文章《辟"不合国情说"》曾指出:"中华民国首先是不合国情的,因为中国几千年来一直是专制帝国。地方均权是不合国情的,因为中国几千年来所追求的一直是中央集权大一统。少数民族自治权是不合国情的,因为中国几千年来要么征服异族,要么为异族所征服。男女平等是不合国情的,因为中国向来就是男尊女卑,中国男人向来就是三宫六院、三妻四妾,女人向来就是小脚奴婢。人权自由是不合国情的,因为中国向来就是麻绳绑了去当兵,挨着板子去纳粮,人民的生杀予夺一任政府。科学是不合国情的,因为中国一向骂它是'奇技淫巧'。西医打针操刀是不合国情的,因为中国是阴阳怪气、丹方郎中……抽水马桶也是不合国情的,因为中国一向就是茅坑拉屎、苍蝇乱飞。"①

所以,在现代性历史取向与文化传统价值诉求之间保持必要的张力的同时,应当认识到,宪政"中国化"的关键在于"化"字。这既包括用西方的民主宪政原理包容、涵化中国文化传统,也包括用中国的文化传统某些因素涵化甚至改进西方的民主宪政,这是宪政"中国化"的一体两面,是一个双向的"中国化"过程,二者相反相成。日本学者在谈到两种不同质的文化在接触过程中引起文化激变时如何滋生出新的同质文化的问题时,曾评论指出:"如果追溯一下日本教育在西洋化过程中

---

① 转引自王健编:《西法东渐:外国人与中国法的近代变革》,中国政法大学出版社2001年版,第131—132页。

所走过的道路,即从模仿法国改为模仿美国、又从模仿美国改为模仿普鲁士,不难看出西洋化与日本化并不是经常对立的,日本化(或者说为实现日本独自的近代化所进行的努力)与西洋化之间至少有一部分是相互吻合的。历史的变化不会是按照作用与反作用的形式进行,也不可能在西洋化之后必定要出现一个日本化。对于日本来说,它是经历了从异质的西方化,转变为比较接近于自己情况的同质的西洋化的道路。这样一来,西洋化本身的内容也就发生了质的变化。"[1] 这段话也许能为我们提供值得借鉴的域外经验。

---

[1] [日]永井道雄:《近代化与教育》,中译本,吉林人民出版社1984年版,第47页;转引自罗荣渠:《现代化新论——世界与中国的现代化进程》,北京大学出版社1993年版,第377页。

第一章　探索宪政"中国化"问题的
　　　　　文化前驱

19世纪末20世纪初，当西方的宪政与中国现代化主题开始相勾连时，中国近代著名启蒙思想家、戊戌维新运动领袖之一梁启超作为探索宪政"中国化"问题的文化前驱，是当时中国思想界极富号召力的领军人物，曾引领中国思想舆论，开一代之风气。他综合中西，上下求索，努力寻找西方的宪政在传统中国"生长"的文化空间，并以其所建构的思维范式和话语系统深刻影响了几代人。

一、梁启超对宪政概念和内涵的介绍诠释

在戊戌维新以前，国人对宪政制度的认识是零星的（如早期改良派对西方议会制度的介绍等），只是就现象论现象的一些粗浅、模糊认识。而发端于1895年的"公车上书"，成为了维新立宪思潮的真正起点，由此揭开了宪政主义在中国的启蒙序幕。从留传后世的大量文章著述来看，作为中国近代"开风气之先"的著名启蒙思想家和政论家——梁启

超比较全面系统地介绍、评价西方的宪政理论和制度，对宪法（宪政）概念、内涵作出了比较准确的诠释。

梁启超认为："宪法者，英语称为Constitution，其义盖谓可为国家一切法律根本之大典也。故苟凡属国家之大典，无论其为专制政体、为立宪政体、为共和政体，似皆可称为宪法。虽然，近日政治家之通称，惟有议院之国所定之国典乃称为宪法。"① "宪法者何物也，立万世不易之宪典，而一国之人，无论为君主、为官吏、为人民，皆共守之者也。为国家一切法度之根源。此后无论出何令，更何法，百变而不许离其宗者也。"② 这里，他明确指出：具有国家根本法性质的宪法，必须基于人民的同意，由人民选出的代表（代议士）组成的议院（国会）制定通过并付诸实施，这样的政体才可称为"有宪法之政"。难能可贵的是，在将政体大致区分为"有宪法之政（亦名立宪之政）"和"无宪法之政（亦名专制之政）"基础上，1899年梁启超在《各国宪法异同论》中，进一步指出君主立宪和共和立宪之间仅仅是国体形式上的区别，本质上都可通称为立宪政体，"政体之种类，实不外君主国与共和国之二大类而已。其中于君主国之内，又分为专制君主、立宪君主之二小类。但就其名而言之，则共和国不与立宪国同类；就其实而言之，则今日之共和国，皆有议院之国也。故通称之为立宪政体，无不可也"③。1916年，他在《国民浅训》一文中，再次强调："但使政体真能立宪，则国体为君主为共和，原无所不可。"④

一般认为，在"宪政"精神实质上，无论是英国的君主立宪制还是美国的共和立宪制（或称民主立宪制）并没有根本区别，二者都是以自

---

① 梁启超：《各国宪法异同论》，《梁启超全集》（第一册），北京出版社1999年版，第318页。
② 梁启超：《立宪法议》，《梁启超全集》（第一册），北京出版社1999年版，第405页。
③ 梁启超：《各国宪法异同论》，《梁启超全集》（第一册），北京出版社1999年版，第318页。
④ 梁启超：《国民浅训》，《梁启超全集》（第五册），北京出版社1999年版，第2837页。

由主义、人权保障为最高原则和根本目标,并通过代议制民主和分权制约原则来实现这一目标。多年以后,在革命与改良论战中败北的康有为在批判国人对共和的盲目追求时也指出:"国人不懂政治学的原理,一味追求共和的名称,仿佛一称共和就不得有君主,一有君主就等于专制;一称共和则如袁世凯这样的专制者也可以接受,一有君主即使是英国也不能相容;或者以为只要一称共和,社会就会立可进化到富强的国家,或者明知共和的坏处,也希望民主共和能救中国而不愿加以改革。"① 就此而论,维新立宪时期启蒙思想家对立宪政体的认识远比共和革命派来得清醒、深刻。

分权是资产阶级宪法的基本原则,1789年的法国《人权宣言》明确宣称:凡分权未确立的国家就没有宪法。按照法国启蒙思想家孟德斯鸠的分权理论,为了保障人民的自由和权利,凡实行立宪政体的国家必须分权,并互相制衡。为此,梁启超特别介绍、阐释了宪政的本质就是"限权"政体,认为权力应当由宪法和法律赋予,并在宪法和法律的框架内行使,"立宪者,以宪法规定国家之组织,及各机关之权限与夫人民之权利义务而全国上下共守之以为治者也"②。"立宪政体,亦名为有限权之政体;专制政体,亦名为无限权之政体。有限权云者,君有君之权,权有限;官有官之权,权有限;民有民之权,权有限。故各国宪法,皆首言君主统治之大权及皇位继袭之典例,明君之权限也;次言政府及地方政治之职分,明官之权限也;次言议会职分及人民自由之事件,明民之权限也。"③ "厘定臣民之权利及职分,皆各国宪法中之要端

---

① 转引自陈金英:《近代国人对于共和在认识上的误区》,《人大研究》2005年第8期。
② 梁启超:《国民浅训》,《梁启超全集》(第五册),北京出版社1999年版,第2837页。
③ 梁启超:《立宪法议》,《梁启超全集》(第一册),北京出版社1999年版,第405页。

也。"① "人各有权，权各有限也。权限云者，所以限人不使滥用其自由也。"② 那么，如何才能真正实现"限权"？梁启超进一步介绍说："行政、立法、司法三权鼎立，不相侵轶，以防政府之专恣，以保人民之自由。此说也，自法国硕学孟德斯鸠始倡之。孟氏外察英国政治之情形，内参以学治之公理，故其说遂为后人所莫易。今日凡立宪之国，必分立三大权。……孟德斯鸠以为三大权必须分立，不相统摄，然后可保人民之自由。"③ 1910 年，梁启超在《宪政浅说》一文中，介绍了历史上三种专制类型：君主专制、贵族专制和民主专制。其中，他注意到民主与宪政之间差异，认为二者并不能等同，那种虽有民主形式但无分权制约的政体（有立宪之名而无立宪之实）也是专制的一种形态："政体之区别，以直接机关之单复为标准，其仅有一直接机关而行使国权绝无制限者，谓之专制政体。其有两直接机关而行使国权互相制限者，谓之立宪政体。大抵专制政体，则君主国行之最多，如我国数千年来所行者是也。虽然，民主国亦非无专制者。若仅有一国会而立法、行政、司法三大权皆自出焉，则国会虽由人民选举而成者，亦谓之专制，如欧洲古代斯巴达罗马之元老院是也。又使虽有行政首长与国会两者并立，而国会毫无权力徒为行政首长之奴隶者，则亦谓之专制，如罗马之该撒屋大维为公修尔（公修尔者，罗马行政首长之名）。时代，英国克林威尔法国拿破仑第一为执政官时代，法国拿破仑第三为大统领时代，皆是也。故立宪与专制之异，不在乎国体之为君主民主，而在乎国权行使之有无限制。夫制限之表示于形式者，则两直接机关对峙而各行其权是也。"④

---

① 梁启超：《各国宪法异同论》，《梁启超全集》（第一册），北京出版社 1999 年版，第 322 页。

② 梁启超：《论政府与人民之权限》，《梁启超全集》（第二册），北京出版社 1999 年版，第 883 页。

③ 梁启超：《各国宪法异同论》，《梁启超全集》（第一册），北京出版社 1999 年版，第 319 页。

④ 梁启超：《宪政浅说》，《梁启超全集》（第四册），北京出版社 1999 年版，第 2058 页。

从上述梁启超对立宪政体、分权制约原则的诠释介绍和宪政与民主的区分来看,应当说他比较准确地把握了西方宪政的概念内涵,基本感悟到宪政的精髓就是以宪法规范约束公共权力、保障人民自由权利的这一核心价值理念。

二、梁启超对宪政"中国化"的文化探索

"维新思想家首先盗来西方宪政文化之火,试图用它照亮中国兴旺的前程,然后用中国文化的语言加以解释和改造,使之适合中国文化的胃口。"① 而这种"解释"和"改造"启蒙过程,从文化发生学意义上说就是宪政主义的中国化问题。如果说康有为作为维新立宪思潮的首倡者,在托古改制的旗号下,以进化论为武器,将西方宪政制度以"特洛伊木马"形式偷偷地介绍到中国社会,由此在相对封闭而自足的封建文化传统所构筑的专制政治堡垒里打开了缺口。那么与乃师相比,作为维新立宪派领袖之一的梁启超,维新期间他对宪政的认识和宣传还只是跟随康有为等人云亦云。但在变法失败后,在逃亡日本期间,梁启超直接接触了大量西方思想家们的著作,大谈霍布斯、卢梭、孟德斯鸠、斯宾洛莎、边沁、伯伦知理……以后他还曾数度到欧美等地游历考察,从而对西方的宪政制度实践和文化背景也有了更深的感悟。这就使梁启超得以突破康有为的藩篱,站在更高、更广阔的视野,从现实的追求角度出发,直接触及到了宪政之于中国的命门——"中国化"这一时代课题。他从"批判的武器"到"武器的批判",以勇猛精进的动力开始了宪政"中国化"问题的文化探索。

学界有人认为:梁启超虽然比较准确地介绍了宪政理论,也把握到

---

① 王人博:《宪政文化与近代中国》,法律出版社 1997 年版,第 68—69 页。

控制国家权力以保障个人自由的宪政理念,但并未对他产生持久而深刻的影响,他本人并未真正接受宪政理论,在某些方面甚至表现出与宪政理念相去甚远的观点。① 笔者认为,从西方古典宪政主义的既定文化标准来考量,梁启超宪政思想中确实包含着一些"非西方宪政观"成分:一定的国家主义倾向。但西方的宪政文化模式只是一种"地方性知识",不是放之四海皆准的样板,那种把宪政主义简单理解为或等同于只有西方这种古典宪政主义模式的观点,也就是一种以西方为中心的、片面的、机械的、狭隘的单向思维。而且,一位思想家尤其如梁启超这样复杂人物,人们要准确理解和表述他的思想,应当坚持历史和逻辑的统一,注意对其内在的思想价值和逻辑并放在具体的时空语境中把握。夏勇先生在《人权与马克思——为人权申辩》一文中,认为不能从马克思对近代西方人权的批判中得出马克思轻视人权、否定人权的结论,指出:"思想家们在解释事物时所发生的差异甚至对立,并不妨碍他们对人类理想状态的描述有某种程度的一致。"② "问题的关键,似乎在实现目的的手段。从整个人类历史来看,常见的麻烦是手段往往偏离目的、甚至与目的截然相悖。"③ 就梁启超来说,笔者认为,其宪政思想中所谓的"非西方宪政观"成分,恰恰反映了梁启超对宪政"中国化"问题的理性思考和求索。

(一)选择、学习西方的宪政制度必须充分考虑中国国情和自身的文化传统

1902~1903年在欧美游历考察期间,梁启超注意到西方宪政模式的形成和发展是与其固有的希伯来传统和希腊传统的观念支撑分不开的,

---

① 徐国利:《论梁启超的非宪政观》,《江西社会科学》2008年第4期。
② 夏勇:《人权概念起源——权利的历史哲学》,中国政法大学出版社2001年版,第208页。
③ 同上,第209页。

"有宗教言以权让,有哲学家言以权争,两者相剂而世运乃日进焉。泰西之治,实颇赖是"①。而这两个文化传统的精神内涵,中国要么没有,要么不发达。"故如希伯来人、印度人之超现世的热烈宗教观念,我无有也;如希腊人、日耳曼人之瞑想的形而上学,我虽有之而不昌。"② 他主张选择、学习西方宪政制度,不能机械照搬,必须考虑国情和自身文化传统,比较差别探索适合本国的宪政之路,他认为:"政治者,人类之产物也,而一国之政治者,又一国国民之产物也。凡人类有普通性,故政治大体之良恶,其标准固不甚相远。凡一国国民有特别性,故政治细目之适否,其裁择必因乎所宜。"③ "盖政治无绝对之美,而惟适之为贵。……博考各国差别之相,而求其所以然之故,乃返按诸吾国之情实,效其相类者而弃其不相类者,采其可行者而去其不可行者,其有吾国之情实,为他国所无,则职权之断制,亦自我作古也。"④ 如是,作为政治制度设计的核心——政体模式问题自然成为梁启超思考的重点。

梁启超虽然对孟德斯鸠三权分立理论赞美有加,但并不因此而盲目信奉。受卢梭人民主权不可分割、不可让渡学说的影响,早在1899年《各国宪法异同论》一文中就提到:"有硕学布龙哲驳其说,以为三权全分离,则国家将有不能统一之患,故三权决不可分,而亦不可不分,惟于统一之下而歧分之,最为完善云。"⑤ 后来,通过欧美游历考察活动,梁启超注意到:依据孟德斯鸠理论采取典型三权分立的政体形式,事实上是不存在的,各国经验事实表明:一方面国会行使的不仅是立法权,

---

① 梁启超:《政治学学理摭言》,《梁启超全集》(第二册),北京出版社1999年版,第919页。
② 梁启超:《先秦政治思想史》,《梁启超全集》(第六册),北京出版社1999年版,第3603—3604页。
③ 梁启超:《中国国会制度私议》,《梁启超全集》(第四册),北京出版社1999年版,第2108页。
④ 同上,第2164页。
⑤ 梁启超:《各国宪法异同论》,《梁启超全集》(第一册),北京出版社1999年版,第319页。

另一方面立法权又未能专属于国会。① 在1912年的《宪法之三大精神》一文中,他又以美国为例分析了孟氏理论存在的缺陷:"昔孟德斯鸠倡三权鼎立之义,欲使国会之立法权与政府之行政权画鸿沟而不相越,此空想耳。……即墨守孟说之美国,今亦蒙其名而乖其实矣。……夫国家分设此两机关,原欲使之互相限制而各全其用。倘运用之结果,致以一机关压他机关,而被压者变为隶属,则其乖分设之本意明矣。然使两不被压,巍然对峙,而此两机关者日挟敌意以相见,遇事各图牵制,则国家大计,将全堕于意气,复何国利民福之能致者?"②

基于上述经验认识,在代议制问题上,梁启超认为应当结合国情和文化传统建设有中国特色的国会制度,并提出两条指导思想:一是要注意、吸收"各国国会共同之要素";二是要坚持、发挥"我国国会应有之特色"。他说:"今世国家之能立于大地者,殆莫不有国会。但其国会之内容,无一国焉,能与他国悉从同者,岂非以历史惯习之互殊,现存事实之各别,其势固有不容尽相师者耶。然则居今日而倡国会论,有必当注意者二事焉。一曰各国国会共同之要素,宜如何吸收之。二曰我国国会应有之特色,宜如何发挥之也。"③ 为此,梁启超初步将国家权力分为四权,在立法、司法、行政三权之外加上大权。大权机关由国会单独组成,或国会与君主或其他机关共同组成,强调其最重要的作用在于拥有改正宪法权④,通过增设"大权机关"方式实现对立法权和行政权的调和,以弥补三权分立的不足。从某种意义上说,这种在代议制基础上增设的"大权机关"或许具有一定的监督性质,而且似乎隐含着直接民

---

① 梁启超:《中国国会制度私议》,《梁启超全集》(第四册),北京出版社1999年版,第2110页。
② 梁启超:《宪法之三大精神》,《梁启超全集》(第五册),北京出版社1999年版,第2564页。
③ 梁启超:《中国国会制度私议》,《梁启超全集》(第四册),北京出版社1999年版,第2108页。
④ 同上,第2110页。

主某些成分的可能意义。随着帝制成为历史陈迹,以及北洋军阀黑暗的僭主政治下乱象丛生(一种比君主制还不如的政体),梁启超进一步改弦更张。1919年,他在《解放与改造》发刊词中明确主张"旧式的代议政治,不宜于中国,故主张国民总须在法律上取得最后之自决权"①,主张通过发展地方自治、健全各种职业团体等方式分权于社会,发展社会权利(权力),在权力相互制约基础上增加了社会制约权力,以求达到国民真正享有法律上的最后自决权(直接民主),从而渐进式地实现真正"民治"。

另外值得一提的是,1911年辛亥革命后,针对国内热衷于仿效美国的共和宪政形式的倾向,梁启超在《新中国建设问题》一文中,特别提醒国人不能忽视中国是单一国的国家结构形式,认为它根本不能适合中国国情:"此北美合众国排英独立后,根据孟德斯鸠三权分立说所创之新政体……此可谓诸种共和政体中之最拙劣者,只可以行诸联邦国,而万不能行诸单一国,惟美国人能运用之,而他国人决不能运用,我国而贸然欲效之,非惟不能致治,而必至于酿乱。"②

(二)借重、重述文化传统,探寻宪政的本土资源

从文化发生学上说,包括宪政在内的任何舶来异质文化的移植,如果没有自身文化传统资源的支撑,是几乎不可能有接纳空间的,反而可能视之为"异端邪说"而遭排斥。对此,与同时代的许多中国知识分子采取了平面化的点线方式对中西文化进行理解处理不同,背负着文化传统现代转型重任、从传统文化堡垒中走出的梁启超,努力发掘传统文化的思想精义,力图会通中西,古今杂揉,以接转西方宪政理论。这表现在:

---

① 梁启超:《〈解放与改造〉发刊词》,《梁启超全集》(第六册),北京出版社1999年版,第3049页。
② 梁启超:《新中国建设问题》,《梁启超全集》(第四册),北京出版社1999年版,第2438页。

1. 对"限权"的接转

梁启超从"天道"、"敬天法祖"出发,证明"限权"思想在中国文化传统中"固有此义","为至当不易之理",只是不知道应当如何"限权",其原因在于宪法的缺失。他说:"不知君权有限云者,非臣民限之,而宪法限之也。且中国固亦有此义矣。王者之立也,郊天而荐之;其崩也,称天而谥之;非以天为限乎?言必称先王,行必法祖宗,非以祖为限乎?然则古来之圣师、哲王,未有不以君权有限,为至当不易之理者;即历代君主,苟非残悍如秦政、隋炀,亦断无敢以君权无限自居者。乃数千年来,虽有其意而未举其实者何也?则以无宪法故也。以天为限,而天不言;以祖宗为限,而祖宗之法不过因袭前代旧规,未尝采天下之公理,因国民之所欲,而勒为至善无弊之大典。是故中国之君权,非无限也,欲有限而不知所以为限之道也。"① 1911年,又说:"当知此君权有限之理想,这我国尧、舜、孔、孟所发明垂教,绝非稗贩之于他国。"②

2. 对"主权在民"的接转

梁启超在《先秦政治思想史》中论道:"美林肯之言政治也,标三介词以骤括之曰:Of the people, by the people, and For the people,译言政为民政,政以为民,政由民出也。我国学说,于 Of、for 之义,盖详哉言之,独于 By 义则概乎未之有闻。申言之,则国为人民公共之国,为人民共同利益故乃有政治。此二义者,我先民见之甚明,信之甚笃。惟一切政治当由人民施行,则我先民非惟未尝研究其方法,抑似并未承认此理论,夫徒言民为邦本,政在养民,而政之所从出,其权力乃在人民以外。"③ 在梁启超眼里,中国传统文化中的"民本"思想(主要是

---

① 梁启超:《立宪法议》,《梁启超全集》(第一册),北京出版社1999年版,第405页。
② 梁启超:《敬告国人之误解宪政者》,《梁启超全集》(第四册),北京出版社1999年版,第2415页。
③ 梁启超:《先秦政治思想史》,《梁启超全集》(第六册),北京出版社1999年版,第3605页。

"以民为本"、"民为邦本"儒家哲学）是以人（民）为本位，与宪政主义所宣称的"民治"、"民有"、"民享"所强调的主体是一致的。在"政为民政"、"政以为民"观念上，中西文化具有共通的价值追求，但民本思想缺乏"政由民出"的民治观念和方法是更为现实的缺陷。对此，梁启超从民本思想的本源——"天道"思想里寻找接转的理论假设。他说："天子为天之代理人，在天监督之下行政治，则本来之最高主权属于天，甚明。然此抽象的天，曷由能行使其监督耶？吾先民以为天之知（聪明）能（明威）视听，皆假涂于人民以体现之。民之所欲恶，即天之所欲恶。于是论理之结果，不能不以人民为事实上之最高主权者。故此种'天子政治'之组织，其所谓天者，恰如立宪国无责任之君主；所谓天子者，则当其责任内阁之领袖。天子对于天负责任，而实际上课其责任者则人民也。"①

3. 倡导个人独立，以"尽性主义"代替"个人主义"

以个人独立、个性的自由发展为核心的个人主义是西方自由主义宪政的价值基石。梁启超认为：只有个体的自由独立，才有国家、民族的自由和独立。他说："吾以为不患中国不为独立之国，特患中国今无独立之民。故今日欲言独立，当先言个人之独立，乃能言全体之独立。"②然而，两千年来封建专制制度下的臣民只知服从，为专制主义服务的儒家哲学已经使人丧失了独立自由的本性；造就的只是奴性人格。因此，在梁启超看来，在中国欲求独立自由精神，首先要除去四种奴性：不做古代圣人之奴隶；不做世俗之奴隶；不做境遇之奴隶；不做情欲之奴隶。③依梁启超之见，儒家是以人作本位，以自己环境作出发点的，只不过个体独立自由的本性在宗法制度和以忠、孝为核心的礼教面前被抑

---

① 梁启超：《先秦政治思想史》，《梁启超全集》（第六册），北京出版社1999年版，第3618页。

② 梁启超：《十种德性相反相成义》，《梁启超全集》（第一册），北京出版社1999年版，第428页。

③ 梁启超：《新民说》，《梁启超全集》（第二册），北京出版社1999年版，第679—680页。

制了。由此他认为儒家哲学是伸张民权的学问,不是拥护专制的学问;是反抗压迫的学问,不是奴辱人民的学问。甚至认为儒家开创大师如孔、孟、荀都带有很激烈的反抗精神。① 为此,他从儒家经典文籍中寻找可资借鉴的资源并加以现代重述:"国民树立的根本义,在发展个性。中庸里头有句话说得最好:'唯天下至诚唯能尽其性'。我们就借来起一个名叫做'尽性主义'。这尽性主义,是要把各人的天赋良能,发挥到十分圆满。……天赋良能,绝不能自由扩充到极际。"② 而这种"尽性主义"下的国民人格包括独立与合群、自由与制裁、自信与虚心、利己与爱他、破坏与成立这十种相反相成德性,力求臻于"知有合群之独立,则独立而不轧轹;知有制裁之自由,则自由而不乱暴;知有虚心之自信,则自信而不骄盈;知有爱他之利己,则利己而不偏私;知有成立之破坏,则破坏而不危险"的境界。③ 许纪霖先生认为,这一"尽性主义",显然是从儒家的"人格主义"发展而来,但个中的内容已经不限于道德之性,而是康德意义上的人之个性,具有自然人性和道德人性的广泛内涵。④

4. 对"代议制度"的附会

在梁启超眼中,"国会之有无"是专制政体与立宪政体之间差别的唯一表征。⑤ 为迎合国人虚骄心理,他甚至不惜利用文化传统资源穿凿附会、古今杂揉,旁征博引先秦及汉代典籍、制度,证明议院之意在中国早已有之,"于古有征"。他说:"问子言西政,必推本于古,以求其从同之迹,敢问议院,于古有征乎? 曰:法先王者法其意。议院之名,

---

① 梁启超:《儒家哲学》,《梁启超全集》(第九册),北京出版社 1999 年版,第 4958 页。
② 梁启超:《欧游心影录》,《梁启超全集》(第五册),北京出版社 1999 年版,第 2980 页。
③ 梁启超:《十种德性相反相成义》,《梁启超全集》(第一册),北京出版社 1999 年版,第 428—432 页。
④ 许纪霖:《政治美德与国民共同体——梁启超自由民族主义思想研究》,《天津社会科学》2005 年第 1 期。
⑤ 梁启超:《中国国会制度私议》,《梁启超全集》(第四册),北京出版社 1999 年版,第 2108 页。

古虽无之,若其意则在昔哲王,所恃以均天下也。其在《易》曰:'上下交泰,上下不交否。'其在《书》曰:'询谋佥同。'又曰:'谋及卿士,谋及庶人。'其在《周官》曰……其在《孟子》曰:'国人皆曰贤,然后察之;国人皆曰不可,然后察之;国人皆曰可杀,然后杀之。'《洪范》之卿士,《孟子》之诸大夫,上议院也;《洪范》之庶人,《孟子》之国人,下议院也。……虽无议院之名,而有其实也。"①

从上述言论可以看出,梁启超对儒道文化典籍、"天道"观念等某些中国传统文化进行现代重述,试图在文化传统中推导"证成"宪政主义某些价值内涵。当然,如果没有近代中西文化碰撞、以西方宪政文化为参照系,这种推导"证成"是不可能的。实际上,儒家文化、"天道"思想等对于传统政治的现代转型的价值,不在于能否从"天道"观念、儒道文化典籍中,直接获得"限权"、"主权在民"、"个人独立"、"议会制度"等的宪政主义观念结果,更多地在于它为国人体认宪政主义观念提供了本土文化资源背景。② 由此,本土的文化传统被赋予了新的时代意义,揭开了传统文化的现代复兴和发掘更新之路。1922 年,梁启超对此也作出了客观评述:"国故之学,曷为直至今日乃渐复活耶?盖由吾侪受外来学术之影响,采彼都治学方法以理吾故物。于是乎昔人绝未注意之资料,映吾眼而忽莹;昔人认为不可理之系统,经吾手而忽整;乃至昔人不甚了解之语句,旋吾脑而忽畅。质言之,则吾侪所恃之利器,实'洋货'也。坐是之故,吾侪每喜以欧美现代名物训诂古书,甚或以

---

① 梁启超:《古议院考》,《梁启超全集》(第一册),北京出版社 1999 年版,第 61 页。
② 王怡认为:对儒家文化、"天道"思想等文化传统的重视和现代重述,是为国人接受宪政的超验正义观念结果而温习一种在本土文化心理上可被接纳的传统。而这一传统就是:"坚信有一种高于任何个人或群体意志之上的超验的价值和秩序,它是政治秩序和道德权威的正当性来源,一切统治者都低于这种根源,不能声称自己代表和霸占了这种根据。这种超验的价值是消极的和诉之于个体,它构成了对于国家的在先约束。它既是我们在内心审视和评价国家权力和制定法是非善恶的最终依据,同时它的宪法化的表达,也构成了我们在法律制度上限制和界定公共权力大小范围的具体标尺。"(参见王怡《宪政主义:观念与制度的转捩》,山东人民出版社 2006 年版,第 248 页。)

欧美现代思想衡量古人,加以国民自慢性为人类所不能免,艳他人之所有,必欲吾亦有之然后为快。……人性本不甚相远,他人所能发明者,安在吾必不能,触类比量,固亦不失为一良法。"① 由此可见,梁启超把属于西方现代性体系的近代宪政价值与中国先秦诸家政治思想联系起来,一方面说明了他感悟到渊源于西方的民主宪政观念与中国现实的文化隔阂,另一方面他又从中国文化传统中寻求其根据,从而力求消解二者之间的冲突和紧张,即从中国传统政治文化资源出发,涵化西方近代政治观念的文化理路,以实现中国传统政治文化的创新,使之适应现代性发展要求,实现中国传统政治的现代转型。

(三)把握时代发展脉络,致力于重构西方传统宪政观并使之"中国化"

自各主要资本主义国家先后完成工业革命以来,民族、国家之间的竞争日益加剧,与之相应的是民族(国家)主义开始出现,反映在个人自由的保障这一宪政价值核心问题上,19世纪中叶英国思想家密尔对西方早期自由主义进行了修正阐释,在坚持个人自由和个体价值正当性的基本前提下,也重视整体利益,强调个人自由的限度以及个人自由的实现不能损害国家、社会和他人的利益,这与中国传统宗法社会所构筑的"家(族)、国(家)"共同体价值观似乎也有某种程度上的契合。所以,当密尔《论自由》一书由严复以《群己权界论》为题翻译介绍到中国后,梁启超在将西方传统宪政观置于近代语境下考量的同时,对密尔式自由主义作了某些"中国化"的整合阐释。

1902年,在《新民说》一文中,梁启超指出,"自由之界说曰:'人人自由,而不以侵犯他人自由为界。'夫既不许侵人自由,则其不自由

---

① 梁启超:《先秦政治思想史》,《梁启超全集》(第六册),北京出版社1999年版,第3609页。

亦甚矣。而顾谓此为自由之极则者何也？自由云者，团体自由，非个人自由也。野蛮时代，个人之自由胜，而团体之自由亡；文明时代，团体之自由胜，而个人之自由减。……夫泰西之所谓自由者，无一役非为团体公益计，而绝非一私人之放恣桀骜者所可托以藏身也。""团体自由者，个人自由之积也。人不能离团体而生存，团体不保其自由，则将由他团焉自外而侵之、压之、夺之，则个人自由更何有也！"① 由此强调团体（民族、国家）自由、团体存在的价值和利益，密尔所强调的个人自由的实现和保障问题似乎被淹没了。然而，在同一年发表的《论政府与人民之权限》一文中，梁启超又认为：侵犯他人自由是政府干涉人民自由的唯一条件："凡人民之行事，有侵犯他人之自由权者，则政府干涉之；苟非尔者，则一任民之自由，政府宜勿过问也。"② 这里，更多地强调保障个人自由和个体价值之意义，似乎又回到了密尔式自由主义中去。而在1905年发表的《开明专制论》一文中，梁启超详细查考了17、18世纪到19世纪西方学者关于国家存在目的的思想变迁，注意到：17、18世纪西方学者主张，国家是为人民而存在，人民是目的，国家仅是实现人民利益的手段；到了19世纪，西方学者则修正认为，一方面是国家为人民而存在，另一方面人民也同时为国家而存在。国家一方面为人民利益，同时为自身谋利益。如果二者利益发生冲突，则优先于人民。国家是目的，而人民有时可以成为实现国家目的之手段，"但何以重视国家如是之甚，则以国家为人民所托命也"③。"十八世纪之学界与十九世纪之学界，有一绝异之趋势焉，不可不察也。即十八世纪，偏畸于主观的研究，十九世纪，则群趋于客观的研究是也。主观的研究者，谓真理存于吾心；客观的研究者，谓真理存于事物之自身。谓真理存于吾心，

---

① 梁启超：《新民说》，《梁启超全集》（第二册），北京出版社1999年版，第678、679页。
② 梁启超：《论政府与人民之权限》，《梁启超全集》（第二册），北京出版社1999年版，第882页。
③ 梁启超：《开明专制论》，《梁启超全集》（第三册），北京出版社1999年版，第1459页。

则凭吾意力之自由，可以发现所谓'自然法'者，而应用之以改良社会国家；谓真理存于事物之自身者，则知事物所以成长发达之理由，一皆备于其内部，自然而然，非可强制。"① 这样，民族、国家的整体利益考量在梁启超那里又有了历史和逻辑发展上的理据。然而，俟一战结束后，梁启超对国家主义又进行了反思，认为"这回德国致败之源，就是因为国家主义发达得过于偏畸，人民个性，差不多全被吞灭了，所以碰着英法美等个性最发展的国民，到底抵敌不过……今日第一要紧的，是人人抱定这尽性主义"②。

在不同的文字著述语境里，梁启超对国家和公民之间的关系命题似乎有着不同的解读。但在我看来，这些看似"变化反复"的语词，实则是梁启超意在探索近代语境下如何重构甚至超越西方传统宪政观的一种观念表达。在他的思想深处，保障个人的自由和权利仍是其宪政价值关怀的旨趣。如台湾学者黄克武所评："梁虽然不是一个西方意义下的个人主义者，但也绝对不是一些学者所认为的集体主义或权威主义者。他对个人自由与尊严有很根本的重视，我们可以说他所强调的是非穆勒主义式的个人自由（non－Millsian emphasis on individual liberty），这种个人自由仍是以保障个人为基础的，但同时以为个人与群体有密不可分的关系，因此有时强调以保障群体价值作为保障个人自由的方法。"③ "梁氏此种对非穆勒主义式的个人自由之强调，与他源于传统的思想模式是结合在一起的，换言之，儒家传统对个人的尊重，尤其是王阳明的良知观念，是梁氏非穆勒主义式的个人自由观之基础。"④ 这里，与学界多数观点不同，黄克武认为梁启超对个人自由的保障是有根本的重视，是以保障群体价值作为保障个人自由的方法，并强调这种文化建构方法

---

① 梁启超：《开明专制论》，《梁启超全集》（第三册），北京出版社1999年版，第1463页。
② 梁启超：《欧游心影录》，《梁启超全集》（第五册），北京出版社1999年版，第2980页。
③ 黄克武：《一个被放弃的选择——梁启超调适思想之研究》，新星出版社2006年版，第32页。
④ 同上，第34页。

使梁启梁认为传统价值与现代价值是可以结合在一起的。笔者赞同黄克武的观点，并认为上述不一致之处看似矛盾，实则是梁启超站在现代性与民族性之间，既肯定个人自由和个体价值的意义，又要努力寻找民族的集体认同的价值取向，试图将以个人为本位的自由主义与以团体为指涉对象的民族主义会通、整合为同一个意识形态。用梁启超的话来说，就是上文所提及的"尽性主义"。它并不是西方古典时期完全意义上的个人主义，是一种在群己界限、团体个人关系相对平衡、和谐共生中的个人主义，更是对西方传统个人主义的改进。从当代西方对古典个人主义传统中消极因素的反思和某种程度上的超越来看，包含了十种相反相成德性的"尽性主义"无疑具有一定的前瞻性，其内涵也更丰富。

实际上，自由主义与民族主义属于不同价值范畴，西方早期更多认识到它们之间的分歧和矛盾，但19世纪中叶以后，二者如何结合以至和谐共生互补渐渐成为人们关注的时代课题。20世纪西方最重要的自由主义思想家之一以赛亚·柏林与其弟子耶尔·塔米尔以及著名法学家约瑟夫·拉兹等人，明确主张"自由主义的民族主义"并有系统的探讨论述。[①] 当代自由主义大师哈耶克对这种价值取向曾作过客观的评价，他说："当我们说一个民族欲求'摆脱'外国的枷锁并力图决定自身命运的时候，这显然是我们将自由概念适用于集体而非适用于个人的一个结果，因为在这一情境中，我们乃是在作为一个整体的民族不受强制的意义上使用'自由'这一术语的。一般而言，个人自由的倡导者都同情上述民族自由的诉求，而且也正是这种同情，导致19世纪的自由运动于民族运动之间形成了持续的联合，虽说当时的联合有些勉强。"[②]

---

① 许纪霖：《在现代性和民族性之间：张君劢的自由民族主义思想》，《学海》2005年第1期。
② [英]哈耶克：《自由秩序原理》（上），邓正来译，三联书店1997年版，第8页。

三、宪政框架与国民德性的现代重构

作为近现代中国著名的启蒙思想家与社会活动家，实现传统政治的现代转型是梁启超一生的执着追求。自19世纪末20世纪初中国宪政问题提出以来，梁启超较早地注意到宪政作为一种制度文明离不开相应伦理德性的支撑。在对维新变法运动失败的反思中，梁启超敏锐地洞察到传统政治未能成功转型与近现代中国国民固有德性问题不无关系。怀着宪政中国的愿景，他系统地阐发了具有近现代启蒙意义的"新民说"。在过去一个世纪里，他在国民德性重塑问题上的智识思虑也不断被人们提及、重述。作为一笔宝贵的思想资源，甚至可能在相当长时期里仍不失其价值。

（一）对宪政与国民德性之关联意义的认识

一般认为，无论是西方的"性恶"论还是东方的"性善"论人性假设，都从正面或反面揭示了人性的易变、不完善特质，这是任何社会规则、社会制度得以产生的伦理道德前提。被称为美国宪法之父的麦迪逊曾说过："如果人人都是天使，那就不需要政府。如果政府是天使，那就无需对政府实行内部和外部控制。而在构建一个由人来统治的政府时，最大的困难就在于，你必须首先让政府有能力控制受他统治的人，其次是强迫政府控制自身。"[①] 与其他任何制度安排一样，作为一种基于人性假设立场化约而成的现代制度设计——宪政必然离不开伦理德性的支撑。宪政的实施必须建立在一定的道德之上。法国近代启蒙思想家孟

---

① ［美］汉密尔顿等：《联邦党人文集》，程逢如译，商务印书馆1997年版，第264页。

德斯鸠在其名著《论法的精神》一书中,通过与其他政体形式比较,深刻论证了宪政的德性之必要性和理据。他认为与君主政体需要荣誉、专制政体需要恐怖不同,共和政体则需要品德,并强调它不是道德上的品德,也不是基督教上的品德,而是政治上的品德。孟德斯鸠给品德(或政治品德)所下的定义就是:"热爱法律与祖国。这种爱要求人们不断地把公共的利益置于个人利益之上;它是一切私人的品德的根源。私人的品德不过是以公共利益为重而已。"在他看来,这种政治品德是民主国家所特有的,"只有民主国家,政府才由每个公民负责。政府和世界的万物一样:要保存它,就要爱它","在民主政治之下,爱共和国就是爱民主政治,爱民主政治就是爱平等",强调这种政治品德是共和政体的原则和动力,权力由此才能真正得到限制。① 孟德斯鸠又认为,虽然立宪政体需要品德,但不能因此得出"共和国的人都有品德"的结论,而是应当强调和重视国民的政治品德教育的宪政意义。② 以西方近代宪政思想和制度实践为观照,自 19 世纪末 20 世纪初中国宪政问题提出以来,与之相应的德性问题自然就成为包括梁启超在内思想家们所关心的重点。

早在 1899 年发表的《论支那宗教改革》一文中,梁启超就注意到了国家的强弱兴衰与国民的政治习惯、道德信仰之关联:"凡一国之强弱兴废,全系乎国民之智识与能力,而智识能力之进退增减,全系乎国民之思想;思想之高下通塞,全系乎国民之所习惯与所信仰,然则欲国家之独立,不可不谋增进国民之识力,欲增进国民之识力,不可不谋转变国民之思想。而欲转变国民之思想,不可不于其所习惯所信仰者。"③ 他认为,一国的政治与为政之人的品德、智识息息相关。"为政者所不

---

① [法]孟德斯鸠:《论法的精神》(上),张雁深译,商务印书馆 1959 年版,第 34、50 页。
② 同上,第 28—29 页。
③ 梁启超:《论支那宗教改革》,《梁启超全集》(第一册),北京出版社 1999 年版,第 263 页。

可缺之具二,曰德曰智。然德优而智绌者,其于增益之也至易。""苟得其人,则无论何种政体,皆足以致治;苟非其人,则无论何种政体,适足以生弊。谓立宪政体之优于他种政体者,非谓其本质确有优劣之可言,亦曰立宪政体之为政者,其于得人之道,则较易焉耳。"① 在梁启超看来,任何政体原本并无优劣高下之分,但与君主专制等其他政体相比,立宪政体的长处在于"得人之道"上,如孟德斯鸠所论,"有品德的君主并不在少数",但"在君主国里人民要有品德是很困难的"。② 而以"公意"为政治合法性根基的立宪政体具有直接获得国民的普遍认可和服从的天然优势,宪政和国民的政治品德之间的关联得以打通。梁启超深刻认识到要接引西方的宪政观念,除了要从中国固有的传统文化中去发掘本土资源外,更为重要的一点,就是要"开民智"即改造国民,培养国民的政治品德,提高国民的政治素质。在此之前,同时代的思想家严复在介绍英国近代思想家斯宾洛莎的政治学说时,也注意到西方宪政与国民的德性之间关联,他说:"斯宾塞尔全书而外,杂著无虑数十篇,而《明民论》、《劝学篇》二者为最著。《明民论》者,言教人之术也。《劝学篇》者,勉人治群学之书也。其教人也,以浚智慧、练体力、厉德行三者为之纲。""盖生民之大要三,而强弱存亡莫不视此:一曰血气体力之强,二曰聪明智虑之强,三曰德行仁义之强,是以西洋观化言治之家,莫不以民力、民智、民德三者断民种之高下,未有三者备而民生不优,亦未有三者备而国威不奋者也。"他由此得出结论:"是以今日要政,统于三端:一曰鼓民力,二曰开民智,三曰新民德",只不过三者中"又以民智为最急也",认为"开民智"是"新民德"的前提。③ 受严复的启发,在基本认同严氏的"鼓民力、开民智、新民德"政治主张

---

① 梁启超:《立宪政体与政治道德》,《梁启超全集》(第四册),北京出版社1999年版,第2066页。
② [法]孟德斯鸠:《论法的精神》(上),张雁深译,商务印书馆1959年版,第23页。
③ 严复:《论世变之亟——严复集》,胡伟希选注,辽宁人民出版社1994年版,第23、25、36、19页。

的同时,梁启超更加重视"新民德"的政治意义。

在梁启超看来,国民道德素养是一国政体优劣与否的决定因素。他认为如果国民文明程度低,即使有"明主贤相"的治理,但一旦人亡,"则其政息";反之,如果国民的文明程度高,即使有"暴君污吏虐刘一时",国民也能自我"补救"和"整顿"。① 他由此认识到:中国要建设宪政国家,应当重视国民传统德性的改造问题,否则"政治习惯不养成,政治道德不确立,虽有冠冕世界之良宪法,犹废纸也"。② 他意识到中国政治现代化的关键应该是促进现代国民的诞生。为此,梁启超在反省维新变法失败根由的基础上,1902 年发表了长篇大论《新民说》,大声疾呼:"新民为今日中国第一急务","苟有新民,何患无新制度?无新政府?无新国家?"③

(二) 对中国传统德性重塑的框架思考

纵观梁启超的"新民"思想脉络,他最重视国民"公德"问题,认为这是"新民"的"急务"和核心主旨。在其宏大的"新民"思想体系中,在"公德"之下,其他诸如国家思想、进取冒险、权利思想、自由、自治、进步、自尊、合群、生利分利、毅力、义务思想、尚武、私德、民气和政治能力等涉及"新民"之道共十五方面的内容,是作为"实行此公德之方法"而分别展开论证。④ 在梁启超看来,"公德"的意义在于"人群之所以为群,国家之所以为国,赖此德焉以成立者也。"⑤

---

① 梁启超:《新民说·论新民为今日中国第一急务》,《梁启超全集》(第二册),北京出版社 1999 年版,第 655 页。
② 梁启超:《先秦政治思想史》,《梁启超全集》(第六册),北京出版社 1999 年版,第 3679 页。
③ 梁启超:《新民说·论新民为今日中国第一急务》,《梁启超全集》(第二册),北京出版社 1999 年版,第 655 页。
④ 梁启超:《新民说》,《梁启超全集》(第二册),北京出版社 1999 年版,第 662 页。
⑤ 梁启超:《新民说·论公德》,《梁启超全集》(第二册),北京出版社 1999 年版,第 660 页。

在《论公德》一文中，他开宗明义指出："我国民所最缺者，公德其一端也。"① 尽管中国道德很早就发达，也非常重视道德教化，但"偏于私德，而公德阙如"。传统教习的德性内容是"私德居十之九，而公德不及其一焉"②。中国数千年来重视个人修养和私人家庭伦理的传统德性教育，是以"束身寡过主义"为中心和典型特征，结果是："范围既日缩日小，其间有言论行事，出此范围外，欲为本群本国之公利公益有所尽力者，彼曲士贱儒，动辄援'不在其位，不谋其政'等偏义，以非笑之挤排之，谬种流传，习非胜是，而国民益不复知公德为何物。"对于社会流行的"束身寡过主义"无害论的传统认识，他强调只要无益于"群"、"国"就是有害，因为这种享权利而不尽义务的传统德性"不能为群之利，而反为群之累"③。梁启超进而批评那种只知以清廉、谨慎、勤勉为箴言的政府官员即使具有高尚的私德，如果缺乏公德意识，放弃应尽的责任，同样构成对"群"、"国"的"大逆不道之罪"，认为政府官员既然作为"受一群之委托而治事者也，既有本身对于群之义务，复有对于委托者之义务，曾是清、慎、勤三字，遂足以塞此两重责任乎?"④ 他得出结论：知有私德而不知有公德的文化传统是造成今日中国"政治之不进，国华之日替"的德性根由，⑤ 公德观念启蒙已成为中国传统政治现代转型的"急务"。

梁启超认为，所谓"公德"，"就其本体言之，谓一团体中人公共之德性也"⑥。这里他所说的"公德（公共之德性）"，不同于我们今天所说的公共道德，是政治意义上的"公德"，主要是指国民的公共心、自治

---

① 梁启超：《新民说·论公德》，《梁启超全集》（第二册），北京出版社 1999 年版，第 660 页。
② 同上，第 660—661 页。
③ 同上，第 661 页。
④ 同上，第 662 页。
⑤ 同上，第 662 页。
⑥ 同上，第 714 页。

力、独立性和爱国心,强调国民公共参与的政治热情和能力。在《新民说》一文中,梁启超就尖锐地批评在传统政治文化氛围下所养成的国民那种"责人不责己、望人不望己之恶习",认为这种国民恶习是造成"中国所以不能维新之大原"的根本原因。① 1903 年他在《论中国国民之品格》一文中进一步专门列举了中国国民之品格缺陷的四种表现:"爱国心之薄弱"、"独立性之柔脆"、"公共心之缺乏"和"自治力之欠阙",认为"此数者,皆人道必不可缺之德,国家之元气,而国民品格之所以成具者也。四者不备,时曰非人。国而无人,时曰非国"。② 而四者之中,"公共心"是国民"公德"塑造的命门之所在。1916 年,梁启超在《国民浅训》一文中又专门辟"公共心"一章,其中他深刻地指出:"我国人所以至今不振者,一言以蔽之,曰公共心缺乏而已。私家之事,成绩可观者往往而有。一涉公字,其事立败。……甚则公林无不斩伐,公路无不芜梗,公田无不侵占,公园无不毁坏。有一公物在此,在西人则以为此物我固有一份也,乃拥护而保全之,使我能长享此份。在中国人则以为此物我固有一份也。乃急取我一份所有者割归独享,又乘他人之不觉或无力抵抗,则并他人之一份所有而篡取之。"③

那么,如何培养国民具有政治参与的"公德"精神呢? 1907 年,梁启超在其起草的《政闻社宣言书》中指出:立宪政治既然是国民政治,要求国民必须具备三种德性资格:一是"勿漠视政治,而常引为己任";二是"对于政治之适否,而有判断之常识";三是"具足政治上之能力,常能自起而当其冲"。④ 然而,上述"公德"内涵的生成具备并非一蹴而

---

① 梁启超:《新民说·论新民为今日中国第一急务》,《梁启超全集》(第二册),北京出版社 1999 年版,第 655、656 页。
② 梁启超:《论中国国民之品格》,《梁启超全集》(第二册),北京出版社 1999 年版,第 1077—1079 页。
③ 梁启超:《国民浅训》,《梁启超全集》(第五册),北京出版社 1999 年版,第 2843 页。
④ 梁启超:《政闻社宣言书》,《梁启超全集》(第三册),北京出版社 1999 年版,第 1713 页。

就,更离不开宪政制度的支撑。宪政本身作为一种社会生活方式,它为培养国民的政治常识、政治习惯和政治能力提供了基本的制度前提。所以,在他看来,立宪政治的建立和实施与国民政治德性资格的培养二者之间互为条件、相互促进的。他说:"夫国民必备此三种资格,然后立宪政治乃能化成;又必先建设立宪政治,然后国民此三种资格乃能进步。谓国民程度不足,坐待其足然后立宪者妄也。但高谈立宪而于国民程度,不一厝意者,亦妄也。故各国无论在预备立宪时,在实行立宪后,莫不汲汲焉务所以进国民程度而助长之者。"① 也就是说,在中国宪政国家的建立和强盛发展问题上,既要反对那种消极等待国民德性资格具备才能立宪的观念,也要反对高谈阔论式的清谈"立宪"而不重视国民"公德"培养生成的倾向,而应当双向互动。1916年,梁启超在《国民浅训》一文中再次阐发了宪政与国民"公德"之间互动、相偕发展的观点,他说:"从前东西各国,政治亦并不见高明,自从近百年来,相率改专制为立宪,使全国人民,皆有机会与闻国事,官吏权限严明,无从作弊,因此政务渐渐改良,遂有今日。我国若要转贫为富转弱为强,亦须从此着手。""夫共和必与立宪相缘。而立宪政治所以能维持,专赖全国人民皆关心国事,皆尽力国事,尤须常识日渐增加,公德日渐发达。"②"大抵欲为立宪国民者,平时多阅书报,留心时事,选举之时,郑重投票,斯亦可以无大过矣。"③ 他强调只有通过国民公共精神和政治参与意识的日常培育,"与闻国事",积累政治常识,国民的公德由此逐渐发达,才可能实现人的现代化、成为"立宪国民",也才能达到"官吏权限严明,无从作弊"的宪政目的。也就是说,他期望在立宪政体的框架下,通过提高国民的自治能力与政治参与能力,以真正实现对公共

---

① 梁启超:《政闻社宣言书》,《梁启超全集》(第三册),北京出版社1999年版,第1713页。
② 梁启超:《国民浅训》,《梁启超全集》(第五册),北京出版社1999年版,第2836—2837、2837页。
③ 同上,第2838页。

权力的有效制约。另外，梁启超也清醒地认识到，这种"公共之德性"的培育尤须在国民全体下功夫，如果仅是少数人的摇旗呐喊，民主宪政之梦是不可能实现的。针对民初"假共和"的政治乱象，他反思批评道："民主主义的国家，彻头彻尾都是靠大多数国民，不是靠几个豪杰。从前的立宪党，是立他自己的宪，干国民什么事！革命党也是革他自己的命，又干国民什么事！好比开一瓶皮酒，白泡子在面上乱喷，像是热烘烘的，气候一过，连泡子也没有了，依然是满瓶冰冷。这是和民主主义运动的原则根本背驰。……质言之，从国民全体下工夫，不从一部分可以供我利用的下工夫，才是真爱国，才是救国的不二法门。"①

在《论公德》发表一年后，梁启超又开始重视传统"私德"的现代弘扬。这似乎与之前立论背道而弛，前后态度迥异。实际上，在"新民"的叙述中，梁启超大力提倡"公德"，但并不意味着"私德"不必要、过时。"新民云者，非欲吾民尽弃其旧以从人也。"② 在他看来，"私德者，人人之粮，而不可须臾离者也。"③ 梁启超原本认为，几千年来重视私德的文化传统，人们对于私德应当能解悟、能践履，不需要多加宣讲，然而实际情况并非如此。他注意到：清代以来，中国"私德"堕落现象日趋严重，"贪鄙、偏狭、凉薄、虚伪、谄阿、暴弃、偷苟"等恶德恶习成风，结果：意在采补传统德性不足的自由、平等、权利等西方宪政观念，在国民启蒙中甚至被曲解利用，南橘北枳。"于是自由之说人，不以之增幸福，而以之破秩序；平等之说人，不以之荷义务，而以之蔑制裁；竞争之说人，不以之敌外界，而以之散内团；权利之说人，不以之图公益，而以之文私见；破坏之说人，不以之箴膏盲，而以之灭

---

① 梁启超：《欧游心影录》，《梁启超全集》（第五册），北京出版社1999年版，2979页。
② 梁启超：《新民说·释新民之义》，《梁启超全集》（第二册），北京出版社1999年版，第657页。
③ 梁启超：《新民说·论私德》，《梁启超全集》（第二册），北京出版社1999年版，第719页。

国粹。"① 以至于"举国嚣嚣靡靡，所谓利国进群之事业一二未睹"。而且也给"顽钝"者提供了口实，借以攻击"新理想"是"贼人子而毒天下"。② 梁启超认识到，仅仅强调中国传统所本无的"公德"仍无法唤起国民对宪政共同体的信仰，还应当将中国传统所本有的注重个人的道德修养和道德境界的"私德"予以强调、发扬和重塑。为此，在"利国进群"目的下，他从"公德"与"私德"的关系入手，论证了"私德"现代重塑的政治意义。他说："所谓公德云者，就其本体言之，谓一团体中人公共之德性也；就其构成此本体之作用言之，谓个人对于本团体公共观念所发之德性也。"③ 这里的"个人对于本团体公共观念所发之德性"就是"新民"体系中的"私德"。在"团体"、"公共"的媒介下，"公德"与"私德"之间关联的哲学意蕴已直白地表达出来。1912年，在《中国道德之大原》一文中，梁启超又从主客观角度再次分析两者之间关联、互动关系的命题："吾以为公私新旧之界，固不易判明，亦不必强生分别。自主观之动机言之，凡德皆私德也。自客观影响所及言之，凡德皆公德也。"④ 在他眼里，对宪政国家中的"新民"来说，"私德"与"公德"都是不可或缺的，属于道德的一体两面，两者应是统一的。他说："无私德则不能立，合无量数卑污、虚伪、残忍、愚懦之人，无以为国也。无公德则不能团，虽有无量数束身自好、廉谨良愿之人，仍无以为国也。"⑤ 上述这些言论反映了梁启超在国民德性现代重塑问题上的认识的深化和完整，其"新民"学说体系日臻成熟定型。

概而言之，在梁启超"新民"世界里，公德固然是现代宪政国家里

---

① 梁启超：《新民说·论私德》，《梁启超全集》（第二册），北京出版社1999年版，第718页。

② 同上，第714页。

③ 同上。

④ 梁启超：《中国道德之大原》，《梁启超全集》（第四册），北京出版社1999年版，第2474页。

⑤ 梁启超：《新民说·论公德》，《梁启超全集》（第二册），北京出版社1999年版，第660页。

的国民所不可少的修养,但公德并不能脱离私德而孤立养成,"一私人而无所私有之德性,则群此百千万亿之私人,而必不能成公有之德性"①。他强调要培养、造就与现代宪政国家相适应的"公德",必须从注重培养个人修养的"私德"做起。"是故欲铸国民,必以培养个人之私德为第一义;欲从事于铸国民者,必以自培养其个人之私德为第一义。"②那么,应当培养、弘扬哪些"个人之私德"呢?梁启超通过对大多数国人心理的观察,总结得出:"报恩"、"明分"、"虑后"这三种观念是中华民族"数千年之遗传熏染"而成的传统美德,"定为一切道德所从出,而社会赖之以维持不敝者"。③

在梁启超看来,"报恩"包括报家庭、宗族、国家和社会,中国的一切道德,无不以报恩为动机,所谓伦常名教皆本源于此。"夫人之生于世也,无论聪明才智若何绝特,终不能无所待于外而以自立。其能生育长成,得饮食衣服居处,有智识才艺,捍灾御患,安居乐业,无一不受吾身外者之赐。其直接间接以恩我者,无量无极。古昔之人,与并世之人,皆恩我者也。国家与社会,深恩于无形者也。人若能以受恩必报之信条,常印篆于心目中,则一切道德上之义务,皆若有以鞭辟乎其后,而行之亦亲切有味。此义在今世欧美之伦理学者,未尝不大声疾呼,思以厉末俗,而为效盖寡,盖报恩之义未深入人心也。"④就"明分"而言,所谓的"分"有两层含义:一指位序,"分也位也,所以定民志而理天秩,我国德教所尊论也。而或者疑定分则显悬阶级,与平等之义不相容;安分则畸于保守,与进取之义尤相戾。殊不知平等云者,谓法律之下无特权已耳。若夫人类天然之不平等,断非以他力所能铲

---

① 梁启超:《新民说·论私德》,《梁启超全集》(第二册),北京出版社1999年版,第714页。

② 同上,第714页。

③ 梁启超:《中国道德之大原》,《梁启超全集》(第四册),北京出版社1999年版,第2475—2477页。

④ 同上,第2475—2476页。

除。……故全社会之人，各如其量以尽其性，天下之平乃莫过是也"。二指应尽职责，"分也者分也。言政治者重分权，言学问者重分科，言生计者重分业。凡一社会必赖多数人之共同协力，乃能生存发达。全社会中所必须之职务，无限无量，而一一皆待社会之个人分任之。人人各审其分之所在，而各自尽其分内之职，斯社会之发荣滋长无有已时。苟人人不安于其本分，而日相率以希冀于非分，势必至尽荒其天职，而以互相侵轶为事，则社会之纽绝矣"①。而"虑后"则着眼于后代子孙的正义要求和未来社会的发展，"谓善不善不报于其身将报于其子孙，一般人民有所劝，有所慑，乃日迁善去恶而不自知也。此亦社会所以维系于不敝之一大原因也"②。梁启超强调："有报恩之义，故能使现在社会与过去社会相联属；有虑后之义，故能使现在社会与将来社会相联属；有明分之义，故能使现在社会至赜而不可乱，至动而不可恶也。三义立而三世备矣。"③ 这里，梁氏所强调的"明分"、"报恩"、"虑后"等传统"个人之私德"，从一个侧面某种程度上揭示了古典自由主义在现代社会的道德困境，而且梁氏所主张的"明分"、"报恩"观念实际上也暗合了现代自由主义所要探讨追求的政治伦理观。按照伯林的观点，现代自由主义所要建构的道德基础有三：一是自由的平等，己所不欲，勿施于人；二是对那些使我享有自由、繁荣，使我受到启蒙的人给予回报；三是最单纯与最普遍意义下的正义。④ 至于"虑后"观念，却是西方根深蒂固的"现在快乐主义"观念所不能容纳的。⑤

---

① 梁启超：《中国道德之大原》，《梁启超全集》（第四册），北京出版社1999年版，第2476页。
② 同上，第2477页。
③ 同上。
④ 参见徐大同主编：《当代西方政治思潮：20世纪70年代以来》，天津人民出版社2001年版，第13页。
⑤ 今天在全球气候变化问题上，对过去数百年来全球气候变暖负有责任的许多发达国家却在回避和推卸自己的义务。例如，美国始终游离于全球气候框架公约之外，至今仍未签署批准《京都议定书》。甚至在2010年初的哥本哈根全球气候大会上，美国态度暧昧，仍未能承担起一个发达国家应尽的责任。

从《论公德》到《论私德》，大体反映了梁启超所要构筑的与宪政中国相适应的"新民德"，是要在继承和弘扬"私德"的文化传统前提上，大力提倡和培养国民所欠缺的"公德"精神。按照他的话来说就是要："淬厉其所本有而新之"，"采补其所本无而新之"。①梁启超所提倡的"公德"，实际上是现代社会所强调的"共和"精神的伦理德性表达，其意在使共同体成员获得了内聚力和向心力，所谓的"私德"则使共同体产生了秩序，二者共同构成了宪政理念的核心，在宪政实践上具体展开为平等、自由、民主、公平正义的价值追求。在他的庞大而深邃的"新民"思想体系里，置于宪政共同体下的"公德"与"私德"始终是处于互动的、和谐的关系。

梁启超《新民说》在思想文化领域里恰似一声惊雷，振聋发聩，由此揭开了近代中国国民性改造问题的启蒙序幕。它不仅为实现国民之新品格指出了一条路径，而且为新时代道德秩序的重建提供了理论参考。梁启超的"国民德性重塑论"也深深影响了五四新文化运动时期包括胡适、陈独秀、鲁迅、李大钊等人在内的先进知识分子。一个突出例子是，青少年时期就深受震撼和影响的五四时期著名文化大师胡适先生曾对此给予了高度评价，"《新民说》的最大贡献在于指出中国民族缺乏西洋民族的许多美德"，"《新民说》诸篇给我开辟了一个新世界，使我彻底相信中国之外还有很高等的民族，很高等的文化"，并认为梁氏所提"新民"的意义，是要改造古老的中国，"把这老大的病夫民族改造成一个新鲜活泼的民族"。②又如，陈独秀的思想言论也明显具有梁启超思想的痕迹，他说："解放云者，脱离夫奴隶之羁绊，以完其自主自由之人格之谓也。……盖自认为独立自主之人格以上，一切操行，一切权利，

---

① 梁启超：《新民说·释新民之义》，《梁启超全集》（第二册），北京出版社1999年版，第657页。

② 胡适：《四十自述》，《胡适文集》（第一册），北京大学出版社1998年版，第72—73、71页。

一切信仰，惟有听命各自固有之智能，断无盲从隶属他人之理。"①

纵观梁启超一生的思想演变轨迹，正如他常常自谓"不惜以今日之我难昔日之我"②。在宪政化努力中，随着形势的变化，他从主张维新立宪到支持革命共和，再回归君主立宪，进而提出开明专制，最后拥护共和立宪，学界因此而多用"流质易变"概述之。更有人认为：梁启超虽然比较准确地介绍了宪政理论，也把握到控制国家权力以保障个人自由的宪政理念，但并未对他产生持久而深刻的影响，他本人"并未真正接受宪政理论，在某些方面甚至表现出与宪政理念相去甚远的观点"③。笔者认为，对于一位思想家尤其如梁启超这样复杂人物，人们要准确理解和表述他的思想，应当坚持历史和逻辑的统一，注意对其内在的思想价值和逻辑并放在具体的时空语境中把握。夏勇先生在《人权与马克思——为人权申辩》一文中，曾指出不能从马克思对近代西方人权的批判中得出马克思轻视人权、否定人权的结论。他认为："思想家们在解释事物时所发生的差异甚至对立，并不妨碍他们对人类理想状态的描述有某种程度的一致。"④"问题的关键，似乎在实现目的的手段。从整个人类历史来看，常见的麻烦是手段往往偏离目的、甚至与目的截然相悖。"⑤ 从此角度上认识，所谓的梁启超宪政思想从前期向后期的流变，笔者认为，此一流变在手段，不在目的；在思维方法，不在价值追求。在"易变"的表象背后，实则隐含着一个"不变"主题：始终围绕着宪政主义在传统中国的"生长"问题进行思索，始终致力于对宪政"中国

---

① 陈独秀：《独秀文存》，安徽人民出版社1987年版，第4—5页。
② 梁启超：《清代学术概论》，《梁启超全集》（第五册），北京出版社1999年版，第3100页。
③ 徐国利：《论梁启超的非宪政观》，《江西社会科学》2008年第4期。
④ 夏勇：《人权概念起源——权利的历史哲学》，中国政法大学出版社2001年版，第208页。
⑤ 同上，第209页。

化"问题的构思、探求。这恰恰是梁启超宪政思想的价值灵魂所在,也是一个长期为学界所忽视、鲜为人知的核心亮点。而且,梁启超"易变"的思想轨迹也从一个侧面折射出宪政"中国化"的艰巨性和复杂性。

一般而言,宪政是西方社会基于自身文化传统而自然演进的一种文化现象,仅仅是生于斯、长于斯的"地方性知识",并不能简单地介绍、宣传和移植入中国社会内部就能成功。选择、学习西方的宪政制度必须充分考虑中国国情和自身的文化传统,它需要获得中国语境下本土资源的支持,更需要一个"中国化"的文化建构过程。梁启超以他的睿智对此进行有益的文化探索,也给后人提供一些可资借鉴的经验启示。当然,梁启超的宪政思想远未成熟为一种较为系统、逻辑自洽的理论体系,表现出庞杂性、松散性特征,不免有许多前后摇摆、游离甚至矛盾之处,以至常被人误读。但后人应当认识到,宪政主义是理性的也是经验的,对于梁启超所处的动荡年代来说,在急功近利式的救亡心态下,并未能给予他及同时代的国人相应制度实践的时间和空间。无论如何,梁启超对宪政"中国化"问题的文化思考本身也是一个理性探索的试错过程。

第二章　文化中道：传统和现代性之间的价值考量

　　张君劢作为现代中国著名的学者和政治家，其一生"徘徊于学术与政治之间"。就学术方面而言，他创办过政治大学、学海书院和民族文化书院，当过北京大学和燕京大学教授，是1923年"人生观论战"的挑起者和1958年现代新儒家《文化宣言》的发起人，被公认是现代新儒家的代表人物；从政治方面看，他先后组建或参与组建过中国国家社会党、中国民主政团联盟和中国民主社会党，是国防参议会参议员、国民参政会参政员和旧政协代表，参与起草了1946年《中华民国宪法》，被尊称为"中华民国宪法之父"。作为深受文化传统熏陶的思想人物，张君劢终其一生为宪政"中国化"问题殚精竭虑、呕心沥血，积极探索。在现代性和民族性的价值考量面前，他力图建构一种以个人精神自由为基石、具有本土特色的宪政文化，主张以个人自由与国家权力之间相对平衡为内容的"修正的民主政治"，并为此奔走呼号。作为一位坚定的宪政主义者，他的"中国式"问题意识和智识贡献，直至今日仍是一笔值得重视的思想遗产。

一、密尔政治理论对张君劢宪政思想的影响及其限度

19世纪末20世纪初,在"欧风美雨"的冲击下,当作为现代社会文明、进步标杆的西方宪政制度与近代以来国人所向往追求的富强、独立的现代化国家相勾连时,"立宪"、"议会/议院"、"宪法/宪政"之类话语,逐渐成为清末民初知识界的流行公共语言,并形成了一股声势浩大的立宪思潮。这种思潮几乎席卷了当时中国的整个知识界,走向"宪政"成为公共知识分子的共识。受此社会思潮的影响,作为时代思想弄潮儿之一的张君劢,在青年时期即立志于宪政事业。1906年他赴日留学主修政治学专业,开始广泛涉猎西方的政治经济思想,他后来回忆说:"留学日本时,读威尔逊《国家论》、蒲徕士《美国共和政治》、陆克(洛克)氏《政府论》、弥儿氏《代议政治论》与安森氏《英国宪法及其惯例》各书。"[①]正如张君劢曾声称其政治思想渊源是英国的自由主义那样,他最感兴趣的是英国思想家洛克的《政府论》,而对他影响最大的则是英国功利主义学派代表人物密尔的代议政治学说。为此,他专门将密尔《代议制政府》(Considerations on Representative Government)一书编译,以《穆勒约翰议院政治论》命名发表在《新民丛报》上。

《代议制政府》与密尔的另一部代表著作《论自由》(1902年由严复译介到中国)一起,大体反映了密尔自由主义民主理论的精髓。在民主政治的正当性论证问题上,传统自由主义一般从"天赋"的自然权利这一逻辑预设出发,强调自由、生命和财产是人之为人的不可转让的权利,政府存在的目的就在于保护个人的自由权利。与传统自由主义诉诸

---

① 张君劢:《中华民国民主宪法十讲·自序》,张君劢:《宪政之道》,清华大学出版社2006年版,第130页。

于先验的自然法理论不同,密尔在坚持个人自由和个体价值基本前提下,并不认为个人自由权利价值是内在的、天赋的,而是从功利主义角度寻求其哲学基础。早在1859年发表的《论自由》中,密尔就强调指出:"凡是可以从抽象权利的概念(作为脱离功利而独立的一个东西)引伸出来而有利于我的论据的各点,都一概弃置未用。的确,在一切道德问题上,我最后总是诉诸功利的;但是这里所谓功利必须是最广义的,必须是把人当作前进的存在而以其永久利益为根据的。"① 从功利主义出发,整体利益的考量开始进入了密尔的视野,因此他强调个人自由的限度以及个人自由的实现不能损害国家、社会和他人的利益。1861年密尔发表的《代议制政府》,正是从功利主义进路探讨最佳政体的命题,从应然和实然两方面为立宪政体的正当性辩护。张君劢注意到密尔这种正当性辩护根本理据即在于:"(一)凡权利必以自立自保,乃得安全;(二)社会之旺盛,随其智力之发达,而大增进。"② 密尔从现实的功利角度论证一个民主政治的政府之于个人自由的保障、国民智识的提高、社会繁荣和国家强盛的意义。密尔认为除了个人自由的保障、人民福利的增进是政府的唯一目的以外,人民本身的美德和智慧也为开动政府机器提供动力。而与专制等其他任何政体相比,立宪政体对国民德性的养成有着无法比拟的长处:"且考之国民道德,则知政体之物之影响乃尤大,东方之民,何以忌心最着闻于世界?曰久处专制之下,感情思想,不出个人家族之间,虽视邻人如敌国,况于社会上相与共事者乎,英美之民,何以冒险进取闻于世界?曰自由活动之效,随社会公共之道德而增进者也。"③ 总体上说,密尔的学说从功利主义角度一定程度上弥补了西方自由主义某些理论上的固有缺陷,以至于"西方民主理论发展到密

---

① [英]约翰·密尔:《论自由》,程崇华译,商务印书馆1959年版,第12页。
② 张君劢:《穆勒约翰议院政治论》,《张君劢开国前后言论集》,再生杂志社1971年版,第8页。
③ 同上,第9页。

尔那个年代（19世纪中期），民主与代议制几乎成为同义语了，没有代议制就没有现代民主，现代民主就是代议制民主"①。

《穆勒约翰议院政治论》的编译是张君劢在深刻体认了西方古典自由主义的智识成果，把握了中国政治情景下所作出的一种文化选择。正是这样一部从19世纪开始至今被西方奉为经典的著作中所展现出来的代议制政府图景及其逻辑证成，使得张君劢大致确立了其毕生宪政追求的基本价值取向。黄克剑认为："张君劢的立宪主张从他撰写第一篇论文《穆勒约翰议院政治论》起就不曾发生过任何蜕变，但他的生命格范——它为立宪主张注入并非一成不变的内涵——的贞立却并不能早于1920年。"②密尔的代议政治政治学说对于张君劢宪政思想的影响是深远的。如翁贺凯所论，在张君劢此后大半生（六十余年）关于宪政、民主、自由的论述中——他对专制政体的不遗余力的批评和民主政治的坚定信奉；他基于"功利"的学理对于自由、民主价值的论证；他对实施宪政民主的条件的重视和审慎、渐进的改良主义取向；他对"议会民主制"可能产生的弊端的认识和对文官政治、专家政治和行政效率的重视；他在强调建立现代国家的"制度基础"同时，对于提升国民智识、道德、活动能力和改良社会心习、民族文化传统的重视，他在强调下层民众有教有养、参与政治对于民主政治的基础性作用的同时，对于上层的社会知识精英和政治领袖的前驱和领导作用的特别重视——我们从中可以很容易地发现《穆勒约翰议院政治论》所表述的密尔民主理论影响的痕迹。③

值得一提的是张君劢精心选择的《代议制政府》只是摘译，而不是全部译介。对此，王本存认为，他是有意舍弃了主观的穆勒（对"最

---

① 翁贺凯：《张君劢宪政民主思想的起源》，《清华大学学报》（哲学社会科学版）2008年第5期（第23卷）。
② 黄克剑：《志在儒行，期于民主》，《张君劢集》，群言出版社1993年版，第12页。
③ 翁贺凯：《张君劢宪政民主思想的起源》，《清华大学学报》（哲学社会科学版）2008年第5期（第23卷）。

佳"政体的哲学判断和追求,在中国的文化传统中并不缺乏智识支持),保留并准确的翻译出客观的穆勒(对"妥当"政体的现实选择),这种富有匠心的方法暗示了张君劢的独特宪政立场。① 那么,张君劢所持的这种宪政立场是什么呢?他在为张东荪所著的《思想与社会》作序文时曾有明确表露过,他说:"我之立场,谓之为理性主义可也。我所谓理性,虽沿欧洲十八世纪之旧名,然其中含有道德成分,因此亦可迳称为德智主义,即德性的理智主义,或曰德性的惟心主义也。"② 张君劢认为,人类社会全部历史,人类之进化,"非仅处物处事之知与科学之知所能了事。道德实为重要因素"③。而唯心主义则具有辨是非、分善恶的功能价值。"惟其宅心如此,乃能开科学研究之门,尊自由,建人权。"④ 同样,张君劢这种"德智主义"在密尔的政治学说中,也是可以容易找到某种相似渊源理据的。⑤ 一些海外学者在梳理密尔学说时,还将密尔的整体思想特征概括为"崇理尚智"、"务实而又具有理想主义"、"折衷而周全"三方面。⑥ 在张君劢一生的宪政追求中,他直接或间接强调对于一切问题都有自己的立场,强调理性主义或惟理主义。只不过这种理性主义与西方文艺复兴以来纯粹的理性主义有所不同,它是一种具有密尔式特征的、不纯粹的理性,包含了德性或道德成分。

---

① 王本存:《宪政与德性》,2007年中国优秀博士学位论文,第7—15页。
② 《张君劢集》,群言出版社1993年版,第55页。
③ 张君劢:《语录二十四则》,程文熙编《中西印哲学文集》上册,台湾学生书局1981年版,第33页。
④ 同上,第32页。
⑤ 密尔在对好政府的乌托邦追求时谈到:"……直达到卓越的程度(这是可能达到但没有一个地方已经达到),那里的政府官员,其本身就是具有卓越的美德和智慧的人,而围绕着他们的是有道德的和开明的公众舆论的气氛。""好政府的第一要素既然是组成社会的人们的美德和智慧,所以任何政府形式所能具有的最重要的优点就是促进人民本身的美德和智慧。""除了被统治者的福利是政府的唯一目的以外,被统治者的好品质为开动政府机器提供动力。"(参见约翰·密尔:《代议制政府》,商务印书馆1982年版,第24页。)
⑥ 参见张明贵:《约翰密尔》,东大图书股份有限公司1986年版,第293—301页。

二、《魏玛宪法》及其制宪经验的启示

被张君劢誉为代表"二十世纪社会革命之潮流"的德国《魏玛宪法》,对其宪政理论和实践的影响同样不容忽视。1918年德国爆发了十一月革命,为了渡过政治危机,由德国社会民主党、民主党、中央党、保守党、自由党及各邦代表等组成的新国民议会在德国南部魏玛开展制宪活动。最终在各党派、各邦代表利益相互妥协的基础上,于1919年通过了《德意志国家宪法》,史称"魏玛宪法"。1919~1922年有着坚定宪政追求的张君劢第二次欧游考察,代表着世界立宪新潮流的《魏玛宪法》自然引起了他的注意。他不但及时把它译介到中国,还写下洋洋洒洒万余字的评论于1920年连载发表在《解放与改造》刊物。从这篇评论中,我们可以发现《魏玛宪法》及其制宪经验对张君劢的现实启示。

一是主张学习德国人的制宪精神,强调制宪事业是一个渐进的过程。张君劢注意到《魏玛宪法》"之所以能成者非他,乃国民统一的意思之表示焉"。而当时中国却呈现出"南与南分,北与北分,党中有党,派中有派"的政治局面,缺乏"统一的意思",即使"海枯石烂,而中国宪法无一日而能成立也"。①而德国"统一的意思"背后,是德国人民的"交让"、"和衷共济"之精神,以及少数立法家精英在制宪过程中所表现出来的"度量与智识"之理性,这些都值得国人们学习借鉴。此外,他又注意到《魏玛宪法》的成功背后是数十年前德国无数仁人志士前仆后继、百折不回的努力结果:"有拉萨尔、马克思提倡于先;有勃勃尔、黎勃克尼奔走于后;有无数仁人义士为之后先疏附,虽触刑网而

---

① 张君劢:《德国新共和宪法评》,张君劢:《宪政之道》,清华大学出版社2006年版,第283页。

不悔，乃以造成此有宗旨有纪律之团体，去君主，去军阀，如摧枯拉朽。如是，彼之所以得有今日，其种子实伏于数十年之前。"由此获得的经验启示是：制宪事业并非一蹴而就的。他特别告诫国人："切勿求速效，切勿问他日之收获，待之十年，二十年，三十年，四十年，再与此旧社会旧政体较短长度得失可焉。"① 这一认识反映在对待中国宪政问题上，他采取了更加务实的态度。1932年张君劢通过《我们所要说的话》一文，表达了他既明确反对中国不适宜民主政治的主张，又不同于无条件主张民主政治论，"不管人民的程度，总得在可能范围内尽量使民主政治实现。……按照这个原则实施于中国，当然必须看人民的程度而定期可以实施的量度。就是说：能实现百分固然是好；若使不能，则九十九分亦好；再不能，便降至九十八分亦未尝不好。照这样下去，总是降到五十分或四十分，却都不能说不是民主政治"②。

二是对"统一精神"和地方自治的重视。《魏玛宪法》通过改邦为州、并对行政区域重新划分，以及立法权和行政权的极大扩张，以加强中央权力，从而实现真正的德意志民族统一。③ 由于张君劢坚信"当知世界大共和国，无不植基于地方自治之上"，因此主观认为《魏玛宪法》中新的区域划分仍是"为各地自治计，而非为中央集权计也"，强调地方自治在统一的民主宪政国家之基础作用，"惟地方事业条理井然，举其荦荦大者以归于中央；故全国之相使，若身之使臂，臂之使指。若并一省一府县之事不能自理，而举以责望中央，则不特鞭长莫及已焉。官僚

---

① 张君劢：《德国新共和宪法评》，张君劢：《宪政之道》，清华大学出版社2006年版，第284页。
② 《我们所要说的话》，《再生》创刊号。
③ 1870年俾士麦通过铁血政策实现和维持了德意志民族的表面统一，建立起以普鲁士为主体、其他各邦为附属的联邦制。张君劢对此指出："然同一民族之中，南北不相容，普巴日相倾轧，皆各邦私土与民之习惯有以限之也。今也十余邦之君主，如秋风落叶一夜而尽，则全国之分合，当然以生计上文化上之便宜为行政区域划分之标准。盖自是始由君主之同盟，进而为真正之民族的统一，是为德意志民族建国之进步。"（参见张君劢：《德国新共和宪法评》，张君劢：《宪政之道》，清华大学出版社2006年版，第258—259页。）

政治遍于全国，而人民政治才能，何由发展？"由此特别提醒国人不要将他倡导的"统一精神与中央集权混为一谈"，而应当"于德国中央政治外，注意德国之地方自治基础"。① 这里，张君劢有意将《魏玛宪法》这种制宪倾向往有利于"统一精神"好的方面解释，而暂且忽略了与"统一精神"相辅相成的中央权力膨胀（尤其是《魏玛宪法》赋予了总统极大的权力）。由此可能带来的极权主义危险，密尔式功利主义哲学的影响再次隐约浮现，反映了他渴求通过"统一精神"实现中国宪政之梦的初衷。他对"统一精神"和地方自治的重视，都直接影响到他此后的制宪实践活动，前者体现于他对蒋介石一党专制独裁政府一直存有幻想和委曲求全的态度（在40年代末以前），后者亦体现于他所起草的1922年《国宪草案》和1946年《政协宪草》中。

三是以国民公决（直接民主）补代议政治（间接民主）的不足。张君劢注意到《魏玛宪法》中"作为中央行政立法机关和政治枢纽"的议会内阁地位规定与英法美等国不同，含有直接民主的成分，"德内阁之基础，厥在议会政治。然议会政治之后，尚有最后之主人翁，是曰国民。故谓德意志全宪法之精神在国民的议会政治（Volksparlamentarismus）可焉！"② 这里他所讲的"议会政治之后，尚有最后之主人翁，是曰国民"，即为"国民公决"形式；所谓的"国民的议会政治"，就是一种"相对的直接民主"政治。在他看来，国民公决自身真正体现和落实了人民主权思想，为"直接民主政治精义所寄，而凡为共和国者所当采取者也"③。由于直接民主制比较适合于如瑞士那样人少地狭的小国而一般不适合幅员广、人口多的大国，"世界各国虽明知直接民主政治之良，

---

① 张君劢：《德国新共和宪法评》，张君劢：《宪政之道》，清华大学出版社2006年版，第259页。
② 同上，第263页。
③ 同上，第265页。

咸有所惮而不敢行,而代议政治,乃若夫天经地义,无敢非之者"①。而德国《魏玛宪法》中的制度创举,突破了人们对民主制度的一般常识,为矫治大国"代议政治"之弊提供了可资借鉴的可能药方。"夫以七千万人口之大国,而行直接民主者,殆以德为首矣。然吾信其结果之有良而无恶。何也?政治潮流日趋于民主的,非复少数政党代表、议会代表,所能假名窃号,而自以主人翁自居,则代议会政治以兴者,舍直接民主其奚由哉?"②张君劢从《魏玛宪法》中得到的启示就是,实行议会政治的大国可以而且应当为直接民主"另辟一途径"。他建议国人应当步德国宪法后尘,同样也可以实行相对的直接民主,关键在于"代表民意之范围,务求宽广,不可但限于中央数百人之议员。一省之大,有商会,有农会,有学会,有地方议会。合此数者以构成一选举会,则其代表民意,自然较数百议员为真切"③。认为相对的直接民主也要远远胜过于"数百议员之所谓民意"。

总体上看,《魏玛宪法》确立了德国为三权分立为基础的、以议会和总统为中心的均衡政体,在强化中央集权(中央的立法权和行政权的扩张)的同时,也确认了人民通过斗争所获得的广泛自由民主权利。尤其是增加了此前各国宪法所忽视的社会经济权利内容,倡导所有权"社会化",以及直接民主政治的内容,以至于在当时《魏玛宪法》被视为自由主义宪政的"民主典范"。《魏玛宪法》所确立的这种具有混合性质的民主共和政体,直接为张君劢30年代提出的"修正的民主政治"宪政方案提供了现实的样板,也在一定程度上影响到1946年他起草的《政协宪草》设计方案。

---

① 张君劢:《德国新共和宪法评》,张君劢:《宪政之道》,清华大学出版社2006年版,第268页。
② 同上,第268—269页。
③ 同上,第270页。

三、自由与权力之间：对立宪价值的"中道"探索

个人自由与公共权力的关系是现代宪政国家中最为基本和核心的恒久命题，历史上任何一位政治思想人物都无法绕过且必须作出正面的回答，张君劢自然也不能例外。在《立国之道》一文中，张君劢谈到："根据以上两项，我们获得政治制度之纯粹意义：一、国家行政贵乎统一与敏捷，尤须有继续性，故权力为不可缺之要素；二、一国之健全与否，视其各分子能否自由发展，而自由发展中最精密部分，则为思想与创造之能力。所以自由发展亦为立国不可缺之要素。"① 在他看来，作为一国政治制度中不可或缺的两个要素：公共权力和个人自由"仿佛人之两足，车之两轮，缺其一即不能运用自如"②。但是，个人自由与国家权力之间是一个存在内在张力的矛盾命题，在制度安排中如何"分配得当"，一直是人类宪政史上的义化难题。在以人权保障为旨归的宪政主义看来，其关键点在于如何认真对待权力问题。张君劢对此认为："权力实为国家不可少之要素；权力不具，则国家陷于混乱，而战时尤甚。""权力固为国家不可少之要素，若政府滥用权力，则人民之痛苦将无底止。民主运动所以生，在将政府权力范围，规定于宪法之中。"③ 这里，张君劢一方面强调权力之于政治秩序的必要性，尤其是在战争等非常时期；另一方面他对权力滥用的危险也有着清醒的认识，强调权力应在宪政约束下运行。

张君劢作为一位坚定的宪政主义者，在他的心灵深处，"自由"这

---

① 张君劢：《立国之道》，《张君劢集》，群言出版社1993年版，第265页。
② 张君劢：《立国之道》（第四版），桂林出版社1947年版，第95页。
③ 张君劢：《立国之道》，《张君劢集》，群言出版社1993年版，第263页。

个宪政最核心的质素是具有永恒价值的,他认为:"自由学说之最大价值,在其能养成独立人格与健全公民。这一点不可磨灭之价值,可以垂诸千百年而不变。"① "一国之大多数人民,不养成自由人格,不有自动自发之精神以参加国事,而件件赖政府之指示,则此国家之基础当然不健全、不巩固。"② 张君劢虽然强调人民享有自由的重要意义,但并不赞成那种毫无限制的个人自由,更不赞成像18、19世纪的欧洲民主国家那样"重自由而忽权力"。他说:"法国革命以来,欧洲政局上似乎重自由而忽权力。如议会政治之下,各党林立,使政府不能安定;如人人有结社之自由,因而工人挟工会以联合罢工。此皆自由权行之过乎其度,所以有今日法西斯主义之反动。"③ 在反思西方议会民主模式的"自由过度"之弊,以及坚决批判反自由的德、意法西斯极权主义的基础上,张君劢主张对传统民主政治进行必要的纠偏,即所谓的"修正的民主政治"。他说:"国人所应深思者,即议会政治之病,在意在德,以议会权力行使之不当,致陷议会于灭亡。我人求一两得其平之法,即政府不因议会而动摇,议会不因其权力之过度而自取灭亡。此即我人所谓修正的民主政治之精神。我人处于今日之中国,虽不敢自诩对于制度上有所发明,然经多年之思索,以为除在此权力主义与议会政治之纷争中,求得一中道外,别无可以安定国家之法。"④

在宏大叙述上,张君劢的这种"修正的民主政治"方案某种程度上也暗合了近代中国的时代要求。近代以来清廷政治权威的日益衰败,中国社会的剧烈动荡事实,尤其是民初以来地方武装割据战乱不休、山河破碎,进一步加强了人们对恢复秩序的渴望。一部人类文明史告诉我们:在地球的每个角落里,与其他动物本质区别在于:人必须作为

---

① 张君劢:《立国之道》,《张君劢集》,群言出版社1993年版,第264—265页。
② 同上,第265页。
③ 同上,第263页。
④ 同上,第271页。

第二章
文化中道：传统和现代性之间的价值考量

"类"通过建立某种秩序相互依存地从野蛮走出，无序将使人类返回到"自然状态"，人类对秩序的渴望远大于对自由的追求。美国学者塞缪尔·亨廷顿有句名言："首要问题不是自由，而是创建一个合法的公共秩序。很显然，人类可以无自由而有秩序，但不能无秩序而有自由。必须先有权威，然后才能对它加以限制。"① 秩序的恢复依赖于一个强有力的政治权威，权威的确立先于对权威的限制，"权力"在张君劢那里也就成为现实的、无奈的价值考量因素。

在西方的宪政哲学中，人性的幽暗意识要求对权力保持必要的警惕，而不能相反。但从上述言论上看，张君劢似乎对"权力"与"自由"同等重视、同等对待，似乎有点反其道而行之。实际上"权力"与"自由"在张君劢那里是放在不同叙述脉络（民族主义和自由主义）中论证的，分别形成了两个价值本位：（民族）国家和个人，在这一点上，与他的老师和挚友梁启超的宪政观是一脉相承的。受德国柏格森哲学的影响，按照他的"社会之函变说或机能说（The functional theory of society）"立场，张君劢将"自由与权力"比作"心与物"的关系："权力是一架敏活机器的运转力，这是属于物的一方面；自由是人类前进的动力，这是属于心的一方面。"② 还说："权力是计划、是系统、是轨范，自由是意志、是机动、是精神"，"没有系统与轨范，将无以端其趋向，结果不免于乱；若无机动与精神，将无以促其向上，结果不免于死亡"。③ 张君劢试图在心物二元论哲学框架内寻求"自由与权力"的平衡，强调这种平衡是动态的而不是静态的、机械的，强调二者共生中的和谐互补，将原本有各自界域的自由主义和民族主义之间建立起某种联系，从而触及到了现代性问题的命门——一个至今仍困扰现代宪政国家

---

① ［美］塞缪尔·亨廷顿：《变革社会中的政治秩序》，李盛平、杨玉生等译，华夏出版社1988年版，第8页。
② 张君劢：《立国之道》，《张君劢集》，群言出版社1993年版，第344页。
③ 同上，第343页。

的文化难题。张君劢对此曾特别说明其中的区别和关联："读者慎勿视此类一二言之征引，即吾人与洪氏穆氏为同调之证据，盖此类自由主义者，以个人为原始的（Primary）而国家为导引的（Derivative），反之如德国惟心主义哲学家之主张，以国家为原始的，而个人为导引的。而吾人之地位，则介于二者之间，二者之为原始的因素同焉，然其所司之职掌大异，自心能之发展言之，不能不让个人居于第一位，自民族之保护言之，不能不让国家居于第一位，故二者之或轻或重，当视其时代的要求而定。"① 对权力的重视是在时势的要求下权宜，只存在于保证国家"统一精神"和行政敏捷方面，而对个人自由权利的保障和促进则是长期的、永恒的追求，"可以垂诸千百年而不变"。一方面强调权力的必要，一方面重视自由的可贵，寻求折衷平衡，正是张君劢站在现代性与民族性之间，在价值考量面前的一种理性思考。从此意义上说，张君劢所提出"修正的民主政治"与其说一种政治主张、方案，毋宁是他对中国宪政问题的一种独特的思维方法。在这种思维下，张君劢既不认为为了民族国家可以当然地忽视、牺牲个人自由，也不认为个人自由是神圣不可侵犯的，而是试图寻求综合，即"个人自由寄托与国家身上，国家全体亦赖个人自由而得其巩固之道"②，注重个人自由的实现条件，从而将格林所区分的消极自由与积极自由实现了必要的统一。"这一将消极自由与积极自由整合为一的理解，是自约翰·密尔（John Mill）、格林（T. H. Green）到拉斯基的新自由主义的内在思路。"③ 而这种综合思路的运用，其结果就是全部统摄于张君劢所建构的以个人精神自由为基础的民族文化之中。

在张君劢看来，修正的民主政治是真正的民主政治。所谓的"修

---

① 张君劢：《国家民主政治与国家社会主义》，《再生》1932 年第 1 卷第 2 期。
② 张君劢：《立国之道》（第四版），桂林出版社 1947 年版，第 99 页。
③ 许纪霖：《在现代性与民族性之间：张君劢的自由民族主义思想》，《学海》2005 年第 1 期。

第二章 文化中道：传统和现代性之间的价值考量

正"，是在坚持民主政治原则下，对西方传统民主政治"去其偏枯，救其过甚"，认为："中国民主政治之一线光明，即在自由与权力平衡之中。"① 而实施"修正的民主政治"方案的具体指导思想是："政权务求其统一，行政务求其集中，而社会务使其自由，思想务听其解放。"② 张君劢为此设计了十一条原则方案，其"修正"的核心要旨是"抬高行政权之重要性，而以国民代表会议之立法辅助之"③。主要是通过限制国民代表会议的权限（仅限于监督预算和议定法律两项）、强调不得对政府行使不信任投票权，以及通过授予政府以"便宜行事之权"两方面来加强行政权力。

　　从这些方案内容上看，作为民主政治的制度体现——议会的权限（立法权）被削弱，而行政权获得极大的扩张。这与他早年对《魏玛宪法》的评介中所持的立场始终是一致的，可以看出张君劢提出的"修正的民主政治"方案与德国1919年《魏玛宪法》有较深的渊源关系的。他把重点放在"统一精神"下中央集权的加强上，其用意本不在加强反自由的中央独裁权力，试图仿照《魏玛宪法》将传统议会政治修正为一战后德国民主模式。王本存认为："张氏将清末以来国人追求的议会制修正成为了政体。政府不需要对议会负责，但必须在议会制定的法律框架下开展工作。司法独立被反复强调以加强对获得集权的政府的限制与约束。这就是德国魏玛宪法的标准样式。于是，我们看到了奇怪景象，张氏以增强政府权力，限制自由为出发点，结果却形成了德国魏玛宪法式的以保障自由为主要目的的宪政结构。如果考虑到张君劢一开始就反对独裁，而且其所主张的民主亦是以保障自由为主要目的的间接民主，并且在权力与自由的价值辨析中倾向于自由，这样的结果也就不难理解。张君劢加强权力的面具迷惑了很多眼睛，从而成功的实现了暗渡陈

---

① 张君劢：《立国之道》（第四版），桂林出版社1947年版，第99页。
② 张君劢：《立国之道》，《张君劢集》，群言出版社1993年版，第343页。
③ 同上，第271页。

仓的妙计。修正的民主政治是张君劢深思熟虑的结果，是他对宪政问题的成熟却简陋的表达。"① 然而，当作为"自由权利的守护者"——独立的司法权还远未强大到足以限制、约束扩张的行政权力时，《魏玛宪法》式的均衡理念也就无从体现，而传统宪政制度安排中原本彼此制约的三权分立均势也已失衡，议会将可能沦为政府行政权力的附属而成为粉饰民主的摆设。20 世纪 30、40 年代国统区政治运行的实际状况也印证了对权力的一味迁就，不仅不能实现国家的独立和统一，甚至连自由、民主也丧失了。40 年代中后期，随着民族救亡不再成为时代的主题，张君劢最终放弃了"修正的民主政治"这一方案，不再提及。

四、以个人"精神自由"为基础的民族文化之建构

早在编译密尔的《代议政治论》时，张君劢就已深刻认识到宪政和德性之间的关联，"代议政体，世之所称为良制也，然亦视民德之如何以为断"②。而西方那种人与人之间消极的相约相制传统所暴露出来的德性不足，已为密尔所注意："有国民焉，嚣嚣然知慕权利争自由矣，然一考其实际之道德，则怠忽也，怯弱也，公德心之缺乏也。其对外焉，无勇往果敢之精神，其对政府焉，非特不能举监督之实，反常为其权术之所愚，且或以国政一时之恐慌，颓然丧气，或生崇拜个人之痴心，竟以国民贵重之自由，投之一二豪杰之足下，因使以颠倒一国政制而惟我一人之刚，若此者，则其国民之能力欲以维持一公治之制于不弊，不亦

---

① 王本存：《宪政与德性》，2007 年中国优秀博士学位论文，第 105 页。
② 张君劢：《穆勒约翰议院政治论》，《张君劢开国前后言论集》，再生杂志社 1971 年版，第 4—5 页。

第二章 文化中道：传统和现代性之间的价值考量

远乎。"① 当然，囿于自身的西方文化传统藩篱，密尔自然有心无力，始终无法真正找到能弥补西方代议民主政治中德性不足之文化资源。

1928 年，张君劢撰文指出：宪政国家之基础在于民德、民智、民力，"人民而发达也，斯国家随而发达；人民阻滞也，斯国家随而阻滞"②。他在《立国之道》里进一步表示："为改善国家组织计，有两大源头；如无此两大源头，国家基础是不会确立的，民族生存是无法维持的。所谓两大源头：一、法律；二、道德。"③ 在张君劢的宪政理念中，法律和道德是民族建国的两大活水源头，未来中国的社会应是一个有政治德性（公共伦理道德）支撑的法治共同体。而这种政治德性的养成的具体落脚点在于个人，因此张君劢特别重视所谓个体"人生观的彻底改造"，并不惜为此发动了一场"科学与人生观"之间的论战。依张君劢看法，作为"文化转移之枢纽"的人生观具有主观性、直观性、综合性、自由意志性和人格单一性五个特征，"故科学无论如何发达，而人生观问题之解决，决非科学所能为力，惟赖诸人类之自身而已"④。而"国家之所以成立，不仅恃智识之进步，尤贵有指示人生意义之道德。不可因科学智识之故而排斥道德"⑤。而 20 世纪初以来的各种制度变革，由于忽视了对固有文化心理、实际生活态度的精神改造，以至于"制度与主义是新的，而国民的生活习惯依然是旧的，两方面实有扞格不入之势"⑥。因此，张君劢认为：要改造中国的政治经济，其下手处应该先从人生态度着手，由此生活态度的改造中催生新民族文化。⑦ 在他看来，五四以来，在"打倒孔家店"、"打倒旧礼教"口号下，对传统文化特别

---

① 张君劢：《穆勒约翰议院政治论》，《张君劢开国前后言论集》，再生杂志社 1971 年版，第 9 页。
② 张君劢：《发刊辞》，《新路》（上海）1928 年第 1 期。
③ 张君劢：《立国之道》，《张君劢集》，群言出版社 1993 年版，第 254 页。
④ 张君劢：《"人生观之论战"文选》，《张君劢集》，群言出版社 1993 年版，第 114 页。
⑤ 张君劢：《民族复兴之学术基础》，山东人民出版社 2006 版，第 37 页。
⑥ 张君劢：《立国之道》，《张君劢集》，群言出版社 1993 年版，第 310 页。
⑦ 同上，第 288 页。

是儒家思想的批判，破坏了民族固有的文化传统，破而未立以至于社会失范，"国家民族的整个基础"被削弱了，国人所追求的民主和科学、自由和人权等现代性价值便成了无源、无根的浮萍，难逃失败的厄运。在《新儒家思想史》一文中，张君劢反思指出："胡适和陈独秀提出许多改革，诸如个人的自由、平等、男女平等、自由恋爱等，可以经由法律的规定、工业化和普及教育等种种方式逐渐改变；可是，如果希望以斥责孔子所传下来的社会习惯和道德观念等方式来达到这个目的，便注定要失败。"①

20世纪20年代的"科玄论战"形成了科学观与人生观之间的分野，从表面上看是自然与伦理、唯物与唯心之争，深层次上讲是一场工具理性与价值理性之间的冲突问题，五四时期所讲的"科学"、"民主"就是接受、凸现工具理性而搁置、消解了价值理性（科学救国、民主救国的工具主义意识）。虽然，张君劢也许不乏有"文化决定论"的思想痕迹，但他的唯心主义文化思考，亦从一个侧面提醒国人应注意制度背后的文化因素和道德根基，如李泽厚所论："如果以为仅凭经济的发展就会自动地变更一切，那是懒汉的幻想……意识形态的批判并不能坐等基础的改变，而仍须自我革新。"② 如是，在意识形态的重构问题上，注重宪政的德性根基的张君劢，从哲学高度提出了建构一种"以精神自由为基础的民族文化"，希望以此作为解决宪政"中国化"问题的文化之道。

受德国唯心主义哲学和儒家传统"内圣外王"思想的影响，在各种自由之中，张君劢最重视的是个人精神自由。他认为：所谓"精神之自由"，"有表现于政治者，有表现于道德者，有表现于学术者，有表现于艺术宗教者。各个人发挥其精神之自由，因而形成其政治道德法律艺术；在个人为自由之发展，在全体为民族文化之成绩。个人精神上之自

---

① 张君劢：《新儒家思想史》，台北弘文馆1986年版，第605页。
② 李泽厚：《中国现代思想史论》，安徽文艺出版社1994年版，第47页。

由，各本其自觉自动之知能，以求在学术上政治上艺术上有所表现；而此精神自由之表现，在日积月累之中，以形成政治道德法律，以维持民族之生存。故个人自由之发展，而民族之生存得以巩固"①。这里，张君劢将个人的精神自由看作是形成政治道德法律和维护民族生存的关键所在。那么，个人又如何保护、发展其精神自由呢？他说："个人自由，惟在民族大自由中，乃得保护乃能养成；民族之大自由若失，则各个人之自由亦无所附丽。"② 薛化元对此认为："张君劢的主张展现了类似柏克（E. Burke）式的保守主义观点与一定程度的集体倾向。整体看，也就是说，在保守主义中表现了自由主义的色彩，而在集体的倾向中容忍了个人自由。"③ 显然，张君劢一方面认为有个人自由而后有民族生存，另一方面又强调以往个人所累积而成的民族文化是个人自由的养成基础，二者的结合就是他所谓的"造成以精神自由为基础之民族文化"，由此构建宪政中国的文化根基。他相信，只要依此文化进路"以养成四万万独立人格为祈向，其终也，人人以诚恳真挚之心，形诸一己之立身，形诸接人待物，形诸团体生活，形诸思想与政治，形诸国际之角逐……何患吾族文化之不能自脱于沉疴而臻于康强逢吉乎？"④ 虽然，张君劢从心物二元论出发，视个人和民族（国家）为积极互动的统一有机体。但在他心灵最深处，人是具有最高价值的目的本身，精神自由的主体本位是个人，民族文化中的个人始终是第一性的价值存在。那么，张君劢为什么如此重视个人自由的主体性和自主性呢？这一点显然可以从德国哲学传统那里找到渊源和答案。钱永祥在解释德国思想的形成时指出："这种以主体性为尚的自由主义，无疑与德国社会、政治的'后进'状态有关。由于缺乏现实制度的支撑和社会力的支撑，德国自由主义只

---

① 张君劢：《明日之中国文化》，山东人民出版社 1998 年版，第 85 页。
② 同上，第 91 页。
③ 薛化元：《民主宪政与民族主义的辩证发展》，台北稻香出版社 1993 年出版，第 265 页。
④ 张君劢：《明日之中国文化·自序》，山东人民出版社 1998 年版，第 2 页。

能寄生于个人道德层次的诉求：自由的问题，于是变成了关于主体性或者自主性的问题。……从马丁·路德到康德，自由便是心志层面的问题；从浪漫主义一路到尼采，自由又成为一种对于'个性'的向往。"①

概而言之，张君劢在强调、尊重个人的主体性价值的同时，又认为个人是有民族文化归属感的人。而基于文化支撑了自由主义所珍视的自由、自主价值之立场，西方传统宪政主义也将文化归属视为首善价值之一。当代学者詹姆斯·塔利（James Tully）对此评价认为："公民所属的文化能具备发展生存的活力是个人自由能在公私两领域中运作的主要社会条件。……一个有发展活力的文化乃是个人自由与自主的一项必要条件；同时在一定程度上，也是个人自由与自主活动不可或缺的构成脉络。"②但在传统宪政主义看来，"归属于某个稳定文化的价值"与"表示异议之自由"二者之间可能存在着紧张，甚至被认为是互不相容，无法调和。③然而，在张君劢那里，二者并非相互冲突，而是内在和谐的。因此，张君劢宪政理念中的民族国家应当是，对外保持民族独立，尤其应注重固有民族文化的独立和现代传承；对内则只能采取法治国形式，以保障个人的自由平等的发展为目的。

基于上述认识，张君劢将宪政的德性建构直接溯源于中国固有的文化传统。认为："此固有之传统，可以为今后推陈出新之基础否乎？我考儒家思想之范畴，曰万物之有曰致知穷理曰心之同然曰形上形下相通，此数原则中何一不可与西方哲学联系者乎？何一反于科学者乎？何一妨碍民主政治者乎？何一不可为世界大同导其先路者乎？"认为"儒家思想与德赛先生可以同条共贯"。④这里，张君劢隐含着一个深层次的

---

① 钱永祥：《"我总是活在表层上"》，钱永祥：《纵欲与虚无之上——现代情境里的政治伦理》，三联书店2002年版，第116页。
② ［加拿大］詹姆斯·塔利：《陌生的多样性：歧异时代的宪政主义》，黄俊龙译，上海译文出版社2005年版，第198页。
③ 同上，第211—212页。
④ 张君劢：《〈儒家哲学之复活〉自序》，《张君劢集》，群言出版社1993年版，第100页。

问题：以儒家思想为代表的文化传统资源如何回应西方宪政主义的成就和困境？尤其是能否为密尔等许多西方自由主义者所认识到的、却未能很好解决的宪政德性不足问题提供可能的文化支持？

应当指出，这个问题不是指近代以来国人的文化"体用"观那种将儒家文化传统资源与宪政主义之间的简单嫁接和机械结合，而是在对儒家文化传统和西方宪政主义的双向思考中所呈现出来的一种问题意识。它既是儒家文化传统现代性转化的关键问题，也是对西方宪政主义经历了两百多年的发展之后进行现代性反思——一种中国式反思的问题。这是宪政"中国化"问题的一体两面，且很大程度上是以西方为参照系，既要面对西方宪政主义传统的现代性困境之现实，又要思考走出中国文化传统的路径闭锁困境之可能路径。在宪政"中国化"问题的双向思考中，都存在着前有路径依赖，后有创新空间，需要在不断摸索中继往开来而逐渐成型。如何在一个文化开放世界里坚持以本土文化为依据开拓未来的可能性，是决定其功过前途的最大考验。在这个今天看来仍缺乏深层系统的学理阐述和精密论证的文化努力问题上，作为新儒家的重镇——张君劢认定："吾国思想界中孔孟之垂训，宋明之理学，自为吾国文化之至宝，以其指示吾人以行己立身与待人接物之方，伸言之，指示吾人以人生之意义与价值也。"① 强调偏重于道德的"儒家"和"理学"这两个文化传统作为精神遗产应当置于现代性语境下考量，在民族竞争和中西文化交流比较中，传统"道德的价值随之变更，则采习斋之言与西方政治道德以补充之。"② 即他主张在"扬弃"中继承和发扬光大传统德性，从中把握肯定传统德性中的某些正面价值，不应视为负面价值予以全部消解。如王本存所论："他不奢望中国的传统德性能推出民主宪政，而是主张只要中国传统德性与民主宪政不冲突即可为宪政的培育提

---

① 张君劢：《民族复兴之学术基础》，山东人民出版社 2006 版，第 30 页。
② 同上，第 37 页。

供支持。通过比较研究和哲学沉思，张君劢确信中国传统德性经过必要扬弃即可与民主宪政兼容，并可提供相当的支撑。一旦如此，不仅宪政可以被引入，传统德性事实上亦被修改。"[1] 张君劢这种文化努力反映了一种与西方不同的"中国式"宪政思考，也许隐含着主张借重利用中国文化传统中的某些德性原理（如仁、义、礼、智、信"五常"；内圣外王）来统摄、改进传统的西方民主宪政，在某种意义上甚至预示着宪政主义发展的可能方向。

值得一提的是，那种以史华兹为代表的传统主流观点所认为的：张君劢与当时其他大多数中国知识分子一样，是出于"寻求富强"的心态考虑而曲解了西方自由主义的原意。上述研究表明，张君劢实际上是在准确地理解和把握了西方宪政主义发展的自由主义背景基础上，试图把西方自由主义宪政统摄于中国民族文化的有机传统中，甚至于反省中寻求改进、超越西方传统宪政，毕竟宪政之于中国仅仅是一个舶来品的文化资源，需要有本土化的文化语境支持。当然不可否认，宪政与富强的强行关联确实是中国当时接驳宪政主义的最初动因，但不能简单地将这种接驳动因与对宪政本身价值目的的理解之间划等号，不能因此得出张君劢"曲解"或"误读"的结论。如张君劢经常强调的"人权为宪政基本"[2]，就是一个最好的自我辩护。

---

[1] 王本存：《宪政与德性》，2007年中国优秀博士学位论文，第153页。
[2] 张君劢：《人权为宪政基本》，张君劢：《宪政之道》，清华大学出版社2006年版，第154页。

第三章 "充分西化": 宪政"中国化"的另种文化选择

在宪政"中国化"问题上,作为中国现代自由主义先驱胡适代表着另一种文化演绎取向,即致力于西方自由主义宪政的本来意义上的规范启蒙,以"充分西化"为进路。这种进路与人们一般理解的"全盘西化"式否定传统的民族文化虚无主义不同,也与从梁启超到张君劢那种意在将西方自由主义宪政统摄于中国民族文化的有机传统的文化进路不同,而是从相反路径,试图从中国文化传统资源中整理、挖掘、导出与西方自由主义宪政观念相似的意义符号,以实现宪政中国之梦。

一、留美教育对胡适宪政思想形成的影响

一般认为,观念、理论是行动的先导,而不同的教育背景和社会生活经历常常影响(甚至决定)着人们的价值观念和行为方式。1910～1917年留美教育期间,胡适接受了系统而严格的西方政治理论学习研究和美国式民主政治的生活体验,从而大体形塑和奠定了他一生的政治思

想倾向。与晚清至民国许多思想家一样,自近代以来,向西方学习寻找国家出路背景下,对西方理论的路径依赖一旦生成,也就成为胡适他们思考中国政治现实的基本出发点。胡适本人也曾说:"我对美国政治的兴趣和我对美国政制的研究,以及我学生时代所目睹的两次美国大选,对我后来对(中国)政治和政府的关心,都有着决定性的影响。"① 自称对政治"不感兴趣的兴趣"的胡适,留美期间的亲身经历、耳濡目染,大大激发了他关心政治的热情。他在留学日记里叙述道:"余每居一地,辄视其地之政治社会事业如吾乡吾邑之政治社会事业。以故每逢其地有政治活动,社会改良之事,辄喜与闻之。不独闻之也,又将投身其中,研究其利害是非,自附于吾所以为近是之一派,与之同其得失喜惧。……此种阅历,可养成一种留心公益事业之习惯,今人身居一地,乃视其他之利害得失若不相关,则其人他日归国,岂尔便能热心于其一乡一邑之利害得失乎?"② 在被胡适视为"第二故乡"的美国(绮色佳城),他去市议会旁听,也常去华盛顿旁听国会的会议,并参加了各种政治集会和演讲,逐渐熟悉了美国地方政府的运作情况。在康乃尔大学学习期间,胡适由于参加乃至主持学生俱乐部和学生会议,以及学习使用"罗氏议事规程",使他逐渐了解民主议会议事程序的精义,并在他的留学日记里记下了主持学生会会议的经验。后来,胡适在南京考试院的考选委员会所召开的有关高普考的会议担任大会主席,对会议议事程序驾轻就熟,以至于当时专门前来观察会议程序的考试院元老惊讶地向胡适询问道:"我们这一辈的民元老国会的议员,总以为我们是唯一的一群人懂得议会程序了。但是今天看到你做主席时的老练程度,实在惊叹不置!胡先生,您在哪里学会这一套的呀?"胡适告诉他是在当学生

---

① 唐德刚译注:《胡适口述自传》,《胡适文集》(第一册),北京大学出版社 1998 年版,第 210 页。
② 《胡适留学日记》(四),《胡适作品集》(第 37 集),台北远流出版公司 1986 年版,第 144—145 页。

时代，主持各种学生会议时学出来的。通过此事，也让胡适进一步认识到应当重视民主会议程序的训练和掌握，对民主政治的认识和一个共和国家的公民在政治上活动的情形，也有更深的了解和认同，胡适认定："民主议会程序，实在是实行民权政治的'初步'！"① 正是在美国的政治文化氛围潜移默化地形塑下，出于对美国宪政文明的钦慕，胡适处处以美国宪政为参照样板，其宪政思想也就明显地呈现出"美国式"情结特征。"胡学"研究的泰斗人物唐德刚认为："胡适之先生乃至和胡氏同辈的有观察力、有学养的老辈留学生，他们言必称美国，并不是如一般洋奴大班的'崇洋'。只是他们早年，乃至暮年，对美国基督文明的感染，就始终没有跳出笔者上述的那个阶段。"② 当然，同样可以发现许多到欧洲大陆或其他国家留学的中国人，其思想观念或多或少地受到其留学所在国家文化观念的影响。其实，这也正是大凡中国学生到文明发达程度更高的欧美国家留学时所犯的一个"通病"。这就是所谓的"全球化"下文化交流活动所带来的不以人们意志为转移的文化后果。

由于胡适醉心于美国的政治生活（制度）研究，热衷于参加公开讲演等社会活动，以至于他到美国不久就放弃学习农科专业的初衷改行学习文科，1915年更是毅然转入哥伦比亚大学师从杜威等实用主义大师学习哲学。胡适自己多次承认，杜威对他其后一生的文化生命有决定性的影响。这表现在两方面：

一是对法治、宪政的普适性价值认识。1916年杜威发表了《力量、暴力与法律》和《力量与强迫》两篇论文。在胡适眼里，这两篇论文对他"既然有毕生难忘的影响"③，以至于他开始修正原先的消极不抵抗哲学而接受一种建设性的、有关力量和法律的新观念，认为法律是一种能

---

① 唐德刚译注：《胡适口述自传》，《胡适文集》（第一册），北京大学出版社1998年版，第228、229页。
② 同上，第216页。
③ 同上，第238页。

使力量作更经济有效利用的说明书。约翰·杜威认为:"法律便是把那些在无组织状态下,可以招致冲突和浪费的能源组织起来的各种条件的一种说明书。""……所谓法律……它总是……可以被看成是陈述一种能使力量发生效果的,经济有效而极少浪费的法则。"① 胡适因此认为:"如果要力量充分发挥,就应该把所有的力量组织起来,加以规律化,而导向一个(有建设性的)共同目标。法治便是组织力量的一个例子。力量既经组织;浪费乃可消除;效能自可赖以保持。所以我的结论便是个具体的建议——把世界各国的力量组织起来,来维护国际公法,和世界和平,这便是解决当今世界国际问题的不二法门!"② 在杜威等人影响下,胡适放弃了早先存在的"强权"、"竞存"观念,对法治、宪政的价值认识提升到"世界主义"哲学高度,甚至于坚信西方特别是美国宪政制度文化中的理性、民主、法治、自由、秩序这些价值在中国同样具有普遍意义。在《口述自传》中胡适曾说:"陈独秀先生为《新青年》所写的《新青年罪案之答辩书》那篇文章的时候,他说《新青年》犯了两大'罪案'。第一是拥护'赛先生'(science 科学);第二是拥护'德先生'(democracy 民主)。可是那时的陈独秀对科学和民主的定义却不甚了了。所以一般人对这两个名词便也很容易加以曲解。更不幸的是当陈氏在后来遇到了苏联共产党的(秘密代表)之时,这些名词就真的被曲解了。他们告诉陈君说,他们的'科学社会主义'才是真正的'科学';才是真正的'民主'。老的民主根本不成其为民主。因为那只是'布尔乔亚(bourgeoisie,中产阶级)'的民主。只有'布尔什维克党人(bolsheviks)'所推行的所想望的新的民主,才是人民大众和'普罗阶级(proletariat 无产阶级)'的民主。因此'科学'和'民主'在这里又有了新的意义了。但是在我看来,'民主'是一种生活方式;是一种习

---

① 唐德刚译注:《胡适口述自传》,《胡适文集》(第一册),北京大学出版社 1998 年版,第 240 页。
② 同上,第 243 页。

惯性的行为。'科学'则是一种思想和知识的法则。科学和民主两者都牵涉到一种心理状态和一种行为的习惯，一种生活方式。"① 同样，胡适的这些思想言论与他接受杜威的影响是一致的。正如唐德刚先生所评："胡先生在这章里对'科学'、'民主'两个名词的诠释，是不折不扣的杜威之言。杜威说：'民主是一种生活方式。'但是哪种'生活方式'才叫'民主'呢？笔者当年向胡老师请益之余，曾写了一篇小文曰《实验主义新诠》。我认为他师徒两人所倡导的'生活方式'，可概括为'美国主义（Americanism）'，虽然他们二人都未用过这一名词。换言之，'美国主义'便是'美国生活方式（The american way of life）'的概念化（comeptualization）。"②

二是对杜威实用主义哲学体系中的归纳实证和实证逻辑方法论的"继承"和"发展"，这是更主要的影响。杜威主张"观念必须在实验中锻炼；只有经过实验证明，在实践上能解决实际问题的观念，才是'有价值的观念'；也就是'知识必须自实践出发'。它不是'只论目的，不择手段。'相反的它是为达成解决实际问题，于实验中选择正当而有效的手段"③。胡适因此反对那种"不顾实际问题而囫囵吞枣地把整套有偏见的外国主义搬来中国"，认为这"实在是一种智慧上的懒惰"，他强调："所有的思想都是从实际的困惑情况之下出发的——不管那是社会的、个体的、制度的或政治上的"④，始终坚持对所研究的问题应采取实验主义的处理态度。当然，对胡适能否称得上是杜威的忠实信徒？从20世纪二三十年代开始迄今，仍未有定论。对此学界主要有两种观点：否定论和折衷论。前者以张君劢、吴森、夏道平等为代表，认为胡适不懂

---

① 唐德刚译注：《胡适口述自传》，《胡适文集》（第一册），北京大学出版社1998年版，第355—356页。
② 同上，第369—370页。
③ 同上，第279页。
④ 同上，第359页。

杜威,没有读通杜威,也就不可能是"一个杜威的学生"①。后者似乎逐渐成为当代学界的主流观点。如余英时认为:"胡适在方法论上师法杜威是无可置疑的,但就整个杜威哲学而论,他也和沿山和尚一样,是'半肯半不肯'。这也正是实验主义的一种具体的表现。"② 欧阳哲生则将胡适视为"中国的杜威",认为"胡适不仅认同实验主义的实用态度,而且以实用的态度来处理实验主义","更注重从方法论的角度把握实验主义的方法论意义"。从而"把实用主义注重实际效用的认识论变为实验主义的方法论",认为胡适这种简约化抽取存在着片面性的工具主义倾向。③ 罗志田则在肯定了"胡适在哲学方法上把握了杜威思想的基本精神,尤其是杜威思路的亲切体会和运用"基础上,同时认为,"胡适也把他通过严复接受的天演学说的竞争性和破坏性融铸进了他的'杜威方法',使其更加激进,故其所谓的'杜威方法'恐怕是个集大成者"④。笔者认为,折衷论似乎应当是一种更为客观的历史评价,由人的思想复杂性特质所决定的,对于一位思想人物,尤其是动荡不安年代里的著名思想人物,非此即彼的评价或许有失客观公允,容易产生片面的偏见。但无论如何,杜威对胡适的影响,从其一生的言行轨迹来看确是不容怀疑的。至于这种影响的程度则是仁者见仁,智者见智。到晚年做《口述自传》时,胡适自我总结说:"我治中国思想与中国历史的各种著作,都围绕着'方法'这一观念打转的。'方法'实在主宰了我四十多年来

---

① 具体参见张君劢:《人生观论战之回顾》,《东方杂志》第31卷第13号;吴森:《杜威思想与中国文化》,汪荣祖:《五四研究论文集》,台北联经出版公司1979年版;夏道平:《谈自由,念胡适》,《世界日报》(世界周刊)1990年12月16日。

② 余英时:《中国近代思想史上的胡适》,《〈中国哲学史大纲〉与史学革命》,胡颂平:《胡适之先生年谱长编初稿》(第一册),台北联经出版公司1990年版,第45—51页。

③ 欧阳哲生:《自由主义之累——胡适思想之现代诠释》,江西教育出版社2003年版,第106—108页。

④ 罗志田:《杜威对胡适的影响》,《四川师范大学学报》(社会科学版)2002年第6期。

第三章 "充分西化"：宪政"中国化"的另种文化选择

所有的著述。从基本上说，我这一点实在得益于杜威的影响。"①

纵观胡适一生思想轨迹，七年的留美教育生活确实对胡适本人产生了深刻的影响——对西方（主要是美国）自由主义价值和宪政制度的钦慕和认同，由此在他心灵深处打上深深的"西化"意识。但不可忽视的是，胡适始终是一个中国知识分子，少年时期所习得的文化传统精神是无法割裂、抛弃的，如他自己所说："中国古代哲学的基本著作，及比较近代的宋明诸儒的论述，我在幼年时，差不多都已读过。我对这些学科的基本兴趣，也就是我个人的文化背景。"② 执着于自由主义民主宪政信念的胡适所要关注、诊断的也始终是中国社会问题（只不过是采取实验主义态度），而不是其他。美国学者格里德在《胡适与中国的文艺复兴》一书中也强调指出："虽然他在美国的大学里生活了七年，但在内心深处，他还是一个中国人，还欣赏他自然继承来的那种理性传统，并且对那些重重压在他这一代人精神上的种种问题，依然保持着一种持久的关心。"③ 王人博认为："中国知识分子之所以是'中国的'，因为他们首先是一些民族主义者——钦慕西方的强人力量而非西方整个文明的中国人；然后他们才是'西方宪政民主的学生'。他们从一开始就不是也成不了西方意义上的宪政主义者或民主主义者。"④ 这里笔者想补充一点：近代以来，包括胡适在内许多中国知识分子即使钦慕西方宪政文明而成为"西方的学生"，血脉里流淌的中国文化传统精神（而不是西方人文传统）亦将决定了他们最终无法成为西方意义上的宪政主义者，宪政中国文明架构一定是"中国特色的"（而不可能是西方某个国家宪政制度的简单翻版）。在某种程度上说，所谓的"全盘西化"其实是一个

---

① 唐德刚译注：《胡适口述自传》，《胡适文集》（第一册），北京大学出版社1998年版，第265页。
② 同上，第211页。
③ ［美］格里德：《胡适与中国的文艺复兴——中国革命中的自由主义（1917—1937）》，鲁奇译，江苏人民出版社1996年版，第41页。
④ 王人博：《宪政的中国语境》，《法学研究》2001年第2期。

伪命题。然而，近百年来，甚至于今天，海外留学的许多中国知识分子仍停留在用西方的宪政民主的观念意识不断地批判、解构中国文化传统，却少有建构、更新自身文化传统，只是循环往复地进行所谓"宪政民主"的观念启蒙，在此意义上说，"全盘西化"确是应当检讨。唐德刚对此早有精辟的评论，"一个民族的智慧老大之后，被侵入的新兴思想所洗脑——所谓启蒙期——并赖之而复苏，原是很自然的事。但是一直停留在洗脑程序之中，而不能跳出框框，那这个老大民族就脑脉硬化，没有进步了。"①

二、"充分西化"和对文化传统资源的宪政意义之探寻

　　七年的留美教育生涯，一方面使得胡适在价值认同上，成为西方尤其是美国宪政民主社会的终生羡慕者和倡导者；另一方面，西方近代进化论和实用主义哲学方法论则为他提供了剖析、诊断中国社会问题的思想工具。② 由此，胡适在不断的怀疑中思考中国文化传统应如何面对、适应现代文化浪潮的冲击，开始冲破晚清以来思想界"中体西用"文化模式的束缚，在文化现代性的时代主题背景下，在"差距体认"的文化反省中产生了改造文化传统的紧迫感。1917年，他在《先秦名学史》导论中写道："我们中国人如何能在这个骤看起来同我们的固有文化大不相同的新世界里感到泰然自若？一个具有光荣历史以及自己创造了灿烂文化的民族，在一个新的文化中决不会感到自在的。如果那新文化被看

---

① 唐德刚译注：《胡适口述自传》，《胡适文集》（第一册），北京大学出版社1998年版，第253页。

② 胡适在《介绍我自己的思想》一文中曾说："我的思想受两个人的影响最大：一个是赫胥黎，一个是杜威先生。赫胥黎教我怎样怀疑，教我不信任一切没有充分证据的东西。杜威先生教我怎样思想，教我处处顾到当前的问题，教我把一切学说思想都看作待证的假设，教我处处顾到思想的结果。"（参见《胡适文集》第五册，北京大学出版社1998年版，第507—508页。）

第三章
"充分西化"：宪政"中国化"的另种文化选择

作是从外国输入的，并且因民族生存的外在需要而被强加于它的，那么这种不自在是完全自然的，也是合理的。如果对新文化的接受不是有组织的吸收的形式，而是采取突然替换的形式，因而引起旧文化的消亡，这确实是全人类的一个重大损失。因此，真正的问题可以这样说：我们应怎样才能以最有效的方式吸收现代文化，使它能同我们的固有文化相一致、协调和继续发展？""这个大问题的解决，就我所能看到的，唯有依靠新中国知识界领导人物的远见和历史连续性的意识，依靠他们的机智和技巧，能够成功地把现代文化的精华与中国自己的文化精华联结起来。"①

（一）文化开放意识下的"充分西化"与"整理国故"

1919年，胡适比较清晰地表达了"整理国故"之于"中国的文艺复兴"的意义。他认为，"研究问题"和"整理国故"应作为面对和适应新思潮、新文化的两大手段。强调对于旧文化的态度，就是反对"盲从"与"调和"，通过"输入学理"，用科学的方法来"整理国故"，检讨、"重新估定"文化传统的价值，以实现文化传统的创造性转化，目的就是要"再造文明"。② 作为20世纪二三十年代中西文化论争中的"西化论"的主要代表人物，胡适虽然不遗余力地鼓吹和传播西方文化，甚至由于他在1929年出版的《中国基督教年鉴》（英文）中所刊发的《文化的冲突》一文中，因疏忽而使用了"全盘"两字，但并不能因此把胡适视为"全盘西化"论的阵营里。按胡适自己的解释："'全盘'的

---

① 胡适：《先秦名学史》，《胡适文集》（第六册），北京大学出版社1998年版，第9—10页。

② 胡适：《新思潮的意义》，《胡适文集》（第二册），北京大学出版社1998年版，第553—558页。

意义不过是'充分'而已"。① 他认识到"西洋文化确有不少的历史因袭的成分,我们不但理智上不愿采取,事实上也决不会全盘采取"②。也就是说,胡适对西方文化并不是全盘肯定的,而是站在文化开放的现代化立场上主张"充分西化"或"充分世界化"。而且,一方面,胡适主张从西方输入的仅仅是"学理"部分,且更多地强调其科学化和民主化的现代内涵,而不是笼统、盲目地照搬输入,甚至反对那种"不顾实际问题而囫囵吞枣地把整套有偏见的外国主义搬来中国"的做法。另一方面,胡适虽然对儒家文化传统中许多不合理或不合时宜的成分(笔者以为主要是妨碍现代变革的部分)进行了尖锐的批判,甚至在为《吴虞文录》写序文时,更是旗帜鲜明地为"打倒孔家店"运动辩护。但在胡适眼里,"孔家店"与"儒家"、"孔子"并不等同,打倒孔家店并不是要打倒儒家、打倒孔子,而是打倒那些打着孔子和儒家的"招牌"却贩卖、兜售私货的"欺人吃人"店家。③ 正如他在晚年口述中指出:"有许多人认为我是反孔非儒的。在许多方面,我对那经过长期发展的儒教的批判是很严厉的。但是就全体来说,我在我的一切著述上,对孔子和早期的'仲尼之徒'如孟子,都是相当尊崇的。我对十二世纪'新儒学'(Neo-Confucianism)('理学')的开山宗师的朱熹,也是十分崇敬的。"④ 反映出胡适对文化传统并不是持全盘否定的态度。甚至在《孔教与现代科学思想》(英文版)一文中,胡适向世人表达了这样一种信念:中国的儒学传统不但不阻碍现代科学的发展,而且还为现代科学的发展提供良好的条件。⑤

---

① 胡适:《充分世界化与全盘西化》,《胡适文集》(第五册),北京大学出版社1998年版,第454页。
② 同上,第455页。
③ 胡适:《〈吴虞文录〉序》,《胡适文集》(第二册),北京大学出版社1998年版,第608—610页。
④ 唐德刚译注:《胡适口述自传》,《胡适文集》(第一册),北京大学出版社1998年版,第418页。
⑤ 转引自周质平:《胡适与现代中国思潮》,南京大学出版社2002年版,第220页。

在胡适看来,所谓的"再造文明",就是要重新塑造一个具有现代化取向的中国本位的"新文化"。他认为,中国文化本位在"充分西化"下是不会毁灭的,反而会发扬光大。在《试评所谓的"中国本位的文化建设"》一文中,他说:"文化各方面的激烈变动,终有一个大限度,就是终不能根本扫灭那固有文化的根本保守性。这就是古今来无数老成持重的人们所恐怕要陨灭的'本国本位'。这个本国本位就是在某种固有环境与历史之下所造成的生活习惯;简单说来,就是那无数无数的人民。那才是文化的'本位'。那个本位是没有毁灭的危险的。"① "将来文化大变动的结晶品,当然是一个中国本位的文化,那是毫无可疑的。如果我们的老文化里真有无价之玉,禁得起外来势力的洗涤冲击的,那一部分不可磨灭的文化将来自然会因这一番科学文化的淘洗而格外发辉光大的。"②

上述这些言论都反映了胡适所主张的"充分西化"背后的中国情结,走中西文化整合融通之路的自觉以及再造中华文明的自信。针对时人的许多批评和误读,胡适的友人蒋廷黻对他的中西文化观曾有一段也许是相对公允的评论:"对于胡先生有关中国文化问题的立场,误会很多,中国的保守主义者抗议胡先生低估了中国旧文化的价值,他也许是这样的,他了解中国文化的伟大,但他也知道它的缺点,对于中国文化,他既不是一个破坏者,也不是一个偶像崇拜者。他要求用客观的科学的态度来研究中国的历史、哲学和文学,凡是虚伪的、不好的东西,应该公开地丢掉,自称中国的古圣贤是完美的、是万应灵药,他认为是没有用的,并且,他相信假如用科学的方法来研究中国文化,则现代和后代的人更可欣赏这个文化,经过现代的评鉴之后,中国文化才更可以保存它的伟大的地位。……胡先生了解中西文化的不同,一如了解其相

---

① 胡适:《试评所谓的"中国本位的文化建设"》,《胡适文集》(第五册),北京大学出版社1998年版,第451页。

② 同上,第452页。

似之点,他对两者都有明确的体会,他所以明白表示他赞赏西方文化的繁复与丰富,第一是因为他的确相信这种文化,第二是因为中国文化可以从学习现代科学和西方文化变得更丰富,的确是如此,如果中国文化不能吸收现代科学和西方文化的若干因素,中国就等于故意堵塞自己进入思想的新境界的可能,保守主义者忠于中国过去,胡先生忠于中国的过去与未来,他要求现代和后代的中国人向前看,不要向后看,他希望中国人达到新的崇高成就,而不是自满于古人已经做过的事情,因此,他的思想是启示我们以新的更大的努力去发展一个比过去更辉煌的中国文化。"①

此外,应当认识到:"充分西化"与"整理国故"是胡适"再造文明"论的一体两面,也是并行不悖的手段、路径。二者相辅相成,缺一不可,共同为"再造"中华文明这一目标服务。或许在胡适看来,无"整理国故"的"充分西化"有滑向严格意义上"全盘西化"导致民族文化消亡的危险,无"充分西化"的"整理国故"或许只能产生类似乾嘉学派的考据成就,中国民族文化仍旧跳不出传统的框框,"再造文明"论也就只能是乌托邦式的空谈。正如美国学者周策纵所指出的,"在中国文化传统中当然有许多有价值的成分,但它们与大量落后时期的思想混杂在一起,如果让这些思想继续统治中国人的头脑,将会阻止中国赶上当代世界的步伐。可是中国人却很少受过逻辑思想的训练,使得他们能够以一种合理的、批判的态度鉴别民族遗产"②。"对中国的过去作非教条主义的重新评价,希望找出中国文明中某些有积极意义的东西,对此是不会有人反对的。但所有这一切应当以一种现实主义的态度来进行,而不是在一种偏执的、传统派的民族主义精神指导下进行。"③ 1917

---

① 转引自金耀基:《从传统到现代》,中国人民大学出版社1999年版,第226—227页。
② [美]周策纵:《五四运动:现代中国的思想革命》,周子平等译,江苏人民出版社1999年版,第322页。
③ 同上,第349页。

年留学归国后,作为新文化运动的领袖和干将之一的胡适身体力行,在"科学"、"民主"的旗帜下,以西方的学理逻辑知识,卓有成效地开展了一系列"整理国故"活动。他撰写的《中国哲学史大纲》、《中国中古思想史》、《白话文学史》,他对《红楼梦》、《西游记》、《水浒传》的考证,对《墨子》的点校,对《老庄》的评判,对禅宗史的研究,对《水经注》的考辨等,为整理传统文化遗产作出了杰出贡献。另一方面,胡适又通过评判和重新阐释,着重发掘、探寻了中国文化传统中符合西方"学理"的精神资源,试图为"再造文明"之梦提供人文语境支持。

(二)对文化传统资源宪政意义的探寻

浸润过传统文化,又沐浴过欧风美雨的胡适,作为一位坚定的自由主义者,所要"再造"未来中国之文明架构,很自然地导向现代宪政体制。与传统专制政治相比,宪政是一种以民主为基础、以法治为基石的更为先进的政治文明,是以人为中心,以维护人的尊严、保障人的自由和权利为价值核心的。追溯西方自由主义宪政观念和制度的演化历程,就会发现西方近代政治思想的共和、民主、自由、法治等观念基础是如何在现代宪政建构中发挥着文化奠基作用,就会发现诉求宪政的根本目的是缔造一个自由民主的法治政府。因此在理念上,宪政必须是自由的、民主的、共和的,且共同需要法治框架下的约束和节制。"假如从宪法中抽掉共和主义,得到的将是纯粹民主政体,自由、法治(包括宪法)将陷入危险之境。但共和主义也需要民主的批判。没有民主,将出现贵族的专横。共和主义、民主主义都需要自由主义、法治主义的批判。共和主义的政体要求由代议机构审议决定政策并实行分权制衡,无论议会还是总统、法官,都需要基于自由主义,经由法治防止其专横。没有自由主义,共和、民主便迷失了目的,我们将返回古代没有个人权利观念的共和,国家虽然也可能有法律但法治无从谈起。最后,如果抽

20世纪前半叶
宪政"中国化"的文化探索

掉了法治，自由主义便没有必要的表现形式，而流于书斋中一厢情愿的空想，政府的行为既无限界又不可预期。"① 但宪政之于中国，只是一个舶来品。20世纪以前，"宪政"还仅仅是西方语境中的文化范畴。对于中国来说，一般认为是缺乏与之相应的人文基础和文化传统的直接支持的。然而，胡适以他的智识和理性，体悟和探寻文化传统中隐含的某些相似概念符号并予以现代阐释，拾遗补缺，"他有意地为科学、民主、自由这些自晚清以来即为中国进步的知识分子所追求的西方价值观念找寻中国的根。胡适反复论证，这些看似外来的观念，在固有的中国文化中，并非完全'无迹可求'，而固有的中国文化也并不排斥这些来自西方的概念。"②

1. 传统人文中探寻自由资源

在西方深厚的人文传统里，"自由"一词直接指涉公民个人自由，而不是其他，被认为是"天（或神——上帝）赋的"的自然权利。英国自由主义大师密尔指出："所谓自由，是指对于政治统治者的暴虐的防御。"③ 对统治者权力的合理限制，就是自由，就是公民权利。近代以来，"自由"概念范畴是西方宪政观念和制度实践中的最为关键术语，构成了近代欧美国家所以立国的本原。在宪政主义者看来，"自由"被认为是宪政的阿基米德支点。④

怀抱着宪政中国社会理想的憧憬，胡适从中国历史和人文传统中求证并认为，"自由"这个意义、这个思想、这个名词并不是外来的洋货，是中国古代就有的。"自由"可说是一个倒转语法，可把他倒转过来为

---

① 王天成：《论共和国——重申一个古老而伟大的传统》，王炎编：《宪政主义与现代国家》，三联书店2003年版，第210页。
② 周质平：《胡适与现代中国思潮》，南京大学出版社2002年版，第252—253页。
③ ［英］密尔：《论自由》，程崇华译，商务印书馆1959年版，第1页。
④ 托马斯·潘恩说："阿基米得关于机械功率的话可以适用于理性和自由。他说'如果我们有一个立足点，我们就可以把地球举起来。'"参见［美］托马斯·潘恩：《潘恩选集》，马清槐等译，商务印书馆1981年版，第225页。

"由自",就是"由于自己",就是"由自己做主",不受外来压迫的意思。① 受功利主义哲学观(其分支在20世纪初发展为实用主义)的影响,胡适并不认同西方近代古典时期"天赋人权"说。他强调宗教信仰自由、思想自由、言论及出版自由等自由权利并不是天赋的,而是人们用长期的奋斗努力争出来的,并把自由主义视为人类社会的一场运动。"自由主义就是人类历史上那个提倡自由,崇拜自由,争取自由,充实并推广自由的大运动。"② 胡适认为,这种争自由并非西方独有,在中国思想史上都存在着,"在信仰与思想的方面,东方历史上也有很大胆的批评者与反抗者。从墨翟、杨朱到桓谭、王充,从范缜、傅奕、韩愈到李贽、颜元、李塨,都可以说是为追求信仰思想自由奋斗的东方豪杰之士,很可以同他们的许多西方同志齐名比美,我们中国历史上虽然没有抬出'争自由'的大旗帜来做宗教运动,思想运动,或政治运动,但中国思想史与社会政治史的每一个时代都可以说含有争取某种解放的意义"③。在《中国文化里的自由传统》和《中国抗战也是要保卫一种文化方式》等文章中,胡适进一步从传统人文中整理、发掘与现代"自由"观念内涵相似的或可资转化利用的许多"自由"观念资源,论证了中国历史上是有争各种自由的传统的。他说:"两千多年来有记载的历史,与三千多年来所记载的历史对于自由这种权力,自由这种意义,也可以说明中国人对于自由的崇拜,与这种意义的推动。"④ "在中国这二千多年的政治思想史、哲学思想史、宗教思想史中,都可以说明中国自由思想的传统。"⑤

---

① 胡适:《中国文化里的自由传统》,《胡适文集》(第十二册),北京大学出版社1998年版,第682页。
② 胡适:《自由主义》,《胡适文集》(第十二册),北京大学出版社1998年版,第805页。
③ 同上,第806页。
④ 胡适:《中国文化里的自由传统》,《胡适文集》(第十二册),北京大学出版社1998年版,第682—683页。
⑤ 同上,第685页。

20 世纪前半叶
宪政"中国化"的文化探索

在胡适看来,中国古代的谏官、御史制度可以"比附"现代社会的监察院,因为谏官为的是要监督政府,批评政府,即使冒着罚俸罢官甚至坐监、牺牲生命的危险。这种制度反映了自由主义的一种传统即批评政治的自由,而监察制度的实施,就是中国人争取自由的奋斗。中国古代的史官则可以"比附"现代社会的记者,因为史官批评政治,能够使为政者有所畏惧,这充分表达了言论的自由。而《孝经》中的《谏诤章》,所提倡在君王父亲有错时要人为"争臣"和"争子"、反对愚忠愚孝的内容,同样具有自由的意义。老子主张"无为而治",就是反对政府干涉人民,让人民自然发展。老子所强调的"一切听其自然……无为而无不为",就是要求最好的政治是使人民几乎不知有政府的存在,而最坏的政治是人民畏惧政府。而且,中国古代的一首民歌"日出而作,日入而息。凿井而饮,耕田而食。帝力于我何有哉",表达出"天高皇帝远"的自由民主思想,这正是采用"无为而治"的政风的文化反映。孔子所提出的"有教无类"主张以及隋唐以来的科举制度(他认为科举制度的建立正是孔子"有教无类"理想的具体实现),则表达了一种"教育的平等"观念,更进一步使中国社会民主化,可认为是中国人争取平等的奋斗。甚至从老子的"民不畏死,奈何以死惧之"以及孔子的"三军可以夺帅也,匹夫不可夺志也"的言论中,可以推定中国思想的先锋老子与孔子也是自由主义者。与之相似的,还有孟子的"富贵不能淫,贫贱不能移,威武不能屈"观念,提供给中国知识分子宝贵的自由主义的精神。胡适还认为,即使在秦朝统一后,思想一尊,焚书坑儒,使自由受到限制,但对自由精神的追求依然绵绵不绝。东汉时,王充著《论衡》八十篇,其主旨在于说明"疾虚妄"。全书以唯物主义的态度对当时儒教"灾异"迷信的严格批判,甚至对孔、孟都有所批评,可以说是从帝国时代中开辟了自由批评的传统。东汉至南北朝佛教极盛时期,范缜著《神灭论》驳斥一时盛行的"灵魂不灭"说,梁武帝命七十位大学士反驳,他不屈服,这可以说是思想自由的一种表现。唐朝的韩愈作

《谏迎佛骨表》痛骂举国为佛骨而疯狂的事,被充军到东南边区,后又作《原道》依然反佛。明代王阳明批评《朱熹》、批评政治,清朝"颜李学派"反对当时皇帝提倡的"朱子学派",等等都可以说明在一种极不自由的时代而争取思想自由的例子。① 在《中国抗战也是要保卫一种文化方式》一文中,胡适进一步向世人宣讲:最足以表现中国人积极争取自由的一面是学术生活和传统。至圣先师孔子留给后人的"学而不思则罔,思而不学则殆"及"知之为知之。不知为不知,是知也"等教言,说明了早在春秋战国时期(胡适认为这是中国思想史上最辉煌的时期),就呈现出独立思想与大胆怀疑的精神。他强调中国的思想自由和批评精神,就是在这个"合理怀疑"的伟大传统中培养起来的。② 他甚至有些偏颇地认为,正是这种自由批评与怀疑的精神,"使我们推翻了君主专制,废弃了教育与文学上纯以文言为工具的传统,而为今日中国带来了一个政治与社会革命,及文化复兴的新时代"③。此外,胡适非常认同和倡导挪威戏剧家、思想大师易卜生所强调"救出自己"的"为我主义",以至于他又搬出孟子与易卜生来"比附",认为孟子的"穷则独善其身"哲学就是易卜生所说的"救出自己"之意,这种"为我主义",其实是最有价值的利人主义。④ 甚至在胡适眼里,孔子更是一位"伟大的民主改革家",认为:"孔子所说'有杀身以成仁;无求生以害仁。'这个观念除非我们把它译成'人的尊严'(human dignity)之外,实在别无他译。"⑤ 由上述胡适所列举的许多例子看,虽然不乏有一些他本人

---

① 具体参见胡适:《中国文化里的自由传统》,《胡适文集》(第十二册),北京大学出版社1998年版,第683—684页;《中国抗战也是要保卫一种文化方式》,《胡适文集》(第十二册),北京大学出版社1998年版,第782—785页。
② 胡适:《中国抗战也是要保卫一种文化方式》,《胡适文集》(第十二册),北京大学出版社1998年版,第785页。
③ 同上,第786页。
④ 胡适:《易卜生主义》,《胡适文集》(第二册),北京大学出版社1998年版,第486页。
⑤ 唐德刚译注:《胡适口述自传》,《胡适文集》(第一册),北京大学出版社1998年版,第420页。

的主观臆断而有所牵强或"比附",但也反映了他对现代"自由"精神传统本土化的真诚渴望和良苦用心。

另一方面,胡适又指出,中国从古代以来虽然都有信仰、思想、宗教等自由,但中国的自由观念也有它的缺陷:一是中国古人太看重"自由"、"自然"的"自"字,所以往往看轻外在的拘束力量,故意回向自己内心去求安慰、求自由。在西方人文传统里,"自由"含有"解放"之意,更多地强调从外力制裁之下解放出来,才能"自己作主"。因此他强调:"我们现在说的'自由',不是那种内心境界,我们现在说的'自由',是不受外力拘束压迫的权利。是在某一方面的生活不受外力限制束缚的权利。"① 值得注意的是,胡适虽强调"不受外力压迫"、"在某一方面的生活不受外力限制束缚"的自由,但并不能因此得出胡适否定文化传统中"内心自由"的价值意义的结论,相反似乎可以反映了他借助西方"学理"改造、补充完善本土文化传统中自由观念的努力。二是中国的自由观念更缺乏现代自由主义的"民主"、"容忍"及"和平的渐进的改革"这三重精神意义,尤其是忽视了政治自由,没有认识到保障人民基本自由的制度架构——民主政治的重要性。中国古代虽曾有"天视自我民视,天听自我民听","民为邦本","民为贵,社稷次之,君为轻"的民本思想(当然这与现代民主观念有本质区别),却始终无法发展出一套限制君主专制权力的制度架构。胡适一针见血地指出:"东方自由主义运动始终没有抓住政治自由的特殊重要性,所以始终没有走上建设民主政治的路子。西方的自由主义绝大贡献正在这一点,他们觉悟到只有民主的政治方才能够保障人民的基本自由,所以自由主义的政治意义是强调的拥护民主。"② 而在没有民主观念根基的中国人文语境里,"容忍"及"和平的渐进改革"观念资源自然随之阙如。作为自

---

① 胡适:《自由主义》,《胡适文集》(第十二册),北京大学出版社1998年版,第805—806页。

② 同上,第807—808页。

由主义民主宪政不可或缺的观念资源,在《自由主义》一文中,胡适向国人阐释介绍了养成"容忍"及"和平的渐进改革"精神的政治意义:"近代西方的民主政治却渐渐养成了一种容忍异己的度量与风气……容忍反对党,保障少数人的权利,久已成了当然的政治作风,这是近代自由主义里最可爱慕而又最基本的一个方面。"① 他强调:"容忍就是自由的根源,没有容忍,就没有自由可说了。至少在现代,自由的保障全靠一种互相容忍的精神,无论是东风压了西风,是西风压了东风,都是不容忍,都是摧残自由。多数人若不能容忍少数人的思想信仰,少数人当然不会有思想信仰的自由,反过来说,少数人也得容忍多数人的思想信仰,因为少数人要时常怀着'有朝一日权在手,杀尽异教方罢休'的心里,多数人也就不能不行'斩草除根'的算计了。"而"容忍反对党,尊重少数人权利,正是和平的政治社会改革的唯一基础。"② 他甚至告诫那些"没有忍耐心、主张'彻底改革'或暴力革命、不要那一点一滴的立法或和平演进"的年青人:"近代一百六七十年的历史,很清楚的指示我们,凡主张彻底改革的人,在政治上没有一个不走上绝对专制的路,这是很自然的,只有绝对的专制政权可以铲除一切反对党,消灭一切阻力,也只有绝对的专制政治可以不择手段,不惜代价,用最残酷的方法做到他们认为根本改革的目的。他们不承认他们的见解会有错误,他们也不能承认反对的人会有值得考虑的理由,所以他们绝对不能容忍异己,也绝对不能容许自由的思想与言论。"③ 而在《中国文化里的自由传统》一文中,胡适进一步向国人大声地疾呼:"今天已经到了一个危险的时代,已到了'自由'与'不自由'的斗争,'容忍'与'不容忍'

---

① 胡适:《自由主义》,《胡适文集》(第十二册),北京大学出版社1998年版,第808—809页。
② 同上,第809页。
③ 同上,第810页。

的斗争。"① 号召国人应当继承先人们争政治自由、思想自由、宗教自由、批评自由的传统而努力。值得一提的是，胡适这两篇文章：《自由主义》广播词发表在 1948 年 9 月 5 日的北平《世界日报》，《中国文化里的自由传统》演讲稿刊载于 1949 年 3 月 28 日台湾《新生报》，那正是南京国民党政府 1947 年底颁布"勘乱动员令"，宣布民盟为"非法团体"后，国内各民主党派被迫解散的年代。

史华慈的研究表明，"弥尔的自由思想被严复搬移到中国之后，最重要的变化是：将个人自由与个人尊严视为终极价值的想法在搬移的过程中丧失了"②。在新文化运动的文化巨匠胡适等人的努力下，西方近现代"自由"价值观念在一定程度上获得了本土传统人文资源的支持，自由主义宪政启蒙价值意义也在一定程度上得以规范彰显和弘正。然而，胡适的视野却仅限于对文化传统"自由"资源的求证，只是对国人在"知其然"上下功夫，未能解决如何让国人"知其所以为然"问题，实验主义的态度使得他在理论建树方面更是裹足不前，如唐德刚所论："胡适之先生生前所倡导的'自由'是直觉上的'为自由而自由'的'自由'；是一项不折不扣的孤立价值的'自由'。孤立的'自由'自有其哲学上和宗教上的情趣；在社会科学和行为科学便完全失其意义了。"他倡导自由，但并没有解释"自由"是个什么东西？为什么要争取"自由"？和如何去争取"自由"罢了。③

2. 从传统文化中发掘民主、法治资源

"民主"术语一般是与专制独裁相对而言的。在西方政治思想史上，"民主"主要指涉权力的归属，为现代社会政治统治的合法性辩护，即所谓的"主权在民"，其着眼点是人，强调凡成年的公民均享有平等的

---

① 胡适：《中国文化里的自由传统》，《胡适文集》（第十二册），北京大学出版社 1998 年版，第 685 页。
② 王向民：《中西璧合：民国政治学家的民治诉求》，《学术月刊》2007 年第 11 期。
③ 唐德刚译注：《胡适口述自传》，《胡适文集》（第一册），北京大学出版社 1998 年版，第 305 页。

参政权，核心在于尊重多数。

　　从概念到实践，作为近现代中国民主宪政的主要推动者和代表人物，胡适在"充分西化"的进路下，自然地努力从中国传统文化中寻找与西方近代民主理念相似的本土资源。在许多场合，胡适反复将中国古代的"民本"与近现代的民主思想"比附"。他说："我们古代也曾有'天视自我民视，天听自我民听'，'民为邦本'，'民为贵，社稷次之，君为轻'的民主思想。"[1] 他撰写的《民主中国的历史基础》煞费苦心地试图从社会学和史学的角度说明中国自古以来就具有民主的历史基础，并非全然无根的，如彻底民主化的社会结构，隋唐以来客观、竞争性的文官考试制度（科举制），历代政府中担负批评、监察职能作用的谏官和监察御史的制度化设置。[2] 在《中国的思想》一文中，胡适甚至认为孟子是人类历史上最早和最伟大的民主政治哲学家。[3] 在《中国抗战也是要保卫一种文化方式》的演讲中，他又浓墨重彩地向世人介绍中国的自由、民主和平生活方式的发展历程。他举例论证中国民主思想形成的哲学基础可以追溯到春秋战国时期，可以从先秦诸子学说中找寻，并将之大致概括为："以'无为而治'的黄老治术为最高政治形态"、"墨家的兼爱精神"（胡适将之比附为"博爱"和"国际间和平相处"原则）、"社会不分阶级的平等理想"、"中国具有言论自由及政治上采纳坦诚谏奏的悠久传统"和"人民在国家中占有极重要地位"等方面。[4] 系统发掘论证民主思想的本土资源的，是胡适1930年写的《中国中古思想史长编》七章中的第五章《淮南王书》。在他看来，道家乃是集古代思想的大成，《淮南书》又集道家之大成。为此，他从《淮南书》中整理找

---

[1] 胡适：《自由主义》，《胡适文集》（第十二册），北京大学出版社1998年版，第808页。
[2] 《民主中国的历史基础》，《胡适全集》（第38卷），安徽教育出版社2003年版，第182页。相似内容可参见上文"传统人文中探寻自由资源"一节。
[3] 《中国的思想》，《胡适全集》（第38卷），安徽教育出版社2003年版，第662—667页。
[4] 胡适：《中国抗战也是要保卫一种文化方式》，《胡适文集》（第十二册），北京大学出版社1998年版，第782—783页。

到了符合现代民主政治内涵的某些相似文化资源，并对此作出了现代阐释。胡适指出：《淮南书》的政治思想虽处处号称"无为"，但"无为"这一名词中包含许多精义，不是"无为"一个名词所能包括。胡适认为《淮南书》的政治思想可以概括为"虚君的法治"、"充分的用众智众力"和"变法而不拘故常"三个要义：①

一是"虚君的法治"思想。胡适认为，虚君的政治是无为主义的第一要义。他引证《淮南·主术训》中的解释："君人之道，其犹零星之尸也。俨然玄默，而吉祥受福。……是故重为惠，若重为暴，则治道通矣（重为惠，是不轻于施恩惠，要不轻施惠，如不轻为暴一样）。"而《诠书训》更直白地强调："处尊位者如尸，守官者如祝宰。"胡适认为，《淮南书》中"尸"的比喻，最能表达虚君的政治意义。因为虚君政治下的君主不但不轻于为暴，而且要不轻于施恩惠，才可做到慎到所谓"动静无过，未尝有罪"的政治境界，而这正是近现代立宪国家所谓君主不会做错事的意思表达。胡适又指出：老子虽主张无为政治，但尚未找到能付诸实施的具体办法，后世始有法治之说补充，提出了"虚君的法治"具体主张。这在《主术训》中有明确记载："今夫权衡规矩，一定而不易，不为秦楚变节，不为胡越改容，常一而不邪，方行而不流，一日刑（型）之，万世传之，而以无为为之。……法者，天下之度量，而人主之准绳也。……古之置有司也，所以禁民使不得自恣也。其立君也，所以削有司使无专行也。法籍礼义者，所以禁君使无擅断也。……无为者，非谓其凝滞而不动也，以言其莫从己出也。"胡适认为，在这样纯粹客观的以"法"为度量、为准绳的制度下，无论贵贱贤不肖都能一视同仁，平等对待，诛赏予夺皆不从君心出，其结果是："国有诛者而主无怨焉，朝有赏者而君无与焉。诛者不怨君，罪之所当也；赏者不

---

① 胡适：《淮南王书》，《胡适文集》（第六册），北京大学出版社1998年版，第531页。胡适关于道家"无为而治"涵义的比附阐释，可参见上文"传统人文中探寻自由资源"一节。

第三章 "充分西化"：宪政"中国化"的另种文化选择

德上，功之所致也。"认为这种完全排除了人治的法治，才是"以无为为之"的真正含义。①

二是"众智众力"的民治思想。胡适指出，无为政治的另一个意义就是：君主的知识有限、能力有限，必须依靠全国的耳目为耳目，靠全国的手足为手足。他将此约略地表达为"众智众力"的政治，认为这颇含有民主的意味。胡适援引《主术训》的几段话："汤武，圣主也，而不能与越人乘舲舟而浮于江湖。伊尹，贤相也，而不能与胡人骑騵马而服驹骎。孔墨博通，而不能与山居者入榛薄，出险阻也。因此观之，则人知之于物也浅矣。……故智不足以治天下也。""桀之力制觡伸钩，……然汤革车三百乘，困之鸣条，擒之焦门。由此观之，勇力不足以持天下矣。……""夫人主之听治也，清明而不暗，虚心而弱志。是故群臣辐凑并进，无愚智贤不肖，莫不尽其能。于是乃始陈其礼，建以为基。是乘众势以为车，御众智以为马。虽幽野险途，则无由惑矣。""……乘众人之智，则天下不足有也。专用其心，则独身不能守也。……文王智而好问，故圣。武王勇而好问，故胜。夫乘众人之智则无不任也。用众人之力则无不胜也。"胡适认为上述这些议论里突显了民治主义的基本精神内涵。在他看来，《淮南书》屡屡指出的"积力之所举无不胜也，而众智之所为无不成也"重要原则，就是民治主义的一个基本理论；其次，由于人各所长，各有所短。圣智之所不知，不如小儿女之所素习。因此，胡适认为，该书又反复指出的"无愚智贤不肖，莫不尽其能"的原则，同样是民治主义的一个基本理论，都在强调说明民治的精神不在有无君主，而在能否使全国的人有各尽其能的平等机会；第三，胡适认为，该书也反映了民治主义第三个基本要义：要尊重人民的舆论。他引证《主术训》的文字说："人主者，以天下之目视，

---

① 胡适：《淮南王书》，《胡适文集》（第六册），北京大学出版社1998年版，第531—532页。

以天下之耳听，以天下之智虑，以天下之力争。是故号令能下究，而臣情得上闻。……聪明光而不蔽，法令察而不苛，耳目达而不暗。善否之情日陈于前而无所逆。是故贤者尽其智而不肖者竭其力。"他认为所说的"善否之情日陈于前而无所逆"，就是言论自由的题中之义。此外，胡适认为，该书还揭示了民治主义的第四个要义，即承认统治者与被统治者是对等的，只有相互的报施，而没有绝对的服从的义务。他征引《主术训》一段话："夫臣主之相与也，非有父子之厚，骨肉之亲也，而竭力殊死不辞其躯者，何也？势有使之然也。……是故臣不得其所欲于君者，君亦不能得其所求于臣也。君臣之施者，相报之势也，……是故君不能赏无功之臣，臣亦不能死无德之君。"胡适认为，书中所讲"相报"的关系即是孟子所说的"君之视民如土芥，则臣视君如寇仇"，也就是承认人民有反抗君主的权利、有革命的权利。①

三是"变法而不拘故常"思想。胡适指出，那种完全漠然无为的"与时推移，应物变化"的早期道家变法哲学，由于过于看重自然的变化而忽视的人功的促进，只能是一个理想，已跟不上时代的变化，必须时时有自觉的改革，自觉的与时推移，而这种"自觉"是与人的因素息息相关。也就是说变化是自然的，而"与时推移，应物变化"却全靠人的努力。为此，他从《淮南书》中找到了历史根据，煞费苦心地对该书的改革论加以阐释与发挥，以关怀现实。《淮南·齐俗训》有这样两段话："是故世异则事变，时移则俗异。故圣人论世而立法，随时而举事。尚古之王封于泰山禅于梁父七十余圣，法度不同，非务相反也，时世异也。是故不法其已成之法，而法其所以为法。所以为法者，与化推移者也。夫能与化推移，为人者至贵在焉尔。""世之明事者，多离道德之本，曰'礼义足以治天下'。此未可与言术也。所谓礼义者，五帝三王

---

① 胡适：《淮南王书》，《胡适文集》（第六册），北京大学出版社1998年版，第532－535页。

之法籍风俗，一世之迹也。譬若刍狗土龙之始成，文以青黄，绢以绮绣，缠以朱丝。尸祝袀袨（黑色衣），大夫端冕，以送迎之。（刍狗以谢过，土龙以求雨。）及其已用之后，则壤土草芥而已，夫有（又）孰贵之？"胡适对此解释认为，书中所强调的"与化推移"全靠有"人"能明白时势已变换了，而又能制作以适应那变换的局面，才够得上称为"与化推移"。而这种变法的哲学自然反对崇古的迷信，因为礼义法籍各有当时之用，时过境迁，便如刍狗土龙用过之后，不过是一块土、一束草而已。胡适又进一步援引《主术训》话："法生于义，义生于众适，众适合于人心。此治之要也。"认为这些言论都在强调"人"的重要，强调变法应当反映和符合人民的意志。①

实际上，胡适在满怀热情地向世人表达、阐释推介《淮南书》的政治思想时，已经暗渡陈仓，巧妙地借淮南王刘安之书表达了自己对民主基本价值原则的一种深刻体认和理想追求，以及推进近代中国社会民主法治变革的内心期望之情。

纵观胡适一生，致力于用人权、法治、自由、民主等西方先政原则改造现实政治的文化努力是其思想的主基调。从胡适留给世人大量的言论著述来看，他满怀热情地探寻和阐释能与现代自由、民主法治思想沟通的中国传统人文资源及其"微言大义"，继承和发扬本国传统中可资借鉴的人文精神遗产，以西方近现代价值符号为参照座标，不断发掘中国文化语境中的宪政思想资源，意在缔造、促进近现代中国社会自由民主的文化基础。概而言之，胡适在"整理国故"中通过对文化传统资源的宪政意义之探寻，一方面富有匠心地向国人们表达了近现代"自由"、"民主"价值观念，另一方面在某种意义上也触及到了传统文化的现代性转化命题。他既不是盲目的排外者，也与全盘西化派有所不同。在近

---

① 胡适：《淮南王书》，《胡适文集》（第六册），北京大学出版社1998年版，第535—536页。

代中国宪政化问题的思考中，与梁启超、张君劢的内省超越式或功利型的文化路径不同，在严复精准地洞见"自由为体，民主为用"的宪政内核之后，由胡适肇始，演绎了另一种文化取向：世界主义式或观念型的。前者立足于中国本土"向外看"，强调内省超越，更多地具有政治功利主义心态；后者则立足于世界"向内看"，坚持所谓的西方价值理念，表现出强烈的理性主义精神。胡适的这种取向也就决定了他的智识思考在文化开放比较中难免有"瓜田李下"之嫌，也许可能给人们一种与全盘西化论调纠缠不清的误读倾向。如周质平所论："胡适从先秦哲学怀疑的精神中，找到了中国民主思想的根源，从清代学者的考证学上，看到了近代科学的治学方法，从科举制度中，寻获了中国平民化的渠道，在监察和谏官的制度里，看到了容忍和言论自由的历史基础。这在在都说明，胡适在向西方人介绍中国这个古老的文明时，有意的为这个古文明的一些哲学概念和政治制度与近代的价值系统作些调和与联系。这样的调和，在一定的程度是，是把中国文化"比附"在西方的价值观念上。这种"比附"可以视之为两种文比的比较研究，但胡适的方法终不免是用西方的标准来衡量中国的文化。"[①] 而且，从上述有关自由、民主、法治的中国文化资源的挖掘论证来看，胡适基本上是从抽象角度上谈论自由、民主、法治的价值，始终没有或许也无法在具体的政治制度框架里着墨分析，这就使得他对民主宪政的呼求难免曲高和寡、孤芳自赏。周策纵先生在《胡适对中国文化的批判与贡献》一文中，对此有深刻的指陈评论："传统中国的个人，大多束缚于家族制度，很少尊重独立的个人。中国传统中实在缺乏'权利'（Right）的观念，所以很不容易建立起保障人权和民权的法制。中国也没有宪法、选举（Election）和多数决的传统……没有这种种具体法律制度的保障，若只拿抽

---

① 周质平：《胡适与现代中国思潮》，南京大学出版社 2002 年版，第 253 页。

第三章
"充分西化"：宪政"中国化"的另种文化选择

象的自由、民本思想说成民主政制，终会只落入一厢情愿的自我安慰。"①

三、宪政"中国化"何以可能

如前所述，虽然胡适"大胆的假设"自由主义并非舶来品，用心良苦地"小心的求证"民主宪政思想的中国文化资源，对"自由"、"民主"价值细致地进行了规范意义上的观念启蒙，但作为一位中国知识分子，他始终对自身文化传统的负面消极因素保持着理性的问题意识，清醒地认识到中国文化传统中所谓的自由主义朴素思想是缺乏西方民主宪政理念中所特有的政治自由主义色彩的。面对宪政"中国化"何以可能这一时代课题，胡适沿着实验主义哲学理论范式路径，诊断开出了一剂中国致宪之路的药方。

（一）"造因"方案

基于中西文化异质性的深刻体悟和理性考量，胡适首先深刻认识到宪政"中国化"事业的长期性和艰巨性。这是因为"无论是思想观念的变革，还是社会制度的变迁都不可能是毫无内在根源的突然发生"②，决定了自由、民主、法治这些观念性的东西要化为人们社会生活中的文化习性、化为制度的"常识"习惯是一个漫长的进化演进过程，并非能通过革命的暴力手段一蹴而就的。辛亥革命后北洋军阀政府在国际上并没有获得比清政府更多的尊敬，在国内也仍是一盘散沙的混乱局面。由是，在其所秉承的近代进化论的逻辑路径下，胡适坚持认为要实现中国

---

① 转引自周质平：《胡适与现代中国思潮》，南京大学出版社2002年版，第241页。
② 赵明：《近代中国的自然权利观》，山东人民出版社2003年版，第131页。

20 世纪前半叶
宪政"中国化"的文化探索

传统政治的现代转型根本没有捷径，谋求"政治体面"与"政治效率"这两大政治目标只能是一个循序渐进的进化过程，在条件不成熟情况下匆忙发动革命往往既耗费所积累的现代性资源又无法获得转型成功的结果，甚至导致革命的流产失败。正如美国独立战争时期著名思想家、启蒙宣传家潘恩曾指出的："革命成功的最大危险，莫过于在革命赖以进行的原则以及革命带来的好处尚未为人们充分认识和理解之前就试图发动革命。"[①] 正因为如此，胡适虽同情革命但反对不成熟的暴力革命，不赞成那种梦想通过"毕其功于一役"的革命做法，主张渐进地改良。在那个"革命"口号狂歌猛进的动荡年代里，他明确表示了对当时的各种革命都不抱希望。他说："对于各种革命我都不谴责，因为我相信，它们是进化过程中的各个必要的阶段。但我不赞成不成熟的革命，因为它们通常都是耗费性的因而也是毫无结果的……正是由于这个理由，我才不对当前在中国进行的革命抱更多的希望，尽管我非常同情那些革命者。"[②]

既然不成熟的暴力革命无法把中国导向现代化取向的自由、民主的政治轨道，那么在宪政"中国化"如何可能问题上，胡适认为，民主宪政既然是"一种生活方式"、"一种习惯性的行为"，其前提在于获得本土资源的文化支撑——不仅要在传统文化中找到甚至要建构这样的社会文化"根源"，让民主宪政从观念到制度获得在中国生根的现实土壤。由此，他的解题思路是从"造因"开始。他在留学日记中写道："我认识到，没有通向政治体面和政治效率的捷径。……没有某些必要的前提条件也不能保证有好的政府。那些主张中国为了国内与国力的强盛而需要帝制的人，与那些认为共和式政府会创造出奇迹的人一样愚蠢。没有我说的'必要的前提条件'，无论是帝制还是共和都不能拯救中国。我

---

① [美] 托马斯·潘恩：《潘恩选集》，马清槐等译，商务印书馆 1981 年版，第 228 页。
② 《胡适留学日记》，第 842—843 页。转引自王人博：《宪政文化与近代中国》，法律出版社 1997 年版，第 472—473 页。

第三章 "充分西化"：宪政"中国化"的另种文化选择

们的工作就是提供这些必要的前堤条件——去'创造新的原因'（造因）。""我准备比我的君主制论的朋友们走得更远。我甚至不许外国人的征服改变我'创造新原因'的决心。更不要说眼下这点小变化了。"①这里，胡适明确向世人表达了宪政"中国化"的一种可能路径：即主张通过持续不懈地进行"自由"、"民主"、"法治"等观念的规范启蒙和文化努力，以奠定宪政中国的人文基础，从而为传统政治的现代转型提供"必要的前提条件"即"造因"。那么，什么是胡适的"造因"之道呢？与严复文化理路一样，他也归因于教育一途。稍有不同的是，严复把启蒙式的教育称作"开民智"、"鼓民力"、"新民德"，而胡适则把教育看作是"造因"："适以为今日造因之道，首在树人；树人之道，端赖教育。故适近来别无奢望，但求归国后能以一张苦口，一支秃笔，从事于社会教育，以为百年树人之计，如是而已。明知树人乃最迂远之图。然近来洞见国事与天下事均非捷径所能为功。"②"就我个人而言，我更喜欢一步步做起。……我个人的观点是：'无论发生什么事，让我们去教育我们的人民。让我们为我们的后代打下一个他们可以依赖的基础。'""这是一个必要的非常缓慢的过程，人类应当有耐心！但是，在我看来，这个缓慢的过程又是唯一的过程：它对革命和进化都是必要的。"③ 在胡适看来，通过教育完成宪政的观念启蒙、打造宪政中国的"非政治"文化基础虽是"最迂远之图"，却是唯一的正解进化过程。这就需要一份执着精神、一份耐心。因为时间越短，文化观念变革实现的可能性越小，中国宪政化努力越易流产或被异化。所以留学归国后，胡适即表示"二十年不谈政治、不干政治"，并与陈独秀等领导和发动了一场声势浩

---

① 《胡适留学日记》，第821页。转引自王人博：《宪政文化与近代中国》，法律出版社1997年版，第473页。
② 同上，第832—833页。转引自王人博：《宪政文化与近代中国》，法律出版社1997年版，第474页。
③ 同上，第842—843页。转引自王人博：《宪政文化与近代中国》，法律出版社1997年版，第472—473页。

大的新文化运动，吹响了科学、民主的启蒙号角，试图为宪政的中国化"造因"，按照他的说法，就是"在思想文艺上替中国政治建筑一个革新的基础"①。

从上述认识来看，胡适强调思想文化之于社会变革的意义，强调时间因素之于社会转型（自然演进）的作用，这些认识无疑是深刻的。但如果过于偏执，这种"深刻"的认识也就难免片面了。这里，他忽视了社会转型的空间因素，即如果不从根本上彻底铲除造成近代中国社会长期动荡不安的军阀毒瘤，也不可能产生真正的民主宪政（在20世纪上半叶无论是北洋军阀还是国民党新军阀的统治时期，屡屡出现了各种玩弄宪法的"假民主"、"假宪政"政治乱象，恰是一个鲜明的写照），而这却是胡适坚持实验主义的改良道路所不能容纳的。事实上，到1920年前后，被胡适视为中国"文艺复兴"的新文化运动在北洋军阀的卖国独裁行径下已难以为继，文化运动转变成政治运动，在救亡心态下，自由、民主观念的启蒙教育逐渐被边缘化了。这种严峻的政治现实，逼迫胡适开始改变初衷、无奈地言谈政治，"造因"工程不得不暂时搁置了。

（二）"好政府主义"宪政观的提出及其困境

1920年8月，胡适与蒋梦麟、李大钊等七人联名发表《争自由的宣言》，强调说："我们本不愿意谈实际的政治，但是实际的政治却没有一时一刻不来妨害我们。自辛亥革命直到现在，已经有九个年头。这九年在假共和政治之下，经验了种种不自由的痛苦。……政治逼迫我们到这样无路可走的时候，我们不得不起一种彻底觉悟：认定政治如果不由人民发动，断不会有真共和的实现。但是，如果想使政治由人民发动，不

---

① 胡适：《我的歧路》，《胡适文集》（第三册），北京大学出版社1998年版，第363页。

第三章
"充分西化"：宪政"中国化"的另种文化选择

得不先有养成国人自由思想，自由评判的真精神的空气。"① 这份"争自由"的宣言标志着胡适放弃了他的"二十年不谈政治"的初衷，开始站到了议政、干预政治的前台。次年，他们又成立一个研究政治、讨论社会问题的团体"努力会"，并创办《努力周报》，作为宣传其政治主张的舆论阵地。

1922年5月，胡适等人在《努力周报》第二期上发表了《我们的政治主张》，为民国政治开出了他的第一个（也是唯一的一个）具有乌托邦色彩的政治药方，就是所谓"好政府主义"。他们认为"中国所以败坏到这步田地，虽然有种种原因，但'好人自命清高'确是一个重要原因"，"今日政治改革的第一步在于好人须要有奋斗的精神"。他们提出改革中国政治的最低限度要求是，建立由真正好人来组阁的"好人政府"。该政府应当符合三项基本要求："宪政的政府"、"公开的政府"和"有计划的政治"，强调"要有正当的机关可以监督防止一切营私舞弊的不法官吏"，并应当"充分运用政治的机关为社会全体谋充分的福利"和"充分容纳人的自由"。而且，他们对当时现实的政治问题，包括南北和平问题、裁兵与裁官、国会、制宪、公开财政、选举改良等方面都提出了具体举措。② 这里，虽未明确所谓的"好人"标准，但不言而喻，胡适眼中的"好人"是指那些像他自己那样有知识有才干的"贤能之士"。③ 胡适认为，这样一个由真正好人组成的"好政府"有三重好处：

第一，可得到评判的标准。从上面所说的工具主义的政府观中，得着个批评政府的标准。以工具主义的政府观，来批评政府，觉得凡好工

---

① 《晨报》1920年8月1日。转引自王人博：《宪政文化与近代中国》，法律出版社1997年版，第477页。
② 胡适：《我们的政治主张》，《胡适文集》（第三册），北京大学出版社1998年版，第328—331页。
③ 1922年9月，由留学归来的法学博士王宠惠担任内阁总理，财政总长罗文干、教育总长汤尔和、外交总长顾维钧和司法总长徐谦等人为内阁成员，产生了所谓的"好人内阁"。在这个名单中，前三人（王、罗、汤）都是曾在《我们的政治主张》中签名的社会名流（"好人"）。

具都是应用的，政府完全是谋公共利益及幸福底一种工具；故凡能应公共的需要，谋公共的利益，做到公共的目的，就是好政府，不能为所应为，或为所不应为的，就是坏政府。

第二，可得到民治的原理。政府之为物，不是死板板的工具，是人作的，要防避他的妖怪；……我们做主人的人民，如果放任政府，不去好好的看守他。这种工具亦必会作怪的。所以在这一点上可得到民治主义的原理。政府这工具，原为我们大多数人民而设，使不善造善用，则受害者亦即在这些老主人。因为人类有劣根性，不可有无限的权力，有之，即好人亦会变坏。"一朝权在手，便把令来行"，免不掉滥用权力以图私利了。所以宜用民治主义去矫正他。虽把权力交给少数人，而老主人不能不常常的监督他，不可不常常的管束他。

第三，可得到革命的原理。工具是应用的，不能应用时，便可改换；……政府坏了，可改一个好政府——这是浅显的革命原理。所以在工具主义的政府观之下，革命是极平常而且极需要的，并不是稀奇事。①

在胡适看来，只有由这样的"好人政府"才能达到他们所要求的"政治主张"。因为"现代的政治问题不是如何限制政府的权限的问题，乃是如何运用这个重要工具来谋最大多数的福利的问题了"②。可以看出，胡适等人的政治主张表现出一种对"好人"或"贤能"的依赖情结，明显地具有精英主义色彩。美国学者格里德指出，胡适"对待政治的态度，与他对待更重大社会改革问题的态度，在本质上都是强调智力活动的。他给作为变革力量的思想赋予了超乎寻常的重要性，他把一副沉重的责任负担放在了有知识的少数人的肩上——他们的职责必须是表

---

① 胡适：《好政府主义》，《胡适文集》（第十二册），北京大学出版社1998年版，第718—719页。

② 胡适：《五十年来之世界哲学》，《胡适文集》（第三册），北京大学出版社1998年版，第310页。

第三章
"充分西化"：宪政"中国化"的另种文化选择

达出改革时所依靠的那种'战斗的和决定性的舆论'"①。这种强调政治变革的思想文化基础意义，与胡适一贯秉承的文化主导思路是一致的。稍有不同的是，原先是打着"不谈政治"、"不干政治"的旗号，以宪政民主"启蒙者"的姿态去教育国人这样一种文化精英主义，继而在严酷的政治现实面前，无奈地言谈政治而倡导"好政府主义"观。这实际上是文化精英主义在政治上的一种延续和反映。问题在于，这种精英主义心态是与自由主义宪政的原则精神相背离的。1787年，美国制宪会议的核心人物麦迪逊曾说过："如果人都是天使，就不需要任何政府了。如果天使统治人，就不需要对政府有任何外来的或内在的控制了。在组织一个人统治人的政府时，最大的困难就在于必须首先使政府能管理被统治者，然后再使政府管理自身。毫无疑问依靠人民对政府的控制是主要的。"② 也就是说，如果政府完全是由"好人"组成的，那么宪政就根本没有存在的必要，因为宪政的制度功能就在于防弊。在以性恶论为道德基点的自由主义那里，所谓的"好人"只能是一种乌托邦的追求，因此更多地强调对权力滥用危险的警惕。宪政在某种意义上就是"限政"，强调依靠人民对公共权力的控制不使其为恶，而不论权力拥有者的道德品行问题。正如吴国光深刻指出："胡适虽然明确打出了'宪政'的旗帜，但他所倡导的'好人政府'和'贤能政治'其实根本就丧失了宪政政治本来的含义——即人民参政而对政治权力实行制约的含义。"③ 所谓"好人政府"（"贤能政治"）甚至后来抛出的"专家政治"主张，似乎基本上是二千多年前古希腊哲学家柏拉图早年所追求的"哲学王之治"的现代翻版。人民是宪政政治建构与变革的根基和原动力决定了：现代民主宪政不仅离不开精英人物的智识贡献，更主要维系于所谓"草根"的

---

① ［美］格里德：《胡适与中国的文艺复兴——中国革命中的自由主义（1917—1937）》，鲁奇译，江苏人民出版社1996年版，第213页。
② ［美］汉密尔顿等：《联邦党人文集》，程逢如译，商务印书馆1997年版，第264页。
③ 吴国光：《反政治的自由主义——从胡适的宪政思想反省宪政主义在中国的失败》，《当代中国研究》2003年第四期。

一般民众的经验认识和现实推动。这种忽视了（至少是不强调、不突出）普遍的个体利益以及一般民众对于宪政政治的建构作用的精英思路，注定胡适等人所主张的"好人政府"也就只能昙花一现。事实表明，在军阀内部的权力倾轧中，所谓的"好人政府"仅存在两个多月便夭折了，其天真的激情也很快被深深的失望所湮没。

（三）政治训练与"幼稚园"的宪政

在其思想深处，秉承着经验理性的胡适虽然不相信"宪政能救中国"，但深信宪政是引导中国政治走上现代化轨道的一个较好方法，并为此倾注了他的全部感情和一生。他曾说："我们有历史眼光的人，当然不妄想'把在英美实行而有成效的民主政治硬搬到中国来，但是我们当然也不轻视一切逐渐走向民主政治的尝试与练习。'"①"好人政府"虽然失败了，但并没有让胡适认真地检讨"好政府主义"宪政观可能存在的内在缺陷，更未能深究造成这种困境的现实政治根源。相反，他仍执着地将"好政府主义"的破产归因于思想文化观念问题，由此又重新拾起一度搁置的"造因"方案。他说："《新青年》的使命在于文学革命与思想革命。这个使命不幸中断了，直到今日。倘使《新青年》继续至今，六年不断的作文学思想革命的事业，影响定然不小了。""我想，我们今后的事业，在于扩充《努力》，使他直接《新青年》三年前未竟的使命，再下二十年不绝的努力，在思想文艺上给中国政治建筑一个可靠的基础。"② 稍有不同的是，先前是通过"不干政治、不谈政治"下的纯粹思想文化运动来"造因"，20、30 年代以后则不再讳言政治，而是希冀在承认现存政权的合法性前提下促进政治的改良，并开始转向注重实

---

① 胡适：《从民主与独裁的讨论里求得一个共同政治信仰》，《胡适文集》（第十一册），北京大学出版社 1998 年版，第 567 页。
② 胡适：《与一涵等四位的信》，《胡适文集》（第三册），北京大学出版社 1998 年版，第 400 页。

际政治生活过程中的"造因"——通过参与政治逐步培育国人的宪政素养、积累宪政经验，渐次臻于比较成熟定型的宪政社会。

针对国人基于辛亥革命后对共和立宪的日趋失望、冷漠与幻灭的情绪，普遍存在中国宪政的实施必须经"训政"或是"开明专制"过渡时期的悲观论调，胡适虽承认国人政治经验不足，但他主张中国应立即实行宪政，不必经过所谓的"训政"或开明专制阶段。训政论是孙中山先生基于对国人参政能力的怀疑和不信任在1924年《建国方略》中提出的主张。孙中山认为，中国统一完成后须经过一个"训政"时期以培养人民的自治能力，俟过半数省份完全实现地方自治后才可召开国民大会、制定宪法，实行宪政。就在1928年蒋介石完成了中国表面上的"统一"，国民党中常会通过《训政纲领》后不久，胡适对此撰文批驳指出：民治制度本身就是一种教育、一种政治训练，只有在实施宪政的过程之中才能提高国民运用宪政的能力。"人民初参政的时期，错误总不能免的，但我们不可因人民程度不够便不许他们参政。人民参政并不须多大的专门知识，他们需要的是参政的经验。民治主义的根本观念是承认普通民众的常识是根本可信任的。……所患的只是怕民众不肯出来参政，故民治国家的大问题总是怎样引导民众出来参政。只要他们肯出来参政，一回生，二回熟了；一回上当，二回便学乖了。故民治制度本身便是最好的政治训练。"① 胡适又强调指出，这种政治训练不仅仅是针对人民，政府同样需要训练。"人民需要的训练是宪法之下的公民生活。政府与党部诸公需要的训练是宪法之下的法治生活。"② 他批评孙中山的训政理论的根本错误在于误认宪法不能与训政同时并存，强调宪法与训政是可以相容的，训政时期可以有宪法也应当有宪法，否则无宪法的训政本质上只是专制。"宪法之下正可以做训导人民的工作；而没有宪法

---

① 胡适：《我们什么时候才可有宪法？》，《胡适文集》（第五册），北京大学出版社1998年版，第536—537页。
② 同上，第538页。

或约法，则训政只是专制，决不能训练人民走上民主的路。"①

在20世纪30年代的民主与独裁的论战中，胡适站在实验主义一贯立场，进一步对国人所期望的新式专制提出了中肯的批评。他认为，所谓新式专制与此前从梁启超肇始的开明专制到孙中山先生的训政论其实并无二致，仍属"旧事重提"，这至少体现为三个方式或其混合：一是"领袖的独裁"，二是"一党的专政"，三是"一阶级的专政"。"一般人只知道做共和国民需要较高的知识程度，他们不知道专制训政更需要特别高明的天才与知识。""今日梦想开明专制的人，都只是不知道为君之难，不知道专制训政是人世最复杂繁难的事业。"②胡适明确反对上述种种专制，其理由是中国不可能有能专制的人、或能专制的党、或能专制的阶级，全国人的情绪与理智也不可能在某个领袖或某党某阶级的领导之下，形成一个新式专制的局面。"难道我们还能妄想抬出一个蒋介石，或者别个蒋介石来做一个新的全国大结合的中心吗？"③

为了增强国人实施宪政的信心、摒弃对专制的妄想，胡适甚至有意把西方精妙设计的民主宪政贬损为"幼稚园"的宪政，借以反驳"民智未开、民主宪政不适合中国"说法。他说："我有一个很狂妄的僻见：我观察近几十年的世界政治，感觉到民主宪政只是一种幼稚的政治制度，最适宜于训练一个缺乏政治经验的民族。向来崇拜议会式的民主政治的人，说那是人类政治天才的最高发明；向来攻击议会政治的人，又说他是私有资本制度的附属品：这都是不合历史事实的评判。我们看惯了英美国会与地方议会里的人物，都不能不承认那种制度是很幼稚的，那种人才也大都是很平凡的。至于说议会政治是资本主义的政治制度，那更是笑话。照资本主义的自然趋势，资本主义的社会应该有第一流人

---

① 胡适：《我们什么时候才可有宪法？》，《胡适文集》（第五册），北京大学出版社1998年版，第537页。
② 胡适：《再论建国与专制》，《胡适文集》（第十一册），北京大学出版社1998年版，第376页。
③ 同上，第376页。

第三章
"充分西化"：宪政"中国化"的另种文化选择

才集中的政治，应该有效率最高的'智囊团'政治，不应该让第一流的聪明才智都走到科学工业的路上去，而剩下一班庸人去统治国家。（柏来士Bryce的'美洲民主国'曾历数美国大总统之中很少第一流人才；即如名震一世的格兰斯顿如何可比他同时的流辈如赫胥黎等人？）有许多幼稚民族很早就有民主政治，正不足奇怪。"① 与专制需要英杰的人才不同，民主只是"常识的政治"，其好处在于不甚需要出类拔萃的人才，可以逐渐推广政权，有伸缩的余地；可以集思广益，俗话所说的"三个臭皮匠，赛过一个诸葛亮"，就是一个通俗的民治表达；可以给多数平庸的人（阿斗）有个参政的机会；可以训练他们爱护自己的权利。胡适总结道："民主政治是常识的政治，而开明专制是特别英杰的政治。特别英杰不可必得，而常识比较容易训练。在我们这样缺乏人才的国家，最好的政治训练是一种可以逐渐推广政权的民主宪政"。中国的阿斗固然应该受训练，中国的诸葛亮也应该多受一点训练。世界上各种政治制度中，"只有民主宪政是最幼稚的政治学校，最适宜于收容我们这种幼稚阿斗"②，从幼稚园里逐步淘练进中学大学，即通过积累宪政经验，逐步达到较为成熟圆满的宪政。胡适深信："民治国家的阿斗不用天天血脉奋张的自以为'专政'，他们只须逢时逢节，在要紧关头，画一个'诺'或画一个'No'，这种政制因为对于人民责望不太奢，要求不太多，所以最合于人情容易学，也最有效力。"③ 概而言之，胡适强调民主宪政制度必须从政治实践中产生，必须让人民去实际尝试运用。民主宪政并不是什么高不可及的理想目标，是可以学得到、也学得会的一种政治生活的习惯。虽然他批评孙中山的"知难行易"说，认为"知难行亦不易"。但在民主宪政的推行上，胡适却又拾起"知难行易"理论，认

---

① 胡适：《再论建国与专制》，《胡适文集》（第十一册），北京大学出版社1998年版，第377页。

② 同上，第377—378页。

③ 胡适：《再谈谈宪政》，《胡适文集》（第十一册），北京大学出版社1998年版，第767页。

为重在"行",而不重在"知"。这种前后言论不一致,其用意在于通过强调"宪政是幼稚的政治",以"打破向来学者把宪政看的太高的错误见解",[①] 反映了胡适渴求民主宪政能在中国实现的真诚愿望。

在胡适看来,民主宪政只不过是人类一种政治生活方式、一个过程。换句话说,民主永远不会有完全实现的一天,没有最好、只有更好的民主。无论现在的社会如何民主,人们总会企盼一个更民主的将来,通过不断地努力追求和奋斗,最终让人类的生活方式不断接近于民主宪政理想。既然如此,那么民主宪政应随时随处都可以开始,开始时不妨从小规模做起,从幼稚园做起,逐渐升学上去。[②] 宪政作为一种政治生活的习惯,唯一的学习方法就是实地参加这种生活,"宪政的学习方法就是实行宪政,民治的训练就是实行民治",这就如同学游泳必须下水,学网球必须上场一样。但千里之行,始于足下,"这个'下学而上达'的程序是不能免的"。胡适主张,与现实国情相适应,中国式的民主宪政应当"先从有限制的选举权下手,从受过小学教育一年以上的公民下手,跟着教育的普及逐渐做到政权的普及"。即应从易知易行的代议制下手,不赞成也不必高谈目前那些不易实行的创制权、复决权、罢免权等"直接民权"理想。同时,"现在需要的宪法是一种易知易行而且字字句句都可实行的宪法"[③]。也就是说,制宪的重心不在雇人起草,不在征求讨论,更不应该是仅仅通过那已成的形式宪草,而在于守宪、守法。所以,应当把注意力放在"我们究竟需要什么样的宪法"问题上,通过一个长期从容的制宪过程,制定出一种符合中国国情的"能行能守"的幼稚园宪法。毕竟,宪政是一种守法的政治。如果具有根本法性质的宪法条文不能实行,也谈不上遵守,那就不能期望人民尊重法律,

---

① 胡适:《再谈谈宪政》,《胡适文集》(第十一册),北京大学出版社1998年版,第767页。
② 同上。
③ 胡适:《我们能行的宪政与宪法》,《胡适文集》(第十一册),北京大学出版社1998年版,第770—771页。

也当然不能训练人民养成守法的习惯了。

　　从总体上看，胡适所谓的"幼稚园"宪政论明显地存在简单化的工具主义思维倾向和某种乌托邦情结。受美国宪政民主经验的影响，他试图按图索骥地按照"政治问题法律化，法律问题技术化"的改良进路，以推动近代中国社会政治的渐进转型。其结果是，他简单地将宪政民主限定在法律制度的技术与功能范围内阐释，往往忽略了其价值合理性层面以及影响政治的主要因素：利益和力量，以至于他虽然始终对独裁统治（北洋军阀政府、国民党政府）口诛笔伐，却把自己匡定为既存政权内一个善意的"自由"的"诤臣"，也就难免陷入现实的困境。

　　无论如何，在宪政"中国化"何以可能的问题上，胡适作为一位中国式的自由主义者，不遗余力地寻找自由主义民主宪政在中国历史文化空间里的安身立命之所。从"造因"方案到"幼稚园"宪政，大致体现了胡适在回应现代性的挑战中，对推展宪政"中国化"命题的理性思考和上下求索的执着精神以及对中国宪政愿景的殷切情结，也在方法论意义上向世人揭示了中国社会转型中现代性成长与乌托邦追求之间的张力关系。

第四章 "势"和"理":中国宪政之道的范式反思

梁漱溟作为20世纪中国著名的思想家,毕生矢志不渝地致思于"认识旧中国,建设新中国"之要义,在理想与现实、现代性和民族性的张力之间冷静地关注、探索中国的政治与社会问题。他在中国"宪政问题"上所思所虑所言呈现在世人面前的,也许更多的是理性和自觉的一面,而少了一份天真和激情,从而抒写了其特立卓越的宪政情怀,堪称认真对待中国"宪政问题"的第一人。

一、梁漱溟对宪政本质的理论阐释

在梁漱溟看来,宪政"是一种政治",是近代以来伴随着经济发展、文化进步和理性精神的弘扬,统治的片面强制已不可能时出现的政治选择。因此,"宪政是一个国家内,统治被统治两方面,在他们相互要约共同了解下,确定了国事如何处理,国权如何运行,而大众就信守奉行的那种政治"。而所谓宪政的"宪",是指"相互要约共同了解下所确定

第四章
"势"和"理":中国宪政之道的范式反思

者而言"。所谓的"立宪","便是有所确定之意"。这种确定形式可以是成文的"宪法"(例如美国),也可以是不成文的(例如英国),关键在于订立此"要约"各方"果真彼此各有力量",形成一种"谁亦不敢欺负谁"的制衡格局,而且各方于此"又诚信相孚",那么"共同了解者自能共守不渝"。① 这就是宪政内容的质的规定性,而不在于采用何种形式。这里所谓"统治被统治两方面",梁漱溟认为仅仅就形式概而言之,其内容则因国、因时而异,有的为王权与旧贵族、僧侣间(如英国),有的为此二者与第三等级间(如法国),还有 20 世纪初以来的第四阶级(劳工阶级)与资本阶级间,甚至包括中国执政的国民党与在野的各党派以及其他民间政治、社会团体之间,等等。②

以此出发,梁漱溟进一步阐释了所谓的立宪或宪政必须确定两项最重要的事实:第一,国家与其组成分子相互间的权利义务关系,即人民与政府的关系,或统治与被统治双方的关系。这种关系作为"争点之所在",必须在宪法中一一确定。西方从古典到近现代的制度实践发展,不仅赋予了"限制国权之滥用,而保证人民的种种之自由"消极宪政的意义,而且增加了"加重国家的义务,明定人民之积极的权利"积极宪政的内容,即赋予人民自由之保障与参政权之获得,这是衡量真假立宪的"公认的准则"。③第二,代表国家行使国权的机构设置及其相互关系。在立宪国家里,其政府的权力不是由个人独揽或一个机关包办,而至少是由若干机关共同行使。例如,元首没有内阁副署,便不能发号施令;

---

① 梁漱溟:《宪政建筑在什么上面》,第 463 页;另可参见梁漱溟:《中国到宪政之路》,第 470 页。《梁漱溟全集》(第六卷),山东人民出版社 1993 年版。

② 梁漱溟说:"参加此要约了解者,以力量论,原有多方面;以关系论,则概括为统治被统治两方面比较方便。""尽管社会上新旧相代,前后异势,政治上每能随之推移,而始终秉持共信共守之原则,很圆活地发挥其国家机能。虽前之为甲乙丙丁者,今则递邅到丙丁戊己,而其间理致无二。"(参见梁漱溟:《宪政建筑在什么上面》,《梁漱溟全集》第六卷,山东人民出版社 1993 年版,第 465 页。)

③ 梁漱溟:《宪政建筑在什么上面》,第 463—464 页;另可参见梁漱溟:《中国到宪政之路》,第 471 页,《梁漱溟全集》(第六卷),山东人民出版社 1993 年版。

内阁不得国会通过，便不能决定其施政方针和预算；国会没有行政官署和各级法院，则其所立之法无由见诸实施。这些机关"各有一分权力"，但又不能"任所欲为"；同时为使各权力机构于制衡中能各尽其职，而应求其"为大局从积极一面设想"的"运用之灵活"。宪法就是对权力之间"分际关系"加以确定和规制。这是区分真假立宪另一个"公认"的标准。如果"浑而不分，漫无限制，便不是立宪国家"[①]。可以看出，梁漱溟是以近现代西方国家运作中的分权制衡模式为观照的。从上述两项要点出发，梁漱溟得出结论：宪政并不建筑在宪法上面，宪法只不过是上述两项事实要点确定的一种形式，关键在于把握它的"真精神"之所在。他强调："宪法本身写出来不过是一篇文章，一大堆黑字，有什么用呢？要紧的不是文章字句，而是在产生一种真精神，和一番真意义，让大家对它尊重敬爱宝贵信仰。这样它才有用，才有灵魂。"[②]

既然如此，那么宪政应当建筑在什么上面呢？或者说所谓宪政的"真精神"是什么呢？梁漱溟在对近代西方尤其是英国立宪史的考察后认为，宪政作为"一种政治"，其本质是建筑在"势"和"理"之上，即建筑在"外力"（或"他力"）和"内力"（或"自力"）两种力量上。在他看来，所谓的"势"或"外力"，是一种"机械力量"，就是"谁亦不敢欺侮谁"。他说："宪之所以由立，盖有其不得不立者也。质言之，正为彼此都有力量而不可抹杀之故。既经要约而生了解，随后亦就只有循守遵行下去。""宪政是建筑在国内各阶级间那种抗衡形势之上。"[③] 而所谓的"理"或"内力"，则为一种精神力量。他指出："自由平等、民主，并非全由外铄，而是人心所本有之要求。人类社会不徒有'势'，

---

① 梁漱溟：《宪政建筑在什么上面》，第464页；另可参见梁漱溟：《中国到宪政之路》，第471页，《梁漱溟全集》（第六卷），山东人民出版社1993年版。
② 梁漱溟：《由当前宪法问题谈到今后党派合作》，《梁漱溟全集》（第六卷），山东人民出版社1993年版，第729、730页。
③ 梁漱溟：《宪政建筑在什么上面》，《梁漱溟全集》（第六卷），山东人民出版社1993年版，第465页。

第四章
"势"和"理":中国宪政之道的范式反思

亦还有'理'。例如:对于某些道理的信念,正义感,容人的雅量,自尊心,责任心,顾全大局的善意,守信义的习惯,等等亦是宪政所由建立,及其所由运行之必要条件。我所谓内力,或自力或精神力量,即指此。假若没有这一面,宪政亦岂可能!"① "势"是宪政的外部因素、客观要件,"理"则构成了宪政的内部因素、主观要件。这是宪政得以产生的两大基石。二者相辅相成,缺一不可。有"势"无"理"或有"理"无"势",都不可能产生真正意义上的宪政。概而言之,宪政是"势"与"理"这两种力量的共同作用的政治有机体。以此来考量,中国几千年来之所以没有产生宪政,甚至于近数十年所谓宪政运动之所以失败,其根由即在于中国既没有各种相互抗衡的"外力",又没有精神力量即"内力"。他说:"宪政之出现于西洋,实由西洋社会充满了(各种)力量,此为中国数千年不产生宪政对照来看,尤为显然。——我意盖指中国缺乏阶级。又若论英国宪政成绩之好,则不能不归功于其精神力量。——此又可与中国近数十年宪政运动之失败,相对照。"② 分而论之,一是"从中国社会过去之散漫,今日之纷乱,无法可以形成一部分优越的机械性势力。因此,亦就无法产生一优越有力的意思要求,压倒其他"。二是"从中国固有思想与西洋思想之矛盾冲突,西洋近代思想与最近思潮之矛盾冲突,使得中国人迷乱纷歧,无法可以构成一部分优越的理性势力。因此亦就无法产生一优越有力的意思要求,压倒其他"。③ 所以,在梁漱溟眼中,无论是 1911 年清政府抛出的《十九信条》,还是 1912 年的《临时约法》、1923 年《曹锟宪法》,甚至是南京国民党政府的《五五宪草》、1946 年《中华民国宪法》等等,都与宪政"真精神"背道而驰,都只不过是徒有宪法形式,挂羊头卖狗肉罢了。

---

① 梁漱溟:《宪政建筑在什么上面》,《梁漱溟全集》(第六卷),山东人民出版社 1993 年版,第 466 页。
② 同上,第 467—468 页。
③ 梁漱溟:《中国此刻尚不到有宪法成功的时候》,《梁漱溟全集》(第五卷),山东人民出版社 1992 年版,第 469 页。

二、"救急仙方"还是"最后成果":对中国"宪政问题"的理性反思

一般认为,19世纪末20世纪初,对西方宪法观念和制度最早关注来自于体制外的公共知识分子,包括资产阶级改良派和民主革命派在内。在"制度决定论"下,立宪思潮首先在晚清政府统治体制外形成了一股汹涌澎湃的社会浪潮,并在1905年立宪的日本战胜专制的俄国刺激下,逐渐影响到体制内诸如奕劻、载泽、赵炳麟等人物也纷纷上折进言立宪国策,最后就连反应迟钝的满清最高统治者也在内忧外压力下,"为顺应世界潮流",1905年五大臣受命被派遣分赴东西洋出国考察各国的宪法制度,并得出结论:"宪法是立国的根本,宗社的安危,主权的轻重,全国上下的利害得失,全系于此。"① 随后,清政府正式宣布"预备仿行宪政",并于1908年颁布了《钦定宪法大纲》。尽管此后"多数政治力量不过是利用宪法、宪政作为一个招牌,并不打算真正地实施宪法,实行宪政;但宪法与宪政问题从此成为各种政治力量斗争的焦点。……却使宪法观念深入人心"② 从此在现代化取向问题上,宪法与中国的政治生活开始密不可分,走向"宪政"成为了体制内外比较一致的共识。在这种举国上下简单地视宪政为挽救民族危亡之"救急仙方"的社会氛围中,梁漱溟同样满怀激情和真诚,积极投身于中国的宪政运动,渴望将西方成功的宪政制度在中国也能化为现实。如他自己后来所评述:"我最初态度自然是渴望中国宪政之实现"③,"当时观念便是这样

---

① 转引自王德志:《论宪法概念在近代中国的转型》,《法学家》2004年第5期。
② 谢维雁:《从宪法到宪政》,山东人民出版社2004年版,代序第9页。
③ 梁漱溟:《谈中国宪政问题》,《梁漱溟全集》(第六卷),山东人民出版社1993年版,第487页。

第四章
"势"和"理":中国宪政之道的范式反思

简单,这样浅薄。非独我一人如此,实在不曾发现有什么不同的意见"①。大致在20世纪20年代以前,梁漱溟基本上认为只有走仿效西方宪政之路方能解决中国问题,惟其如此,中国的政治才有出路。始终坚信"只要宪政一上轨道,自不难步欧美日本之后尘,为一近代国家"②。

然而,自袁世凯破坏《临时约法》肇始,北洋军阀一而再、再而三地玩弄宪政,甚至于1923年曹锟贿选总统及贿选宪法的一幕幕丑剧发生,让梁漱溟对于此前的中国宪政问题的认识和主张,从民国十一年(1922年)开始,"渐陷怀疑烦闷,久不得解"③。经过数年的冷静沉思,直到民国十五年(1926年)以后,梁氏"对于中国的宪政问题方始有新观念展开"④。基于对"中国问题"的深刻体验和觉悟,他对中国宪政运动开始由原先的率真式热情转变为一种理性的冷漠态度。他后来回忆道:"就在此时,我认识了中国问题,并看明了民族出路之何在;数年疑闷为之清除,所谓'民族自救运动之最后觉悟'者,盖正指此。我对于宪政问题一个与前不同的态度,当然亦即产生于其中。"⑤具体来说,在宪政问题上,他所体验和觉悟的"新观念"认识可分梳如下:

(一)对清末以来宪政之"中国语境"的洞悉把握

首先,清末以来中国宪政是以"自救图强"为动机、为目的,仅作为一种工具、一种手段而已。梁漱溟将清末以来的中国宪政运动分为前后两个时期。他说:"我在上面,曾指民国十二年那煌煌一大篇宪法之

---

① 梁漱溟:《谈中国宪政问题》,《梁漱溟全集》(第六卷),山东人民出版社1993年版,第488页。
② 梁漱溟:《我的自学小史》,《梁漱溟全集》(第二卷),山东人民出版社1990年版,第688页。
③ 梁漱溟:《谈中国宪政问题》,《梁漱溟全集》(第六卷),山东人民出版社1993年版,第493页。
④ 同上。
⑤ 同上,第497页。

公布,为前期宪政运动之没落寿终;现在我又指这不揭宪政名号乃至不合宪政风气之国民党改组事件是后期宪政之肇始。"① 在他看来,中国宪政运动无论是前期抑或后期,都不是真正宪政运动。"真正宪政运动,是老百姓起来向秉国钧者要求确立国家根本大法的运动。所谓宪政便是一切事情都要根据此根本大法而行的政治。其内容意要在自由权之保障和参政权之取得。它可以说是来自人民之一运动。""然而中国当年之谈宪政,却出于挽救危亡之动机,是站在'民族立场'。如我从来所说,它只是含在民族自救运动之内的。民族自救运动则是自近百年世界大交通以来,中国民族适应不了这新环境,感于国势陵夷而发生的。从民族自救运动的起手来说,恒必起于国内政治之改造;从自救运动之完成来说,又必包涵了一种理想的政治之实现。从头至尾,贯彻其中者,实有一新政治运动在;宪政运动正是其物。盖无论当初之革命派或立宪派,无论今天之国民党或其他党派,莫不以宪政为其理想政治;虽然其所谓宪政者,亦许彼此有些出入。"② 通过省察宪政在中国一直建立不起来的原因分析,漱溟冷静地梳理出"中国问题"和"宪政问题"的关键节点。他一针见血地反思指出:"试问,这与欧美宪政先进国家当初之宪政运动,可以说是同物吗?以'自救图强'和'宪政'联系起来,恐怕在欧美当初不曾梦想得到呢!宪政在他们是目的,是亲切的要求,任何事物不足以易之;在我们却作为一种方法手段了。以宪政为目的,则目的不达,运动不止,卒必成功。以宪政为方法手段,则一旦发见其他方法手段,不难转而之他。在'救国第一'口号下,即令背叛宪政运动亦无变节之嫌。古语有之:不诚无物。对于宪政不以为目的而当作手段,便是不诚;中国宪政至今不得成功,盖有由也。"③

---

① 梁漱溟:《谈中国宪政问题》,《梁漱溟全集》(第六卷),山东人民出版社1993年版,第493页。
② 同上,第494页。
③ 同上,第495页。

第四章
"势"和"理":中国宪政之道的范式反思

其次,应注意中国的宪政运动产生的外来因素。梁漱溟认为,"西洋真正的宪政运动,皆是从社会内部问题逼出来的,而我们民族自救,却是受外界压迫打击,自觉文化上种种不行,亟谋维新改造的运动。"① 如果东西方隔绝互不交通,东方国家不受近代西方的影响,中国还是中国。那么,即使有问题发生也必为旧历史之重演,也根本不可能产生近代宪政运动。"中国如不与西洋及西方文化有接触,而仍闭关自守,即使时至清末,或者有如明之抗元之事实发生,决不致有中山先生之革命运动。换言之,中国人民如仍属过其自给生活,其结果则反复演示一治一乱之现象而已矣;决不会有武昌之起义也。"② 而且,无论是前期还是后期的中国宪政运动,都是"感受外面一有力刺激而来",国人均是"太被动于外而缺乏自觉",故而"于自身历史固有文化终无认识",表现出一种"盲目学西洋"的心态。③ 在他看来,近百年来所要解决的"中国问题"有二:一是外面问题——对外求得民族独立、解放;二是内部问题——对内求政治和经济之改造,然而中国此内部问题也是"由外面引发的"。这种"引发",他认为主要表现为三个方面:一是"受外面压迫打击,激起自己内部整顿之要求";二是"受潮流之影响,领会得新理想,发动其对自己传统文化革命之要求";三是"外面势力及外来文化实际的改变了中国社会,将它卷入外面世界旋涡,强迫地构生一全新的'中国问题'"。④ 由此梁漱溟得出结论,中国宪政运动不是出于中国社会自身发展的需要。

实际上,梁漱溟所谓的"中国问题"是一个内涵丰富的范畴。一方

---

① 梁漱溟:《谈中国宪政问题》,《梁漱溟全集》(第六卷),山东人民出版社1993年版,第496页。

② 梁漱溟:《民众教育何以能救中国》,《梁漱溟全集》(第五卷),山东人民出版社1992年版,第481页。

③ 梁漱溟:《预告选灾,追论宪政》,《梁漱溟全集》(第六卷),山东人民出版社1993年版,第705页。

④ 梁漱溟:《谈中国宪政问题》,《梁漱溟全集》(第六卷),山东人民出版社1993年版,第496页。

面,民主宪政作为现代性发展的一般趋势要求,决定了中国需要民主亦需要宪政。另一方面,近现代时期的"中国问题"首要的是民族自救的生存问题,其次才是包括宪政在内的发展问题。在生存与发展问题上,发展常常是也理所当然地让位于生存。先有生存问题的解决,随后才有发展的可能平台。而民族自救的生存问题却非宪政所能奏效,相反,宪政却是前一问题解决后的自然结果,或者说,宪政是"中国问题"解决的"最后成果"。正是通过对宪政的"中国语境"的洞悉把握,梁漱溟在中国"宪政问题"上有了全新的认识。他说:"以前认宪政为救急仙方,今则知其为最后成果了",并由此强调"宪政可以为远图而非所谓急务"①。

(二)简单化的模仿、移植西方宪政不符合中国国情

纵观梁漱溟一生思想轨迹,制度移植和本土文化资源的问题构成他了始终关注的主题。通过对中西方社会结构、文化习惯的比较考察,他认识到了西方政治制度在中国行不通,模仿、移植西方宪政制度是"我们政治上的第一个不通的路",这可从以下三方面层层递进梳理:

从宏大视野上看,中国宪政运动缺乏必要的社会基础。作为中国宪政运动的见证者和探索者,梁漱溟认为,从表面现象上看,中国前期宪政运动的失败是袁世凯和其他军阀打击破坏的结果,实质上却是"那时全体社会",即中国缺乏实行宪政的社会基础。他说:"个人意识不是凭空来的;更且离开社会的支持,个人是没有力量的。说支持,不一定要积极支持而后为支持;消极容忍他,亦便是支持他了。"② 其实早在1921年出版的《东西文化及其哲学》中,他就指出:"西方政治所以不

---

① 梁漱溟:《谈中国宪政问题》,《梁漱溟全集》(第六卷),山东人民出版社1993年版,第498页。
② 同上,第491页。

第四章
"势"和"理":中国宪政之道的范式反思

能安设在中国之故,全然不是某一个人的罪过,全然不是零碎的问题。虽然袁氏野心,军阀捣乱,都不能不算一种梗阻。"① 甚至在后期宪政运动中,梁漱溟也认为:"即今日之国民党,党内种种不健全和失败,亦决不是某一个人的过失,或是某某等几个人的过失。"② 在漱溟看来,清末以来中国宪政运动仅仅是"少数知识分子所作的摹仿运动"③。他认为,宪政是多数人造成的秩序(宪法及一切其他制度法律等),要由多数人来维持它,而在中国大多数人那里是全然无此要求的。开始时只出自于少数知识分子,并且是以留日学生或受其激动感化的人为主。"连热心者附和者统算起来不能超过四万人。这在中国人全体里,只是万分之一。"从士农工商阶层构成上分析,"农工商三项人都不附和,士人亦只一小小部分"。④因此,这种少数人的"摹仿运动",不是"真要求","假使中西不交通,中国人自己发生自由要求,参政的要求,方为真的。而在当时,实在不过看见了外国的好,引起一种摹仿心理——是从外面引动的,不是自动的。天下事是自动的,是真要求,乃有结果;否则,多半无结果"。⑤ 正是由于中国宪政运动缺乏必要的社会基础,当遭到袁世凯等北洋军阀的打击和破坏时,"由于许多人助成他,尤其大多数人纵容他;宪政运动却日就分化、崩溃、动摇、没落"⑥,以至失败。

再往下探究,就是政治习惯的缺乏。梁漱溟认为,人类生活靠习惯。无论大事小事,无论在个人或群体,一切无不靠习惯。一种法律制度虽出于有意识的制定,但必须以具备相应的习惯为先决条件,否则是

---

① 梁漱溟:《谈中国宪政问题》,《梁漱溟全集》(第六卷),山东人民出版社1993年版,第491页。
② 梁漱溟:《自述》,《梁漱溟全集》(第二卷),山东人民出版社1990年版,第19页。
③ 梁漱溟:《我们政治上的第一个不通的路》,《梁漱溟全集》(第五卷),山东人民出版社1992年版,第140页。
④ 同上,第140—141页。
⑤ 同上,第141页。
⑥ 梁漱溟:《谈中国宪政问题》,《梁漱溟全集》(第六卷),山东人民出版社1993年版,第491页。

运用不来的。① 在他看来，政治制度与习惯之间关系重大，制度是依赖于习惯的。西方政治制度纵有千般好处，但在中国因为许多条件不够而无法建立起来，"许多不够条件中最有力量者即习惯问题。或关系其他条件而可以包括许多其他条件者即为缺乏习惯这一极重要条件"。而"中国社会之所以成为中国的社会，即是因为中国人有中国人的习惯"②，"决无法使中国人养成西洋式的政治基础（即是新习惯），决不能培养成此种新习惯，因为其中有梗阻处，有养不成处"③。通过对近代西方立宪史的考察可以发现，宪政是西方社会基于自身文化传统而自然演进的文化现象，一种习惯的产物。所以，梁漱溟认为："一种政治制度不寄于宪法条文上，却托于政治习惯而立。西方政制在我国并没有其相当的政治习惯，全然为无根之物。"如果仅凭几条约法或宪法条文，就使西方政治制度在中国建立起来，这无疑是天方夜谭式的幻想。譬如，英国宪政就是习惯的产物，甚至在一般习俗上与英国接近的美国人和法国人，由于其政治习惯与英国不同，模仿英国的政制尚且不成，更何况我国的一般习俗与英国迥异，要模仿英国政制的成功就更不可能。④ 在1934年《我的一段心事》一文中，梁漱溟以《临时约法》为例，分析那种简单模仿、移植西方政治制度的变革所以失败的根源，即在于新政治习惯的缺乏。他说："一般人都恨袁世凯解散国会，北洋军阀破坏约法；而我则以为国会的被解散，约法的被破坏，其病不在袁世凯个人或少数北洋军阀，而（在）多数民众没有那样的政治习惯，因而不会运用那样的政治制度。我那时心里很清楚新政治制度不是搭一空架子所能够建立起来的，问题焦点系在'习惯'。不要说中国多数人对于新政治制度尚不明

---

① 梁漱溟：《中国此刻尚不到有宪法成功的时候》，《梁漱溟全集》（第五卷），山东人民出版社1992年版，第468页。
② 梁漱溟：《自述》，《梁漱溟全集》（第二卷），山东人民出版社1990年版，第19—20页。
③ 同上，第22页。
④ 梁漱溟：《谈中国宪政问题》，《梁漱溟全集》（第六卷），山东人民出版社1993年版，第491页。

了，就是已经完全明了，亦未必就会运用建立，因缺乏在事实上熟练进行的习惯故也。"① 他得出结论："政治改革的所以不成功，完全在新政治习惯的缺乏；换言之，要想政治改革成功，新政治制度建立，那就非靠多数人具有新政治习惯不可了。"② 基于上述认识，他强调"中国需要民主，亦需要宪政；不过民主宪政在中国，都要从其固有文化引申发挥，而剀切于其当前事实，不能袭取外国制度"③。"中国人今后必须断绝模仿之念，而自本自根，生长出来一新政治制度才可以"④，即必须创建一种适合中国自身文化传统及政治习惯的"新的政治制度"。

再则进一步细究起来，更在于中西方人生态度或"民族精神"迥异。梁漱溟认为，这是西方宪政制度不能在中国确立的根本原因。"西洋这种制度所由产生，全在其向前争求不肯让步之精神。所争求者，一是个人种种自由权，二是预闻公事的公民权（或参政权）。这些问题一经确定下来，便步入宪政，而且宪政所赖以维持而运用者，还靠此精神。"如果不是大家各自爱护其自由，抱一种"有犯我者便与之抗"的态度，那么，许多法律条文都会空无效用，如果不是大家关心其切身利害问题，时时监督其公事之进行，那么，大权立即为少数人所窃取。所以，"这种精神，实在是宪政的灵魂"。然而，1911年辛亥革命以来，中国只是徒袭有西方宪政制度形式，而大多数人民的根本精神却不能"与之相应"。这是因为，"个人自由之神圣观念，'不自由毋宁死'的口号，中国人本缺乏"⑤。而早在1921年《东西文化及其哲学》一文中，他就指出："今日之所患，不是争权夺利，而是大家太不争权夺利。"因此，

---

① 梁漱溟：《我的一段心事》，《梁漱溟全集》（第五卷），山东人民出版社1992年版，第533页。
② 同上。
③ 梁漱溟：《预告选灾，追论宪政》，《梁漱溟全集》（第六卷），山东人民出版社1993年版，第700页。
④ 梁漱溟：《谈中国宪政问题》，《梁漱溟全集》（第六卷），山东人民出版社1993年版，第492页。
⑤ 同上，第498页。

他强调"只有大多数国民群起而与少数人相争,而后可以奠定这种政治制度。"①

在中国近代百年宪政思潮中,梁漱溟是较早地从民众习惯和社会结构的关系方面揭示了近代中国宪政不能建立的深层原因。他对于"习惯"之于制度关系的分析无疑是理性而深刻的。他认为某种法律制度虽然出于意识的制作,却依赖于相应的习惯。他将宪政的实施成功与否与中国的社会结构、政治习惯、民众观念意识诸因素联系起来考察,以此告诫国人简单的模仿移植是难以奏效的,这正是亨利·梅因所说的"宪政出于成长,而非出于制造"之理。而这种关于中国宪政问题独特的思考视角,直到20世纪90年代当代学者梁治平那里亦可以找到相似的文化理路,他在《宪政译丛》的总序中说:"中国自有宪法已将近百年,然中国之宪政建设尚待完成。盖宪政之于宪法,犹如法治之于法制,其盛衰兴废,不独受制于法律之制度,更取决于政制之安排、社会之结构、公民之质素与民众之信仰。故修宪法虽易,行宪政实难。吾人行宪政之难,犹在此理念与制度皆出自西域而非生于本土。"② 从此一意义上说,梁漱溟数十年前之所论真可谓是"金钟大吕之声",不时警醒国人,难能可贵。

(三) 应理性地认真对待中国"宪政问题"

正因为如此,基于对中国"宪政问题"长期思考与探寻的结果——这些"新观念"认识,从20年代中期以后,在许多知识分子"醉心"于中国宪政运动而为之摇旗呐喊的时候,梁漱溟开始保持着一种"独醒"的冷静意识,对这种在他看来称不上"真正的宪政运动"不再附和

---

① 梁漱溟:《谈中国宪政问题》,《梁漱溟全集》(第六卷),山东人民出版社1993年版,第491—492页。

② 梁治平、贺卫方主编:《宪政译丛》,三联书店1996—2002年版,共11种。

第四章
"势"和"理":中国宪政之道的范式反思

而采取静观态度。如他后来回忆说:"民国十八年胡适之焦易堂诸先生,有人权运动之倡导。倒退廿年我必算一份,倒退十五年(约法初被破坏后)我或者更热心,但此时却无意附和。"① 1926年以后,梁漱溟甚至还不时给当时种种所谓的宪政活动泼冷水。例如1934年,国民党玩弄"结束党治"、"还政于民"的伎俩抛出所谓的《中华民国宪法》(史称《五五宪草》),当国民政府公布该宪法草案征求国人"批评意见"时,他在《大公报》上公开发表了题为《中国此刻尚不到有宪法成功的时候》的批评文章。他指出:"最近立法院将宪法草案公表,征求批评意见,仿佛再经一定程序便将有宪法成功。按理说,正在建设新国家的中国人,对于这组织国家的根本大法,应当如何注意,如何热心讨论。然而今之宪法草案似乎并没有得到它所应有的际遇。"并一针见血地指出:"中国此刻尚不到有宪法成功的时候。制宪不是眼前之急务。制出来,其不过与过去几度制宪同其命运。"② 1944年当国民党政府在国防最高委员会内设立宪政实施协进会时,邀其参预其事,梁漱溟拒绝参加。在给秘书长邵力子的答复函中,他再次表示"宪政可以为远图而非所谓急务","盼望政府实践民主精神,而宪政却不必忙"。③ 他进而提出了四条意见:一是"眼前迫切需要的,为国内之团结统一;我祝望国人以来宪政者,求团结统一"。二是"实现团结统一为谈宪政之前提;却不是从宪政可以达团结统一者"。三是"民主精神实为团结统一所必需;没有或少些民主精神则团结不可能,不如以团结统一责勉于执政方面;随着团结统一,自然带来了民主精神自由空气"。四是"对于宪政不晓得爱

---

① 梁漱溟:《谈中国宪政问题》,《梁漱溟全集》(第六卷),山东人民出版社1993年版,第498页。
② 梁漱溟:《中国此刻尚不到有宪法成功的时候》,《梁漱溟全集》(第五卷),山东人民出版社1992年版,第466—467页。
③ 梁漱溟:《谈中国宪政问题》,《梁漱溟全集》(第六卷),山东人民出版社1993年版,第487页。

惜，不晓得郑重其事，便是宪政的罪人，愿国人警觉"。① 1945 年抗战胜利后，梁漱溟再次批评那种"为宪政而谈宪政"的形式主义做法，认为这种"以宪政作手段玩，是难望它由此而成功的。'弄假成真'的事，毕竟不多；'不诚无物'，则古有明训"②。强调国人当前首先应在"民主团结统一"的实现办法上下功夫，认为它的实现办法就是"顶好的宪政"，或者说是"中国宪政初步"。他说："我愿国人心思都用在求民主团结上，不离开这里一步。如是，民主团结必可实现。当它实现之时，自必有个具体办法。这个具体办法，果为朝野各方所公认，而且信守不渝，我以为这就是一种顶好的宪政。因为宪政原无定型，其要点只在宪章宪法之确立；而宪章宪法云者，亦不过是公认的规约，为代表国家的政府机关与人民之间、或各机关相互间所必尊重奉行者而已。那个实现全国民主团结的具体办法，正是这样一类东西，则实行起来，如何不是宪政？其所以又谓之顶好的宪政者，因为制度或办法自身原无所谓好坏，要视其是否适于需用，果能实现了全国民主团结，即已切合此时此地事实需要，如何不是顶好的宪政呢？我以为宪政要这样谈，方不失于亲切自然，简易平实。"③ "宪政无定型而有其通义；试求之世界宪政史，便可知道。中国要走上宪政的路，是没有疑问的，而以其时机来讲，则方式正不外如此。但它是以此时机开始，以此方式开始；并不是说中国的宪政就止于这样。假使为说话方便起见，而说它是中国宪政初步，亦未尝不可。"④ 这些在在都反映了他认真对待中国"宪政问题"的理性自觉。

梁漱溟这种不附和、不参与的冷漠静观的态度，给人造成了一种他

---

① 梁漱溟：《谈中国宪政问题》，《梁漱溟全集》（第六卷），山东人民出版社 1993 年版，第 499 页。
② 梁漱溟：《论当前宪政问题》，《梁漱溟全集》（第六卷），山东人民出版社 1993 年版，第 557 页。
③ 同上，第 558 页。
④ 同上，第 566—567 页。

反对宪政的误解,被时人看作是阻扰宪政的保守分子。其实,梁漱溟从来就不曾反对一般意义上的宪政。透过其"冷漠"的态度表象,正如梁漱溟在《谈中国宪政问题》一文中道出了自己的心声:"我岂是反对宪政吗?我是爱惜宪政啊!"① 呼求民主、宪政的心情已跃然纸上了。许章润在研究了梁漱溟的法律思想后指出:"梁漱溟所思虑到的,不再是肤浅层面上的要不要的常识问题,而是对于在"老中国"基础上建设"新中国"的种种困难、处处牵扯,较他人具有更为清醒的认识,怀持更为理性的态度,而诉诸更为长程的通盘考虑;他所反对的也不过是那种无视中国社会的特性,对欧美式宪政的照单全收,尤其对以宪政为名目而逐求一党一人私欲之深怀怵惕,对以为单凭一纸许愿式的宪法,就想要改变人们的政治习惯的天真之深不以为然;他对党派强势导演的立宪闹剧之冷眼旁观,正彰显了其特立独行的理性自觉。"②

三、筚路蓝缕:中国宪政之道的范式思考及其实践探索

如果说梁漱溟从"势"和"理"入手精当地把握了宪政的本质和"真精神",并以理性的态度分析了清末以来中国宪政运动之西方模式的种种移植困境和误区,对中国政治现代转型的长期性、复杂性和艰巨性也有了较为深入的冷静而清醒认识,那么作为中国"宪政问题"困境的一种文化回应,梁氏的致宪思路开始由西方化转向立足于本土的范式转变。

---

① 梁漱溟:《谈中国宪政问题》,《梁漱溟全集》(第六卷),山东人民出版社1993年版,第499页。

② 许章润:《说法·活法·立法——关于法律之为一种人世生活方式及其意义》,清华大学出版社2004年版,第122—123页。

（一）范式转变：中国宪政化建构的文化取向——认识论问题①

基于宪政之中国语境的理性考量，梁漱溟从根本上认为所谓的"中国问题"，"与其谓之政治问题，毋宁谓之为文化问题"。② 在他看来，一方面近代中国对"自由"、"民主"等的现代性诉求，是在中西文化的接触、比较中产生的："良以由文化之接触，文化之比较而引起中国人民政治上文化上之要求也。吾人目见西洋人之自由平等，多数人之政治，发生极大之羡慕，从而启发中国人之新理想，推翻皇帝之制度。"③ 另一方面，中国文化在与西方文化碰撞与交融过程中，却因无法适应现代性发展而被冲击、"破坏殆尽"，而以"自由"、"民主"等为内涵的新文化又未能建立，以至于近代中国社会"在此青黄不接前后无归的过渡时期，遂陷入混乱状态"。④ 漱溟由此认定："中国问题并不是什么旁的问题，就是文化失调——极严重的文化失调。其表现出来的就是社会构造的崩溃，政治上的无办法。"⑤ 既然中国问题的根源在于"文化失调"，在于"其千年相沿袭之社会组织构造既已崩溃，而新者未立"，那么解决中国问题的办法就不是对谁革命，而是改造文化，"中国问题所应下的功夫，在文化之培养与建造，或者有一日不能免于内部爆发与推翻旧

---

① 这里所谓的"认识论"与下文论及的"方法论"都是哲学所探讨关注的命题。从哲学上论，二者都作为思维而存在，是抽象的。在马克思主义哲学中，认识论与方法论二者有机契合过渡，即通常说"哲学既是认识论又是方法论"。个人认为，认识论问题是指认识作为一种现象的规律和表现，而方法论问题是指实现目标的手段的哲学意义／表现。人们通过方法论来探求一种认识事物的普遍方法，这种思考所得出的结论是原则性的，是可操控的、有趋向性的理念；而认识论与方法论的区别在于它是一种反思，是先验的，而非可操控的。

② 梁漱溟：《民众教育何以能救中国》，《梁漱溟全集》（第五卷），山东人民出版社 1992 年版，第 481 页。

③ 同上，第 481 页。

④ 梁漱溟：《乡村建设大意》，《梁漱溟全集》（第一卷），山东人民出版社 1989 年版，第 615 页。

⑤ 梁漱溟：《乡村建设理论》，《梁漱溟全集》（第二卷），山东人民出版社 1990 年版，第 164 页。

秩序之事实；但就目下言之，实无旧秩序可以推翻，惟有从正面培养文化，补充文化，建造文化。而建造新秩序之问题，乃培养的问题。如民主政治为社会的一种秩序，但民主政治之实现，厥为先使多数人具备民主政治之常识，了解民主政治之意义而后此种秩序方可造成"。① 所以，从"文化失调"论出发，梁漱溟始终认为"政治的根本在文化"②，中国政治问题的解决首先要从文化上入手，而文化不过是"一民族生活的样法"③。这是他思考中国宪政之道的的基本出发点。

在梁漱溟看来，社会结构是文化的骨干，法制、礼俗则构成文化的最重要部分，有什么样的社会结构就有什么样的文化。具体说来，与西方的"个人本位、阶级对立"不同，中国本是个"伦理本位、职业分立"的社会。而作为政治重要内容的宪政也是由文化所决定的。由于文化特殊而导致宪政特殊。查考欧美宪政国家，任何一国宪政的成长背后都离不开本国文化传统的支撑，并分别形成了自己的宪政模式。所以，梁漱溟深刻指出："宪政无定型而有其通义。"④ 也就是说，文化的特殊性、民族性决定了宪政并没有固定的模式，一国致宪成功与否关键在于把握宪政的本质和"真精神"，而不在于宪政模式的机械模仿、移植。换句话说，只要坚持了民主宪政的精神，并不一定照搬西方的政治制度。他批评清末以来那种忽视文化的特殊性盲目地醉心于模仿、追趋西洋，甚至于厌弃反抗本民族文化传统——所谓"为外力破坏所引起"的民族自救反成为自乱，是"自力破坏"或者说"自觉破坏"，与"外力

---

① 梁漱溟：《民众教育何以能救中国》，《梁漱溟全集》（第五卷），山东人民出版社1992年版，第486页。
② 梁漱溟：《政治的根本在文化》，《梁漱溟全集》（第六卷），山东人民出版社1993年版，第686页。
③ 梁漱溟：《东西文化及其哲学》，《梁漱溟全集》（第一卷），山东人民出版社1989年版，第352页。
④ 梁漱溟：《论当前宪政问题》，《梁漱溟全集》（第六卷），山东人民出版社1993年版，第566页。

破坏"相较,其影响和作用尤烈。① 这是中国社会几十年动荡不安、无法实现政治转型的原因。与此形成鲜明对照的是,同样受到西方殖民压迫的邻国日本,由于重视本国文化传统通过明治维新而实现了政治转型,其成功即在于"改革之中尚有因袭,其制度有一变化而未中断"。"维新与复古同时,借新朝气以充实旧系统;借旧精神以吸收新文化。"② 另一方面,面对西方现代性成就的冲击,"一般人最大错误,是只看见中国不及西洋的一面,而不知中国尚有高过西洋的一面"③。按照漱溟的看法,中国文化具有两大特征:"人类理性开发的早","缺乏团体组织的生活"。④传统中国社会"向里用力"人生态度势必欠缺团体组织的生活而散漫无力(具有四大表征:缺乏公共、国家观念;缺乏纪律习惯;缺乏组织能力以及缺乏法治精神),这是中国传统文化需要加以补充、培养之处。但按照他的文化发展"三阶段"理论公式,由于传统中国"理性开发的早"所形成的以"好善改过的人生向上、父慈子孝的伦理情谊"为标杆的民族文化精神,是高越于西方一个发展阶段。甚至西方学者罗素亦曾承认:"中国人之特长为人生目的之正当概念(A just conception of the ends of life)。"⑤ 而中国这种文化精神,原本也是"人类精神,不过一向郁而未发。但在不久之将来,时机一到,它便发出来了。"⑥ 漱溟由此自信地指出,"近代西洋人生态度,将届功成身退,代之者便是原初中国人生态度。""中国就是以其人生态度贡献给世界,而

---

① 梁漱溟:《乡村建设理论》,《梁漱溟全集》(第二卷),山东人民出版社1990年版,第200页。
② 同上,第156页。
③ 梁漱溟:《中国文化问题》,《梁漱溟全集》(第六卷),山东人民出版社1993年版,第109页。
④ 梁漱溟:《中国文化的两大特征》,《梁漱溟全集》(第六卷),山东人民出版社1993年版,第135页。
⑤ 梁漱溟:《中国以什么贡献给世界呢?》,《梁漱溟全集》(第六卷),山东人民出版社1993年版,第462页。
⑥ 同上。

第四章
"势"和"理":中国宪政之道的范式反思

为世界和平奠立其基础。"① 漱溟确信,中国政治的现代化首先必须且只能依靠和遵循中国的文化传统,以及近代以来中国受西方殖民压迫、政治权威衰微的现实国情,从"自家开路来走",卓有成效地进行各种社会政治改革,这是解决中国问题、实现通往宪政的可能路径。显然,梁漱溟上述这些认识和立场,既与盲目地主张全盘西化者根本不同,也与封建顽固的守旧派存在着差异。

概而言之,在深刻肯认西方文化精神产生了"合理"、"巧妙"的政治制度的同时,梁漱溟明确主张应放弃完全模仿西方的政治制度,认为要真正解决中国政治问题,关键"要以固有文化和英美苏联两大派文化做比较研究",沟通中西,"深明其异同之故","妙得其融通之理"。② 他强调中国式的民主宪政只能从固有文化引申发挥,从儒家文化传统与西方民主宪政精神的融通之处,把西方民主精神、民主制度"迎接进来",从而建立起以传统文化为基础,以中国人的民族心理和基本的人生态度为依托,植根于本土,以补充、引申和培养符合现代政治文明发展的新礼俗、新习惯为中心,以国家的政治团结统一为前提,逐步推演形成中国式的民主宪政。

可以看出,在传统与现代的问题上,作为"最后的儒家"的梁漱溟独辟蹊径,宣称要探寻的"中西融通"之路以实现中华文明的现代复兴,这一文化路径虽明显地带有了晚清以来"中体西用"论的文化痕迹,以及对"文化决定论"的唯心主义偏执倚重,其结论甚至也不乏矛盾和偏颇之处,但是不可否认他在传统的现代性面相问题上的文化探

---

① 梁漱溟:《中国以什么贡献给世界呢?》,《梁漱溟全集》(第六卷),山东人民出版社1993年版,第458页。
② 梁漱溟:《预告选灾,追论宪政》,《梁漱溟全集》(第六卷),山东人民出版社1993年版,第720页。

索，仍是富有启发性的。① 当代海外学者杜维明在《东亚现代性中的儒家传统》一书中，曾深刻揭示了一个重要命题："传统在现代性之中"，而不应是人们通常所说的"从传统到现代"，并告诫人们：塑造现代性，不能忽视传统的因素。② 余英时亦曾说过："我不承认一切儒家价值都和现代文化处于势不两立的地位，相反的，我认为儒学的合理内核可以为中国的现代转化提供重要的精神动力。"③ 亦如学界所论，任何一个民族都不可能彻底抛弃自己的文化传统另起炉灶来实现现代化，近现代历史事实已印证了，那种否定自身的文化传统最终只能加剧中国社会的混乱和困境。同时，传统也不是一成不变的，并不是与现代化完全断裂、截然对立的。相反，传统是现代的起点，传统与现代化应是一个连续的生机勃勃的过程。如果能正确认识与合理运用传统中适应现代的部分，依据现实对前现代的文化传统进行改造和创新，则传统与现代的两难并不是绝对不能克服的。④

（二）习惯重建：中国宪政化建构的方法论问题及实践探索

一部人类社会法制史告诉我们，在世界上大部分国家，习惯是法律的重要渊源之一，是构成一国法律体系的基础。恩格斯指出："在社会发展某个很早的阶段，产生了这样一种需要：把每天重复着的产品生产、分配和交换用一个共同规则约束起来，借以使个人服从生产和交换

---

① 在传统与现代问题上，梁漱溟从根本上重视固有文化传统之于政治制度变革的意义，同样可以从当代西方制度经济学家诺思所揭示现代化变革"路径依赖"理论找到相似的理据。按照诺思的看法，人们过去做出的选择决定了他们现在可能的选择，否则极易陷入"路径闭锁"的困境。
② 曾明珠整理：《儒家与自由主义——和杜维明教授的对话》，哈佛燕京学社、三联书店主编：《儒家与自由主义》，三联书店2001年版，第16页。
③ 余英时：《现代儒学的回顾与展望》，三联书店2004年版，第263页。
④ 曹骏扬：《在传统与现代的两难中寻求新路——由中西文化比较试析梁漱溟的法文化观》，《社会科学》2005年第5期。

的共同条件。这个规则首先表现为习惯，不久便成了法律。"① 在卢梭看来，包含风尚、习俗、舆论等在内的习惯是所有法律中最重要的一种，"这种法律既不是铭刻在大理石上，也不是铭刻在铜表上，而是铭刻在公民们的内心里；它形成了国家的真正宪法；它每天都在获得新的力量；当其他的法律衰老或消亡的时候，它可以复活那些法律或代替那些法律，它可以保持一个民族的创制精神，而且可以不知不觉地以习惯的力量代替权威的力量"②。自然地，政治习惯的现代重建构成了梁氏阐析中国宪政之道的关键所在。

如前所述，梁漱溟认为，要建立一个真正的宪政国家，不是宣布一个宪法，或者改一个国名（即所谓的"民国"）就实现了。民主宪政的实现首先需要有一个民众认知的习惯基础。因为宪政只是基于习惯的一种生活方式，在日常生活中养成的习惯是一种相应的政治制度的基础。然而，中国传统社会特别倚重礼俗、教化，人民仿佛只有社会生活而没有国家生活，社会秩序依赖于礼俗自发地维系着，而"无假乎上面的法律。"因此他强调，今后中国社会发展趋势，仍应遵循这一传统理路而致力于"新礼俗之创造"。"一切经济的政治的组织构造要与礼俗表著之，确定之"，而不是简单地"以法律替换过礼俗"。他的结论是："中国将来亦许会有一部宪法，但必待这新礼俗养成后才行。"所以，中国要实施宪法"是很慢的，前途尚远。"③ 那么，在中国宪政化建构中，能否先立宪再培养新礼俗习惯？梁氏更是直白地给出了否定答案："不行。此刻没有宪法可以制出。"④ 即使有了所谓的制宪，因缺乏"势"和"理"而与宪政的"真精神"相悖，亦非宪法。所以，梁漱溟从制度与习

---

① 恩格斯：《论住宅问题》，《马克思恩格斯选集》（第3卷），人民出版社1995年版，第211页。
② ［法］卢梭：《社会契约论》，何兆武译，商务印书馆1980年版，第82页。
③ 梁漱溟：《中国此刻尚不到有宪法成功的时候》，《梁漱溟全集》（第五卷），山东人民出版社1992年版，第468页。
④ 同上。

惯的关联考察中，断然否定了清末以来在探索中国政治现代化过程中简单地移植西方宪政的形式主义或工具主义做法。他说："参政权、自由权，虽然在你看是好东西，但人们自己未起需要，你送到他面前，他亦是不接受的；强递给他只有打烂了完事。"① 认为如果"不从根底上为整个社会重建一新机构的工夫，而只是想消极地消灭军阀，或片面的安设一政治制度（起草中国宪法，讨论民主抑或独裁），都是梦想"②。

梁漱溟认为，今日中国问题在于：近代以来现代化大潮的强势冲击下，数千年相沿袭的中国全套社会组织构造既已崩溃，而新者又未立。这既是政治制度问题，深层次上讲更是社会问题。面对这样一种困境，他认为中国政治现代化必须从社会结构或社会基础改造开始，他说："我因从中国政治问题直接的刺激烦闷而注意到抽象的政治制度问题；后来才发现了制度问题也就是习惯问题；今再换句话说，就是社会的组织构造问题。"③ "我先前以为政治制度是如此，现在却明白整个的社会，社会的一切，皆是如此，总须从头上起，另行改造。"④ 他确信，如果社会结构或社会基础不改变，中国的政治现代化将无从实现。要实现传统向现代的政治转型，必须从基层的乡村工作做起，从小范围地方自治入手，通过"乡村建设"，建立团体组织，逐渐培养形成农民参与社会事务的空间，培养农民的新型政治习惯，以奠定国家政治现代化的基础。

在梁漱溟看来，国家为一个团体，国家的生活即团体的生活。那么，培养所谓新型政治习惯就是要培养团体生活之习惯以形成"团体力"。这包括注意力和活动力两方面内容。他认为新政治习惯的培养应当从这两方面下手。他说："我心目中所谓新政治习惯可分两方面言之：

---

① 梁漱溟：《我们政治上的第一个不通的路》，《梁漱溟全集》（第五卷），山东人民出版社1992年版，第141页。
② 梁漱溟：《乡村建设理论》，《梁漱溟全集》（第二卷），山东人民出版社1990年版，第165页。
③ 同上，第161页。
④ 梁漱溟：《自述》，《梁漱溟全集》（第二卷），山东人民出版社1990年版，第27页。

第四章
"势"和"理":中国宪政之道的范式反思

其一即团体中之分子,对于本团体或公共事务之注意力须培养起来;又其一即为培养其活动力。因为既经有了注意力即有'要如何'之方向,发生是非利害赞成反对等意思并奔走活动。希望活动力大,非团体中人对于此种活动发生与兴趣不可;活动力不大,则团体无生气、无进步。我们要培养新的政治制度习惯,即是要培养分子的注意力活动力或是团体力。"① 梁漱溟认定,以政治习惯的现代重建为核心主旨的"乡村建设运动","实为吾民族社会重建一新组织构造之运动"。② 从 20 世纪 20 年代末开始至抗战前,梁漱溟身体力行,先后在河南、山东等地进行了乡村建设运动的一系列实验。梁漱溟关于乡村建设的具体构想,是建设一种新型的乡村自治组织。其具体实施方案就是,取消区公所和乡公所,依托乡农学校(乡学、村学)这样一个集行政、教育功能一体的、由全体公民组成的团体组织,教育、训练一般民众对团体生活及公共事务的"注意力"和"活动力"。强调在中国人生活习惯的基础上,努力将近现代民主宪政精神引申、运用、培植到中国社会最底层的乡村,以完成中国社会基础的转型改造。

值得注意的是,在习惯之于宪政的关联考察中,梁漱溟关于政治习惯问题的学思历程在 20 年代初前后是有某些体悟变化的。正如他在自述中曾指出的:"我彼时注意政治习惯问题很自然的转变到乡村自治(即今日之乡村建设)的主张,实在说来,尚不能算是深刻。因为彼时我虽然觉悟到中国如果要实现西洋式的政治制度,非先从培养此种制度之基础即养成新习惯入不为功。而未悟此种制度原不能实现于中国。"③ 大致在民国十年(1921 年)以前,梁漱溟一方面虽体悟到应从中国文化开发出来的一种较高精神,但在同时仍信服于西方政治制度为中国实现

---

① 梁漱溟:《自述》,《梁漱溟全集》(第二卷),山东人民出版社 1990 年版,第 21 页。
② 梁漱溟:《乡村建设理论》,《梁漱溟全集》(第二卷),山东人民出版社 1990 年版,第 161 页。
③ 梁漱溟:《自述》,《梁漱溟全集》(第二卷),山东人民出版社 1990 年版,第 22 页。

现代化的必由之路,认为如果中国能建立西方式政治制度,则经济、工业等等问题都将迎刃而解。"洎乎民国十一年至民国十六年间,才切切实实认识了,决定了西洋政治与中国不能相连。中国虽然可以有政治制度,但决不是近代西洋的政治制度。经过此番觉悟之后,即坚决而肯定了我的主张,从乡村起培养新政治习惯,(与先前所主张者,表面上虽相同,而实在则有别也,其大别不在答案之形式,而在有此答案之由来。)培养中国式的新政治习惯,而不是西洋式的。"① 即便如此,但经由"乡村建设"路径求得政治习惯的现代重建、培育现代民主精神,通过创造制度的前提基础以臻至宪政社会的文化路径却是梁漱溟的不变思想轨迹。在此理论预设下,"乡村建设"是过程、手段,宪政则是自然而然的"最后成果"。那么,通过"乡建"而臻于宪政又何以可能?用漱溟的话来表述,可分梳如下:一是"求中国社会的真实进步,平均发展,俾与建国的理想要求相适应。不望高山说高话,且从平地向上爬"。二是"从事实问题探求经济上政治上的新路向,即是养成新生活习惯、新礼俗,以建立中国新社会的组织构造"。三是"迎着历史命运走,推着历史车轮转,转到中国人一个差不多共同的问题上来,从而条理出其差不多一致的意思要求,产生一部真宪法"。② 他坚信,只有在完成中国社会基础的现代转型改造,逐渐生成"势"和"理"后,才可能求得"真宪法"。正是由于乡村建设运动的目的和意义在于:"为中国社会培养其新政治习惯,而努力一新政治制度之产生。"③ 而且,乡村建设是中国真正能实现人权、实现民主宪政的根本和最好的准备。所以,他直截

---

① 梁漱溟:《自述》,《梁漱溟全集》(第二卷),山东人民出版社1990年版,第24页。
② 梁漱溟:《中国此刻尚不到有宪法成功的时候》,《梁漱溟全集》(第五卷),山东人民出版社1992年版,第470页。
③ 梁漱溟:《谈中国宪政问题》,《梁漱溟全集》(第六卷),山东人民出版社1993年版,第492页。

第四章
"势"和"理":中国宪政之道的范式反思

了当地宣称:"乡村建设运动便是我的宪政运动。"① 强调"果有心乎制宪,且先从事乡村建设运动"②。上述这些认识正反映梁漱溟为何始终强调"制宪非急务"而应为确定不移之"远图"的深刻理路之所在。

然而,乡村建设运动随着日本帝国主义侵略而告辍。究其原因,"乡村建设"道路作为梁漱溟对晚清以来中国宪政化运动批判反思的产物、解决中国问题的政治路径设计,试图实现"以建设完成革命、以进步达到平等"的社会改造目标,这就混淆了革命与改良的性质。1952年他在反省中承认自己误以改良为革命,"假如不是今天有中国共产党革命的成功,我始终会认定我走的是中国革命唯一正确之路,始终不会发觉自己是改良主义"③。这样一条渐进式的社会改良进路,决定了他未能从根本上认清阻碍中国现代化进程的根源,更不可能找到解决中国问题的根本路径。由于对秩序的渴望使得梁漱溟从根本上反对暴力革命,仅仅是对现存政权怀着无奈的态度,试图以建设的手段来解决革命问题并最终改造政府,以至于未能正确区分革命和建设的关系。认识上的误区势必导致实践上的困境和顿挫。他虽不相信政府,甚至力图避开政府,对当时统治者推行的种种"宪政"闹剧始终是持排斥的态度,但在具体实践上又不得不在现存政权的支持下(例如山东军阀韩复榘),走"乡村建设"的中国式宪政之路,表现出一种两难的困顿心态。关于乡建运动的困境,民国二十四年(1935年)10月梁漱溟在反省中就觉察到乡村建设的"两大难处":一是"高谈社会改造而依附政权";二是"号称乡村运动而乡村不动"。依附政权是乡建运动本身面临的一个深刻的悖论,正如他所承认的那样:"既说社会改造,那就不应当接近政权,依

---

① 梁漱溟:《谈中国宪政问题》,《梁漱溟全集》(第六卷),山东人民出版社1993年版,第498页。

② 梁漱溟:《中国此刻尚不到有宪法成功的时候》,《梁漱溟全集》(第五卷),山东人民出版社1992年版,第470页。

③ 梁漱溟:《我的努力与反省》,《梁漱溟全集》(第六卷),山东人民出版社1993年版,第950—951页。

靠政权。""你就应当夺取政权来完成社会改造!你既不否认他,而又顺随他在他底下活动;那么,你本身就失掉了革命性,义怎么能完成社会改造呢?""我们要求社会大改造,而实际上靠现政权作事,这是一个大予盾!"① 至于乡村不动问题,同样与乡建运动的社会改良性质有关。他承认:"我们是走上了一个站在政府一边来改造农民,而不是站在农民一边来改造政府的道路。……我们与农民处于对立的地位。"② 除了知识分子与农民天然的"心理不合"外,还有现实的原因,例如,"农民为苛捐杂税所苦。而我们不能马上替他减轻负担;农民没有土地,我们不能分给他土地。他所要求的有好多事,需要从政治上解决,而在我们开头下乡工作时,还没有解决政治问题的力量。那么,当然抓不住他的痛痒,就抓不住他的心"。③ 由于不能通过革命的手段真正解决农民的赋税、土地问题,不能反映和代表农民的利益要求,这场乡建运动自然地不能获得广大农民的支持和响应,"乡村不动"在所难免。

在宪政中国何以可能问题上,梁漱溟对"中国问题"和"宪政问题"的理性反思,以及在"乡村建设"中试图融入现代民主宪政观念实现传统文化的现代性转化,这些种种文化努力和实践探索尽管有很大的局限性,事实证明也是不成功的。但又不可否认他立足于中国,尝试符合中国国情的宪政之路的文化探索,既使决意走仿效西方宪政之路"移植论"者以警醒,也给有志于探索中国式的民主宪政之路"本土化"的人士以更多的启迪。毕竟,中国的政治转型过程本身就是一个不断"试错"、现代性探索累积的过程。甚至在梁漱溟致宪思路中所思虑的许多问题直至今日,仍是中国政治转型过程中必须迈过去的"坎"。这正是后人应当重视、值得重温的思想资源。正如美国学者艾恺所论:"并非

---

① 梁漱溟:《我们的两大难处》,《梁漱溟全集》(第二卷),山东人民出版社1990年版,第573、574页。
② 同上,第581页。
③ 同上。

第四章
"势"和"理"：中国宪政之道的范式反思

任何事都宜于根据我们眼见的成败去认识和估量。多次去邹平后，我觉得本来是他对了。他提出的确实是建设中国的长期方案——他的思想在当下不易为人们所接受。不过，一百年后回顾20世纪中国的思想家，或许只有他和少数几个人才经得起时间的考验，而为历史所记住。"①

---

① ［美］艾恺：《最后的儒家——梁漱溟与中国现代化的两难》，江苏人民出版社1995年版，第4页。

第五章 "全盘西化"：宪政"中国化"的"反动"

在中国宪政问题上，既与从梁启超到张君劢那种意在将西方自由主义宪政统摄于中国民族文化的有机传统的文化进路不同，也与中国现代自由主义的大师胡适虽以"充分西化"为进路，但却用心良苦地通过"整理国故"，试图从中国文化传统资源中整理、挖掘、导出与西方自由主义宪政观念相似的意义符号不同，更与梁漱溟认为中国仅能从固有文化传统中引申出"中国式"民主宪政的文化进路截然相反，陈序经以极端文化激进主义者的姿态，全面否定了中国政治文化传统资源的现代价值或可能的启发和转换意义，主张"全盘西化"才是解决中国宪政问题、实现政治现代化的不二法门。作为对宪政中国化的一种"反动"，其另类思维中所蕴含的内涵及其意义也许同样值得人们思考。

一、"全盘西化"的提出及其理论基础

正如有学者指出："20世纪上半叶中国学术界大多浸透着一种特有

第五章 "全盘西化"：宪政"中国化"的"反动"

的学术传统和学术风格，就是"善于'用文化的眼光'研究各类问题。"① 与同时代大多数思想家相似，陈序经同样认为："中国的问题，根本就是整个文化的问题。想着把中国的政治，经济，教育等等改革，根本要从文化着手。"② 在文化问题上，陈序经自称很早就对文化问题产生了兴趣。早年的南洋华侨生活经历、青年的教会学校学习以及留学欧美期间的游历考察，使他对中西文化的巨大反差深有感触，在直接的文化优劣、高下对比中，通过亲身体验和吸收西方先进文化学理论，逐渐形成了"全盘西化"论。按照陈序经本人的说法，早在 1928 年留美归国后不久，他就提出了"全盘西化"的主张。他在 1937 年夏完成的手稿《全盘西化论》中曾提到："十年前卢观伟、陈受颐两位先生与我，同事广州岭南大学，对这种主张曾轮流作过十余次演讲。全盘接受西洋文化的口号，遂为岭南的流行语。此后岭南的教授与学生们，对于这个问题，不断地加以讨论。此外我个人又在广州各校，作过好几次演讲。在文字方面，我在民国十七年十一月的《广州民国日报》曾发表一篇《再开张的孔家店》，动机就是评论孔祥熙先生当时提议保护孔林孔庙的理由，而目的却是指出全盘西化的必要。"③ 在随后的 1929~1931 年间留德生活中的所见所闻所思，则进一步坚定陈序经的"全盘西化"意识，"感觉到我在美国时及在岭南时所主张的全盘西化的理论是解决中国文化的出路，是解决中国问题的方法"。1934 年陈序经的《中国文化的出路》出版，则标志着系统完整的"全盘西化"论的正式出炉。在随后的 1936 年《岭南学报》刊发的《东西文化观》以及 1947 年出版的《文化学概观》论著中，他又对该理论作了进一步的阐发。

作为 20 世纪 20~40 年代"全盘西化"思潮的主要代表人物，陈序

---

① 刘作翔：《法律文化理论》，商务印书馆 1999 年版，第 68 页。
② 陈序经：《中国文化之出路》，余定邦、牛军凯编：《陈序经文集》，中山大学出版社 2004 年版，第 3 页。
③ 陈其津：《我的父亲陈序经》，广东人民出版社 1999 年版，第 72—73 页。

经说过:"全盘西化的理论,并非凭空造出来的。"① 正如陈序经常常自谓其文化主张"是以文化的普遍与根本的原理以及历史的发展的事实为根据的"②。一般认为,其所谓"文化的普遍与根本的原理",是他从解决中国的实际文化问题出发,将西方文化人类学和社会学理论(尤其是文化人类学)予以创造性的借鉴整合而形成自己独具一格的文化理论。具体来说,主要包括文化成分分不开的整体论、文化逐层演进的层累论以及文化交流的一致与和谐论。

所谓文化整体论,就是把文化看作一个由多元文化因素互相关联而形成的完整体系。陈序经反复强调,对文化的成分进行分析只是为了研究的便利而人为主观假定的,文化本身实际上并没有这种分别。由地理、生物、心理及文化各要素的作用而形成的某一社会文化是整体的,文化的各个方面是是密不可分地联系在一起。"物质文化,固不能离开精神文化,精神文化也不能离开物质文化。……文化的其他方面的关系,也是这样。因为文化本身是一个丛杂,是不能分开",因而文化的变动必然表现为一种"连动"的效果,"文化一方面的波动,往往影响到文化的其他方面"。③

所谓"文化的层累",即人类社会文化发展的阶段性分期表示,是人类为着自身的利益将文化由简单到复杂、由低级形态向高级形态的演进过程。在一个民族的历史上,有多个文化层累,在同时代的不同民族中,也有多个文化层累。陈序经认为,"层累"的划分因人而异,但从文化发展重心的变化来看,由宗教时期→政治时期→经济时期→伦理时期,是文化"层累"发展的一般演进规律。④ 这种演进又有渐变(缓变)

---

① 陈序经:《关于全盘西化答吴景超先生》,杨深编:《走出东方——陈序经文化论著辑要》,中国广播电视出版社 1995 年版,第 252 页。
② 陈序经:《南北文化观跋》,杨深编:《走出东方——陈序经文化论著辑要》,中国广播电视出版社 1995 年版,第 477 页。
③ 陈序经:《文化学概观》(三),商务印书馆 1947 年版,第 69—70、77 页。
④ 同上,第 137—138 页。

第五章
"全盘西化"：宪政"中国化"的"反动"

和突变的分别。前者如中国文化，就是一种从古到今的渐变过程，呈现出连续性缓慢发展特征，虽有封建王朝的兴衰更迭，但"变来变去，始终不能逃出孔老所划的圈子"。后者如欧洲 16 世纪的宗教改革、18 世纪的法国革命以及 19 世纪的工业革命，在近代受欧风美雨冲击下的日本、暹罗、中国等国文化的变化，在中国文化影响下 13 世纪西洋文化的变化，等等都是突变的例子，呈现出跨越式发展特征。① 在他看来，渐变和突变都是文化进步的两种不同方式，渐变是常态，突变是变态。两者的差别并非绝对的，而是相对的；并非种类的不同，而是程度的差异。两者相比较，突变对于文化进步的作用要大于渐变，可以跳过较低阶段而直接进入较高阶段。"突变是发展的转机时代的分野，文化的进步，主要的是依赖于突变，突变不但是由新刺激而来，而且可以引起新刺激。"②

而从时空语境上考察，文化的发展是"一致与和谐"的。文化整体论涉及文化的空间关系问题，文化逐层演进的层累论则关联着文化的时间关系问题。这只是为了研究上的便利而人为划分，事实上文化本身并无时空的分别，文化既是时间的也是空间的，"是某一文化的整个方面的表示"，这种"整个的表示"并非指明"唯一"或"独一"，而是一致与和谐。③ 文化的演进是由简单而变为复杂，因为简单，所以趋于一致；因为复杂，才有和谐。两种文化不发生接触则已，一旦发生接触交流，它们之间的相互影响是整体性的，经过一个过渡时期，其结果是趋于一致的（完全相同情形）、或和谐的（完全相异情形）、或是一致与和谐的（有同有异情形）。如果是两种程度不同的文化相接触，这种一致与和谐的过程则表现为程度较高的文化淘汰程度较低的文化。"假使因为甲种文化的程度较高，而乙种文化的程度较低，而时代及环境所需要的，又

---

① 陈序经：《文化学概观》（三），商务印书馆 1947 年版，第 144—145 页。
② 同上，第 146 页。
③ 同上，第 11 页。

是甲种文化,那么这两种文化接触以后的结果,……是乙种文化不能适应于这个新时境,而逐渐的成为文化层累的一层,……乙种逐渐成为陈迹,甲种逐渐伸张而成为共有的东西。……这个时期,也许延长得很久,但其趋势是一致的。"①

上述这些文化学原理一起引申运用到具体的中西文化比较问题上,便逻辑地推导出"全盘西化"的基本结论。首先,基于优胜(西洋)劣败(中国)的文化变动及其发展趋势的认识,由于"中国文化根本上既不若西洋文化之优美,而又不合于现代的环境与趋势"②,根据文化演进论,落后的中国文化要适应时代只能是西化。其次,文化本身不可分。"文化的各部分,是有了连带关系而分开不得"③,因而,"从文化本身的各方面的连带关系来看,我们不能随意的取长去短"④。既然如此,从文化整体论上考量,要接受西洋文化,便须全盘的接受。再次,从文化交流的一致与和谐论来认识,保存中国固有文化是不可能的。"所谓'固有'的文化的观念,只在中西文化接触前有之;迨接触一经发生,马上便成功了一种新局势、新要求,也便没有所谓固有文化的存在。结果,能适应的,便可生存;不能适应的,便归淘汰。"⑤ 所以,中国文化全盘西化毫无问题。

除了从文化人类学角度建构"全盘西化"的理论支撑体系外,陈序经还煞费苦心地寻找中国近代以来大量的历史和现实根据为"全盘西化"辩护。在《东西文化观》一文中,他提出了四大辩护理由:

---

① 陈序经:《文化学概观》(三),商务印书馆1947年版,第18页。
② 陈序经:《关于全盘西化答吴景超先生》,杨深编:《走出东方——陈序经文化论著辑要》,中国广播电视出版社1995年版,第258页。
③ 陈序经:《从西化问题的讨论里求得一个共同信仰》,杨深编:《走出东方——陈序经文化论著辑要》,中国广播电视出版社1995年版,第261页。
④ 陈序经:《关于全盘西化答吴景超先生》,杨深编:《走出东方——陈序经文化论著辑要》,中国广播电视出版社1995年版,第255页。
⑤ 陈序经:《中国文化之出路》,余定邦、牛军凯编:《陈序经文集》,中山大学出版社2004年版,第4页。

第五章
"全盘西化"：宪政"中国化"的"反动"

一是在态度上，中国逐步趋向于全盘接受西洋文化。"中国人之对于西洋文化的态度的演化，是从很小的范围而放到较大的范围，从枝叶的接受主张，而走到根本的采纳的主张。而所谓全盘的西化的接受，也不外是这个演化发展上一个最后，而且必经的过程罢。"① 所以，中国各方面的"全盘西化"只是个时间问题。

二是在事实上，中国也是随着时代的发展而趋于全盘西化的。诸如西货的采纳，基督教的传入，西洋科学技术知识的输入，西式教育的实施，清末以来立宪、修律活动，西洋"实写"、"浪漫"文学的译介流行，西医西药的接受，中国电影的出现，现代体育事业的发展，等等。这些事实在在都说明了，近代以来中国社会从政治、经济、文化、娱乐生活等各个方面无一不是趋于西化的。

三是近代西洋文化是现在世界的趋势。陈序经认为："所谓西洋文化，可以叫做现代文化，或是世界的文化。她是世界文化，因为世界任何一国都是采纳这种文化，她是现代文化，因为现代任何一国，都是朝向这种文化。简单的说，西洋的文化，是现代世界的文化。"不管人们是否喜欢，还是接受与否，不断随着时代的前进而日新月异的近代西洋文化是现在世界发展的趋势。如果我们中国不能适应这种趋势，只会被抛在历史的车轮之后。所以，"假使中国要做现代世界的一个国家，中国应当采纳而且必需适应这个现代世界的文化"②。

四是近代西洋文化确实比中国文化进步得多。陈序经认为："从东西文化的程度来看，我们无论在文化那一方面，都没有人家那样的进步。从文化本身的各方面的连带关系来看，我们不能随意的取长去短。从东西文化的内容来看，我们所有的东西，人家通通有，可是人家所有的很多东西，我们却没有。从文化的各方面的比较来看，我们所觉为最

---

① 陈序经：《东西文化观》（下），杨深编：《走出东方——陈序经文化论著辑要》，中国广播电视出版社1995年版，第159页。

② 同上，第168、176页。

好的东西，远不如人家的好，可是我们所觉为坏的东西，还坏过人家所觉为最坏的千万倍。"① 因此，只有彻底地、全盘地西化，中国才能与西洋并驾齐驱甚至创造出比西洋更先进的文化。陈序经不无偏激地认为："过去和今日的中国还是事事太落后，样样不如人，既趋于全盘西化，而还不如人，就是因为尚未能彻底而全盘西化。要是我们而能彻底和全盘的西化，则中国必定和西洋并驾齐驱，所以今日所要努力来解决的问题，并非中国是否应当西化，而是中国能否赶紧去做彻底和全盘西化。"②

二、"全盘西化"的诉求旨趣：对个人主义的倡导

从其留给世人的大量言论上看，陈序经所要全盘实现的西化，主要是西方民族共有的文化现代性。他说："我们主张全盘西化，并非以为西洋文化之在今日，已臻完美至善的地位"。"全盘西化，也许免不去所谓西洋文化的短处，可是假使我们而承认西洋文化之长为百分之六十，中国文化之长为百分之四十，我们若能全盘西化，则我们至少有了百分之二十分的进步。比之一般希望以西洋文化之长而调和于中国文化之长，而其结果却是取人之短，留己之短的危险，相去之远，可以想见"。③ 可见，陈序经提倡西化必须全盘，心态上并非在价值层面绝对认可西方文化，而是在工具层面强调需要有"坚决"、"彻底"的精神。他甚至反对简单抄袭、盲目照搬，指出："所谓全盘西化在根本上是要把

---

① 陈序经：《关于全盘西化答吴景超先生》，杨深编：《走出东方——陈序经文化论著辑要》，中国广播电视出版社1995年版，第255—256页。
② 陈序经：《东西文化观》（下），杨深编：《走出东方——陈序经文化论著辑要》，中国广播电视出版社1995年版，第194页。
③ 陈序经：《关于全盘西化答吴景超先生》，杨深编：《走出东方——陈序经文化论著辑要》，中国广播电视出版社1995年版，第258页。

西洋创造文化的精神吸取过来。"① "全盘西化在精神上，是要使我们的个性发展，是要学人家的自由原则，所以全盘西化，并非盲从西洋。"② 事实上，他本人所提出的"全盘西化"论在西方文化那里并不能找到原型，也正是他对西方文化人类学和社会学理论综合运用的智识成果。

在他看来，强调发展人格"个性"的个人主义是贯穿于近代以来西方各国的根本文化精神，是西洋近代文化的主力。与之相反，传统中国社会并不具备催生近现代个人主义观念土壤的。中国政治文化传统强调群体利益，重视和谐，而忽视个人的存在，反映在国家法律制度的价值层面上，强调社会个人对宗族及国家的从属性，个人与国家、宗族之间分别是义务本位和权利本位，个人当然地只是尽义务，根本无权利和个性之发展可言。所以，陈序经得出结论："救治目前中国的危亡，我们不得不要全盘西洋化。但是彻底的全盘西洋化，是要彻底的打破中国的传统思想垄断，而给个性以尽量发展其所能的机会。但是要尽量去发展个性的所能，以为改变文化的张本，则我们不得不提倡我们所觉得西洋近代文化的主力的：个人主义。"③ 在陈序经看来，个人主义是主张尊重和发展个性的学说，即"每一人的责任心的认识和觉悟，就是个性的认识和觉悟；而每一人都努力去担负这种责任，则个性必定尊重，必定发展"④。可以看出，陈序经并不认同西方古典时期的原子式个人主义，他所理解的个人主义包括两方面内涵：一是人的独立性，即"理想的社会，是在这社会里，个人要有很高和独立而不受他人牵制的权力"；⑤ 一

---

① 陈序经：《东西文化观》（二），杨深编：《走出东方——陈序经文化论著辑要》，中国广播电视出版社 1995 年版，第 406 页。
② 陈序经：《全盘西化论》，余定邦、牛军凯编：《陈序经文集》，中山大学出版社 2004 年版，第 69 页。
③ 陈序经：《中国文化的出路》，杨深编：《走出东方——陈序经文化论著辑要》，中国广播电视出版社 1995 年版，第 139 页。
④ 同上，第 127 页。
⑤ 同上，第 135 页。

是人的主体性,即"积极将自己之所能尽量发展,而有所贡献于文化"。① 所以,在陈序经那里,全盘西化根本的着眼处,即在于确立人格的独立性和主体性,简言之,就是尊重和发展个性。

正是由于个人主义是主张尊重和发展个性的学说,所以他非常重视个人主义在文化发展中的重要作用。在他看来,由于中国思想文化传统压迫个性的发展,所以提倡个人主义,不但在消极方面可以打破传统思想的束缚;在积极方面可以促进文化的进步。西洋近代文化之所以能在二三百年内发展这么快,主要就是得益于个性的发展和个人主义的提倡。②

三、对中国政治文化传统的批判和解构

在如何对待中国文化传统问题上,与胡适虽以"充分西化"为价值取向,但用心良苦地通过"整理国故",满怀热情地探寻和阐释能与西方现代"自由"、"民主"观念沟通的中国传统人文资源及其"微言大义"的文化进路不同,在"全盘西化"文化意识支配下,由于十分担心文化复古主义和文化折衷主义对中国现代化造成负面的影响,陈序经便以极端文化激进主义姿态对中国政治文化传统展开猛烈的批判和全面的解构。他认为中国不仅没有个人主义的人文传统,而且作为中国传统文化的主流——儒家思想更是成为专制政治的护身符,成为中国传统政治现代转型的严重阻碍。

(一)中国没有个人主义的人文传统

与对西方文化发展的上述认识相反,陈序经认为中国二千年来文化

---

① 陈序经:《中国文化的出路》,杨深编:《走出东方——陈序经文化论著辑要》,中国广播电视出版社1995年版,第137页。
② 同上,第134页。

第五章
"全盘西化"：宪政"中国化"的"反动"

停滞不前，其原因就在于个性太束缚了。他分析个性不能发达的原因主要有万物神造说、自然生长说和伟人天生说三个方面。万物神造说在中世纪最为流行。自然生长说在柏拉图及亚里士多德的著作中可以找到；老子所谓无为而无不为，也属于这一派。至于伟人天生说，差不多可以说是中国的传统思想，而且是孔子、孟子主张最力的。

陈序经进一步举例说，明代思想家李卓吾（即李贽）在中国历史上算得上是个性比较坚强的人——以孔孟传统儒学的"异端"而自居。正因为如此，他才被视为离经叛道而为时人所摒斥。也正因为如此，陈序经才大胆地说道："二千年以来无议论，非无议论也，以孔子之议论为议论，此所以无议论也。"在他看来，"议论"既然如此，文化又何尝不是这样呢？所以，二千年以来的文化就是孔子之文化。我们可以说二千年来有文化，也可以说是差不多没有文化。说它有，因为有了孔子的文化。说它没有，因为这些文化是二千年前的文化，并非二千年来所创造和发展的文化。因为两千年来中国社会只有孔子的议论，而孔子的议论又是伟人天造的议论，是排除异己的议论，所以除了孔子以外，没有别的个性可以发展。结果是，文化既没有法子去跳出孔子的文化圈围，个人主义在中国的历史上，也就没有诞生的可能。

陈序经批评了那种认为杨朱、陈仲子的学说是个人主义的观点。他认为杨朱的思想"简直是极端的为我主义"，因为一种文化的形成，是依赖于许多人的努力创造，假使人人都如杨朱所强调的"损一毫利天下，而不与也"那样，还有什么文化发展的可能呢？陈序经甚至认为杨朱只是一个最会享受文化的惰人，如同今日一般国人只会尽量享受西洋物质文化成就，却极端反对"去创造这些生活上的便宜的需要"一样。至于陈仲子的学说，只是一种"消极的任我"主张，也同样创造不出文化来。在陈序经看来，中国春秋战国时期出现的"极端的为我"和"消极的任我"这两种主张，虽然不是西洋近代意义上的个人主义，毕竟一定程度上表达了思想方面的个性。然而，"自从孟子和赵后把来做禽兽和当杀以后,再也没有人去提倡了",仅有的思想方面的个性也被完全湮没了。

陈序经由此认定,在孔孟儒家思想统治之下,中国决没有法子产生个人主义。个人主义没有法子产生,中国文化的改变也就至多只有皮毛的改变,不可能有彻底进步。西方文化输入中国虽已有三百年的历史,但个人主义在中国近代发展的历史际遇着实令人堪忧。他以严复、陈独秀、胡适为例说明了这一问题。他说:"本来西洋的个人主义之介绍与中国的历史,已在满清尚未推倒以前。严复所译斯宾塞的《群学肄言》,及弥尔的《群己权界论》,应当对于中国思想上,有莫大的影响。无奈事实上并不是这样。其原因也不外是由于排除异己的成见太深。一直到了民国四、五年以后,开始有了些人作了断片的个人主义的言论。比方,陈仲甫先生在他的《东西民族根本思想之差异》一文(《新青年》一卷四号)内,有一条说明西洋民族以个人为本位,而东洋民族以家族为本位。此外又如胡适之先生,于民国七年所写的《易卜生主义》之影响于中国思想界,也很显明。……我以为仲甫先生既没有积极的提倡个人主义,适之先生的介绍,也不外是一方面和断片的介绍。然这样的轻轻一试,已有这种成绩,要是中国人而能尽力从这条路上做工夫,则将来的效益,当无限量。可惜中国人的传统思想已深入脑髓,结果是轻轻的一针注射的个人主义,敌不住什么堂皇的思想统一的注射,结果是我们仍是照旧的只会游手好闲的享受西洋的汽车和洋楼,没有自己有所振作的决心。假使我们而照旧的这样做去,用不着日本费了出派兵舰之劳,我们自己不久总要卖身卖国来买西洋货和日本货,配不上来说什么西洋化,或是日本化呵!"①

那么,中国文化为什么缺乏个人主义的人文传统?陈序经分析指出

---

① 陈序经关于个人主义的以上论述,参见陈序经:《中国文化的出路》,杨深编:《走出东方——陈序经文化论著辑要》,中国广播电视出版社 1995 年版,第 132—139 页。

第五章
"全盘西化": 宪政"中国化"的"反动"

问题关键在于中国的文化不如西方的文化有弹性。"西洋文化在近代之所以能够有一日千里的进步,就是因为她的动性较强;二千年来的中国文化之所以停滞不发展,就是因为她的惰性较深。惰性较深,就是表示没有创造力,动性较强,就是表示有创造。"[1] 他认为,西方文化中有很多各异的成分与不少冲突的特征,正是表示其文化中的包藏较富与弹性较强。所谓包藏较富,是表示吸收外来的特性较易,而所谓弹性较强也是表示自动的进步能力较大。而且各异的成分愈多,则所谓冲突的特征也可以因之而愈多,冲突的特性愈多,则各异的成分也因之而愈多。他在《独立评论》所发表的《全盘西化的辩护》一文中曾指出:"胡先生好像以为,基督教的派别太多而至互相诋毁,是一件不当效法的事。我却以为胡先生所谓诋毁大概恐怕就是竞争。至少含有竞争的意义。西洋文化不但宗教方面如此,就是别的方面也都如此。又况派别繁多,互相诋毁或竞争,不但往往能使人们可以自由信仰,而且能使人们反省更新。能有自由信仰,个性乃可发展,能有反省更新,文化始可进步。例如,中国的思想的派别之多,莫若春秋、战国,然而所谓思想的黄金时代的春秋、战国的诸子百家,也岂不是自己互相诋毁吗?我想两千年来——特别是五百年来中国的文化之所以远比不上西洋文化,一个重要的原因未尝不就在这里。这是研究中西文化的发展的人所不可忽略的。"[2] 在他看来,所谓"派别繁多",就是很多各异的成分,所谓"诋毁竞争",就是不少的冲突特征,二者构筑了一个共同的基础,即尊重和发展个性。

1947年,陈序经在《文化学概观》一文中,进一步对中西历史上文化的发展与个人主义的关系予以总结,指出:"无论是从西洋的文化发

---

[1] 陈序经:《关于全盘西化答吴景超先生》,杨深编:《走出东方——陈序经文化论著辑要》,中国广播电视出版社1995年版,第258—259页。

[2] 陈序经:《东西文化观》(二),杨深编:《走出东方——陈序经文化论著辑要》,中国广播电视出版社1995年版,第411—412页。

展的历史来看,或是从中国的文化发展的历史来看,凡是个性发达,或是个人主义抬头的时代,文化也往往随之而变动与进步。凡是个性湮没,或是个人主义衰微的时代,文化也往往随之而停滞或落后。这是有了事实的证明,这是有了历史的根据。在过去既是这样,在将来也无疑的是这样的。"①

陈序经指出,既然中国文化根本不具有尊重和发展个性的个人主义人文传统,所谓"自由"观念的思想资源自然阙如。他认为中国古代政治思想的一个重要特征就是散漫自由,即所谓的"日出而作,日入而息,凿井而饮,耕田而食,帝力于我何有哉"?但这只是一种不负责任的、放荡不羁的观念,与西方文化的"自由"观念并不能等同。针对国内有人因此误读"自由"而将中国的一盘散沙归咎于自古以来中国人的"自由"太多,甚至错认西方18世纪的"自由"观念是从中国输入的说法,他尖锐地批评道:"自由这件东西之在中国历史上,不但没有见过,就是这两个字还是不易找出。严几道译穆勒《自由论》而苦无适当之中国名词,因而题为《群己权界》。中国人之出世,在家有森严的家法,在国有至尊的帝王,在社会有牢不可破的礼俗,死了阴间有阎王,天上有玉皇。黑格尔在他的东西方《历史哲学》老早说过,自由之于中国人,是绝对没有的。我们不但享不到自由,连说也说不到自由。"②

就"民主"、"宪政"来说,陈序经也认为中国传统政治思想中是没有的。他在与梁漱溟进行论战的时候,批评指出中国文化中根本就没有民主的精神,也没有宪政的主义,所谓的从中国固有文化中引申发挥民主、宪政根本就是不可能的。他说:"我们也得指出中国不但没有民主或民治的制度,其实也没有这个观念。不但没有这个观念,连了这个名词也不容易找出来。而且民主的真谛,就是要由人民自己作(做)主去

---

① 陈序经:《文化学概观》(四),商务印书馆1947年版,第89页。
② 陈序经:《东西文化观》,邱志华编:《陈序经学术论著》,浙江人民出版社1998年版,第160页。

第五章
"全盘西化":宪政"中国化"的"反动"

治理国家的事情,这就是 By the people 的意思。中国既然没有了这一点,那么要想从中国的固有文化中引申发挥民主的精神,岂非是缘木求鱼的故智吗?"他接着说:"中国的固有文化中,既没有民主的精神,也没有宪政的主义 Consititutionlism。宪法是国家的根本大法,不只是人民要遵守,就是官吏帝王也得遵守。其实,西洋宪政的发展,与其说是为着人民守法而来,不如说是为着限制官权王权而生。从英国的大宪章以至近代的宪法,没有一件不是这样的。而况所谓保障人民的权利,却为近代宪法的重要部分。中国以前虽有所谓法家主张用法去治民,然而这不外是帝王臣僚立法而要人民去遵守而已。帝王臣僚是创制法律者,所以他们可以逍遥于法律之外,这是专制政治的特征,而与民主政治,恰恰相反。"正因为如此,无论是想从中国的固有文化中引申发挥宪政,还是以孔子之道去调和西洋的民主精神,这两种论调都是"很大的错误"。不仅如此,陈序经还列举大量的事实证明孔子之道是反民主潮流的。在他看来,孔子所谓的"不在其位,不谋其政",这是极端的专制的言论。孔子所谓的"民可使由之,不可使知之",则不仅是专制的论调,而且是愚民的政策了。在中国历史上,孔子之所以能得到历代专制帝王的尊崇,无非就是因为他的这套理论合乎他们的口味。甚至于日本人在东北四省的殖民统治也抬起孔子来。英国原本是民主先进的国家,然而在香港殖民地也鼓励孔子之道。所谓尊崇君主,敬仰皇家,又何尝不是因为孔子的主张适合于统治殖民地的原则。国民党北伐成功之后,所谓党国显要之提倡祭孔尊孔,又何尝不与一党专政、思想统一等口号有密切的关系。[1]

---

[1] 陈序经:《宪政、选举与东西文化——评梁漱溟的〈预告选灾,追论宪政〉》(二),《世纪评论》第2卷第24期,1947年12月13日。转引自张世保:《陈序经政治哲学研究》,人民出版社2007年版,第176、137页。

（二）儒家思想是专制制度的护身符[①]

陈序经认为，从源头上说中国文化就逊色于西方文化，缺乏系统和缜密的思想。他把孔子的思想与其同时代的柏拉图的思想进行了比较。他说："有好多人，以为我们的春秋战国时代的文化，可以与西洋古代的文化相媲美。我们以为这种看法，只是表面的观察，而非深刻的见解。比方，人们往往以为孔家的思想之于柏拉图的思想，有了好多类似之处，然而凡是把《论语》与《共和国》来相比较的人们，总能明白，无论在方法上，或在思想的本身上，前者都不及后者。柏拉图的理想国，是否得当，这是别一个问题，然从其思想本身来看，他想得很深微，与孔子之实用道德，很不相同。至于方法方面，柏拉图之解释各种问题，有条不紊，比之孔子的东一句，西一句，不只缺乏系统，往往不相连接。其差异之处，更不待说了。"而且，在中国的著作中也没有如亚里士多德的《政治学》与欧几里得的《几何学》那样精密。[②] 其次，从社会方面来看，中国政制也非常单调。自秦汉以后，两千多年来，朝代虽不知换了多少，政体始终如一。陈序经深刻指陈说："不变的政体，再加上数千年来的不变家族制度，为其基础，更使政制不易变换。家是国之本，君主是人民的父母。家与国在范围上虽是不同，在治理的原则上，却是一样。在家要孝，在国要忠，然而'忠臣多出孝子之门'，所以治家的方法，是可以应用于治国。天子或国君之治天下，正像父亲之治家。所以要先齐家而后治国，国治而后天下平。"[③]

陈序经指出中国传统的政治思想，根本就是儒家的思想。而儒家的政治社会或国家与天下的基础，又奠定在家庭之上。天下不过是国的放

[①] 以下关于儒家思想是专制制度的护身符的论述，参见张世保：《陈序经政治哲学研究》，人民出版社 2007 年版，第 175—182 页。
[②] 陈序经：《文化学概观》（四），商务印书馆 1947 年版，第 117 页。
[③] 同上，第 114—115 页。

第五章
"全盘西化"：宪政"中国化"的"反动"

大，而国又不过是家的放大，所以国里的君主，就像是家里的家主。君主为人民的父母，就好像家主为子女的父母。因为国就是家的放大，治国的原则和治家的原则，是没有什么分别的。因此说"孝事君则忠"。同时，家既为国之本，则欲治其国，必先齐其家。故曰："家齐而后国治"，"国治而后天下平"。又如"克明俊德，以亲九族，九族既睦，平章百姓"，都表明家与国是同构的。陈序经认为，这种政治思想，简单地说，就是"以家族为重心的政治思想"。

留美归国不久，陈序经就针对孔祥熙保护孔林孔庙的呈文进行了严厉的批评，认为那是"再开张的孔家店"。孔祥熙认为《大学》之言平治，乃近世平民政治的真诠。陈序经则首先指出在《大学》里，"平治"二字根本就没有连用过，除了"国治而天下平"和"平天下在治其国者"两个"平"字外，我们找不出第三个"平"字。"然这两个平字都是动词，把他来相连起，已经不可，还把他来作平民政治之真诠解，不通已极。"在陈序经看来，孔子是一位辩护君权最力的人，孔子曾说"民可使由之，不可使知之"，其他如"臣事君以忠"，"事君尽礼"，均是极端主张绝对服从君主。孔子作《春秋》的本意，也不外是为君主说法。①

陈序经认为，孔子的绝对尊君的思想，可以说是中国数千年来专制政治的护身符，因为他是专制政治的辩护者，所以专制主义流行的时代，就是他的学说流行的时代。专制淫威最甚的时代，也就是他的学说最为猖獗的时代。陈序经以中国的历史来证明他的这种看法：在春秋战国时代，诸侯割据，王政不行，各诸侯对于本国内虽有充分之统治权，然专制之风并不盛行，所以孔子的学说不过是当时的九流十家之一，而且他的学说在当时并没有什么影响，君主既不见重他，一般学者也很少看得起他。到了秦始皇统一天下，孔子的理想政治，才得以实现，而中

---

① 陈序经：《再开张的孔家店》，《民国日报》（广州）副刊，1928年11月17日。

国的专制政治之基也因之成立。陈序经还认为秦始皇焚书坑儒是汉代假造的。他说:"孔子所叹息的王政不行,诸侯跋扈,秦政和他的祖宗早已见及。孔子所主张的绝对忠奉人君,正合始皇的脾胃,就是始皇不大了解孔子的真意,李斯岂不见及?庸常如汉高者,在天下纷纭的时候,曾在马上以儒冠以资溲溺,然一登了极,立刻适鲁以太牢祀孔子。孔子之所以为君主(尊崇)的道理,若此明白,始皇李斯安有错解的道理。然焚书坑儒的罪所以加在始皇的身上,大都汉家的公卿大夫的假造。"① 汉武帝是西汉专制君主之最甚的,所以孔子学说在武帝时,特别猖獗;西汉末年专制之淫威既消减,扬雄的学说始得产生;光武、明帝时代,孔学复盛;东汉末年,汉祚将倾,王充遂作《论衡》,大唱打倒孔家店。

总之,在陈序经看来,孔子之教,与民主政治的原理背道而驰。孔学与专制,正如辅车相依。凡是愈为专制的时代,孔学就愈为盛行;凡是专制不是太严厉的时代,则是孔学不受尊重或反孔学的时代。孔学可谓专制的代名词。陈序经深刻指出,作为专制君主的护身符的孔子思想,是愚民政治的良剂,是中国两千年来虽有朝代更替却始终跳不出专制政治怪圈的根源所在。"君主既得孔家的言论的拥护,孔子又得了政治实力上的保护和宣传,两者相依,合而为一,结果是不但在政治数千年的中国,变来变去,变不出一个专制政治的圈子,就是道德礼教以及人生生活上一切的标准,也逃不出了孔子所画的圈子。"② 因此要打倒专制,首先要打倒孔家店。"我们相信过去的孔家店之于中国,无异过去的东印度公司之于印度,将来的中国而欲求政治之解放,则杯葛孔家店,当为我们的第一要务。"③

由此可见,在中国文化的出路问题上,陈序经是以简单二元对立、

---

① 陈序经:《再开张的孔家店》,《民国日报》(广州)副刊,1928年11月17日。
② 陈序经:《东西文化观》,邱志华编:《陈序经学术论著》,浙江人民出版社1998年版,第141页。
③ 陈序经:《再开张的孔家店》,《民国日报》(广州)副刊,1928年11月17日。

第五章
"全盘西化"：宪政"中国化"的"反动"

非此即彼的思维方法去裁量中西文化、传统文化与现代化这一复杂的文化问题。在"全盘西化"文化意识支配下，他认为，中国人文传统根本缺乏"自由"、"民主"、"宪政"的观念资源，也无法找到能与之沟通或相适应的意义符号，既无法从中国的固有文化中引申发挥宪政，也无法以儒家思想去调和西方的民主精神。在中西文化优劣高下比较中，陈序经以非此即彼的偏激立场，断然否定了中国传统人文资源任何可能的现代性价值和意义。他的逻辑结论是：要把中国建成一个自由、民主、宪政的现代国家，只能彻底否定传统、抛弃传统实行"全盘西化"，从而在某种意义上折射出其民族文化虚无主义的面相。显然，陈序经的"全盘西化"论无论在理论上还是实践上无疑存在很大的问题，即在中西文化观上简单地割裂了传统与现代性之间的关系，断然否定了文化的时代性与民族性的统一。事实上，渊源于西方的"自由"、"民主"、"宪政"等观念最初输入中国时，正是在自身文化传统中逐渐被国人所认知和感悟的，这一文化现象说明了自身文化传统与这些现代性观念之间至少有着某种的联系，而这种联系或许是人们值得重视挖掘的文化传统资源中可能存在的某些现代性面相。如林毓生精辟指出："自由、理性、法治与民主不能经由打倒传统而获得，只能在传统经由创造的转化而逐渐建立起一个新的、有生机传统的时候才能逐渐获得。"①

值得注意的是，陈序经"全盘西化"论的主观目的是要创新民族意识，在新文化的基础上重建中国的民族自信心与自豪感，即激起一种新的能与现代世界发展相适应的民族意识。在《东西文化观》一书中，他写道："所谓全盘西化，正所以重视我们的文化。我们已经说过，中国之于趋于全盘西化，不过是时间的长短问题，我们若不自己赶紧去全盘西化，则必为外人所胁迫而全盘西化，然后者的意义，却又不外是变印度菲列宾的第二。到了这时，种族且虞蹈着美洲印第安人和中国之苗人

---

① 林毓生：《中国传统的创造性转化》，三联书店1996年版，第5页。

黎人,遑论过去固有的文化。设使我们而能自己赶紧全盘西化,再从而发展扩大,则不但我们自己占有世界文化的优越地位,就是我们的祖宗在历史上所做过的成就和得到的光荣,也赖我们而益彰。则今日外人所以因鄙视我们的文化,而鄙视我们的祖宗的文化,也能因为他日之重视我们在世界文化所占之重要位置,而重视及我们的祖宗与其文化。"[①] 其赶超西方的文化忧患意识已跃然纸上。在其内心深处,陈序经仍以其极端的另类思维表达了作为一个中国知识分子所应有的爱国情怀。他对中国政治文化传统的全面解构和猛烈的批判,也许就是通常所谓"爱之深"所以"恨之切"吧。同样,"全盘西化"论仍以其宪政"中国化"的"反动"面相,亦在某种意义上不时地警醒人们应当注意自身文化传统的负面影响或阻碍,就此来说,其文化功绩亦不容抹杀的。

[①] 陈序经:《东西文化观》(下),杨深编:《走出东方——陈序经文化论著辑要》,中国广播电视出版社1995年版,第195—196页。

第六章　宪政"中国化"的理论旨趣（一）：
孙中山的探索方案

  伟大的民主革命先行者孙中山在创建中华民国、促进中国民主政治发展的过程中，在"取法乎上"的乌托邦理念下，以批判的态度和创新的精神在不同的革命斗争时期适时调整发展他的民主宪政思想，创榛辟莽，矢志为宪政"中国化"的实现探索可能的方案和路径。

一、"取法乎上"的乌托邦理念

  "取法于人"、"取法乎上"是孙中山学习西方坚定一生的理念，大致体现了他力图超越欧美近代文明模式而探索振兴中华文明之路的乌托邦追求，也是孙中山矢志探索和建立合乎中国国情的民主宪政体制方案的核心要旨。早在1891年写成的《农功》一文中，孙中山就初步产生了"效法于人，蕲胜于人"的想法。① 1894年，孙中山在《上李鸿章

---

① 孙中山：《农功》，《孙中山全集》（第1卷），中华书局1981年版，第5页。

书》中又深刻指陈：中国落后的根源不在于坚船利炮的器物层面，而在"人尽其才"、"地尽其利"、"物尽其用"和"货畅其流"四方面的巨大差距，中国要迎头赶上，取法西方时应当改变以往那种舍本逐末的做法，方能"驾欧洲而上之"。[1] 初步表达了他"取法乎上"超越西方的理想追求。"取法乎上"在政治层面上就是向世界学习政治法律的先进经验，孙中山主张："择地球上最文明的政治法律来救我们中国，最优等的人格来待我们四万万同胞。"[2] 他强调，救中国必须"从高尚的下手，万莫取法乎中，以贻我四万万同胞子子孙孙的后祸"。认为，"若我们今日改革的思想不取法乎上，则不过徒救一时，是万不能永久太平"[3]。那么，中国传统政治的现代转型应以何种政治形态为目标才堪称"取法乎上"呢？1897年，孙中山伦敦蒙难脱险后，在与宫崎寅藏、平山周谈话时，就提到"余以人群自治为政治之极则，故于政治之精神，执共和主义"[4]，明确向世人表达了他抱定民主共和政治的坚定信念。在孙中山看来，共和政治不仅为"政体之极则"，而且有"革命上之便利者也"。这种"革命上之便利"就在于民主共和政治是奠定国家长治久安的基础。他说："观支那古来之历史，凡国经一次之扰乱，地方豪杰互争雄长，亘数十年不能统一，无辜之民为之受祸者不知几许。其所以然者，皆由于举事者无共和之思想，而为之盟主者亦绝无共和宪法之发布也"。只有参加革命者丝毫不存在帝王思想，秉承"人群自治"的共和精神，才能免去"前此野蛮割据之纷扰"，"此所谓共和国有革命之便利者也"。[5]

---

① 孙中山：《上李鸿章书》，《孙中山全集》（第1卷），中华书局1981年版，第8—15页。
② 孙中山：《在东京中国留学生欢迎大会的演说》，《孙中山全集》（第1卷），中华书局1981年版，第281页。
③ 同上，第282、281页。
④ 孙中山：《与宫崎寅藏平山周的谈话》，《孙中山全集》（第1卷），中华书局1981年版，第172页。
⑤ 同上，第173页。

第六章 宪政"中国化"的理论旨趣（一）：孙中山的探索方案

民主共和政治既然是当今最先进的制度形态，中国要"取法于人"就必须一步到位。孙中山虽信奉近代进化论但不认同机械的、庸俗的进化观点，他认为人类社会形态的历史演化不一定是"拾级而上"，"盖由野蛮而专制，由专制而立宪，由立宪而共和，这是天然的顺序，不可躁进的；我们中国的改革最宜于君主立宪，万不能共和。殊不知此说大谬"。这就好比修铁路一样，要使用"近日改良最利便之汽车（指火车——引者注）"，而不是用最初发明的火车。① 因此，对后发外源型现代化探索中的传统中国来说，社会的文明进步不能像西方国家那样遵循自然的"天演的变更"（天然的进步），而应当采取自觉的"人事的变更"（人力的进步）。所以，与同时代的许多维新改良论者只主张仿效英国、日本式的君主立宪制，不赞成甚至坚决反对采用美国、法国式的民主共和制相反，孙中山明确主张中国必须实行民主共和制，"惟共和联邦政体为最美备，舍此别无他法也"，"法为共和先进国，当必稍以助中国者矣"。②

"取法乎上"理念从一个侧面折射出孙中山在中西文明差距体认下急于迎头赶上、重振中华文明的焦虑心态，甚至在字里行间表达了中国应当走在世界民主潮流的前列的美好愿望，强调要"建一头等民主大共和国，以执全球的牛耳"③。所以，"中国此时的改革，虽事事取法于人，将来他们各国定要在中国来取法的"④。其宏大气魄可见一斑。同时，这也反映了孙中山在民主宪政之于中国的价值可欲性和现实可能性问题上的智识和选择，蕴含着立足于世界的一种开放历史思维。在孙中山看

---

① 孙中山：《在东京中国留学生欢迎大会的演说》，《孙中山全集》（第1卷），中华书局1981年版，第280页。
② 孙中山：《与巴黎〈巴黎日报〉记者的谈话》，《孙中山全集》（第1卷），中华书局1981年版，第562页。
③ 孙中山：《在东京中国留学生欢迎大会的演说》，《孙中山全集》（第1卷），中华书局1981年版，第279页。
④ 同上，第281页。

来，取法并不等同于模仿。一方面他明确反对盲目崇拜、全盘照搬、一味"模仿"西方；另一方面他并不反对学习、借鉴西方，甚至把"借鉴"西方经验模式视为中国传统政治转型实现"驾乎欧美之上"的必要条件（但不是充分条件）。他说："我们拿欧美已往的历史来做材料，不是要学欧美，步他们的后尘。"① 因为"文明有善果，也有恶果，须要取那善果，避那恶果"②。他尖锐地批评那些"不研究中国历史风俗民情，奉欧美为至上"的中国海外留学生崇洋媚外，妄自菲薄，"他日引欧美以乱中国，其此辈贱中国书之人也"。③ 这些认识无疑是深刻而富有前瞻性的。

二、中西璧合的探索方案及其缺陷

在"取法乎上"理念支配下，作为孙中山全面思考和探索中西政治现代化问题的理论结晶——以"民族"、"民权"、"民生"为内容的三民主义宪政思想体系，不仅汇集了他对欧美政治现代化范式的反思和经验的总结，而且凝结着他对中国政治现代化的探索和未来中国政治文明图景的筹划。

孙中山宪政理论的成熟定型不是一蹴而就的，而是随着实践探索和认识的不断深化而予以补充修正。早在19世纪末，孙中山就有了宪政思想的初步设计，直到1906年11月始正式提出了行政、立法、司法、考试、监察"五权分立"。1919年，孙中山就宪政制度作了进一步的阐

---

① 孙中山：《三民主义·民权主义》，《孙中山全集》（第9卷），中华书局1986年版，第314页。

② 孙中山：《在东京〈民报〉创刊周年庆祝大会的演说》，《孙中山全集》（第1卷），中华书局1981年版，第327页。

③ 孙中山：《与刘成禺的谈话》，《孙中山全集》（第1卷），中华书局1981年版，第444页。

第六章
宪政"中国化"的理论旨趣（一）：孙中山的探索方案

述，在五院之外加入国民大会组织。1921 年，孙中山又提出了权能分别的初步构想。1922 年，孙中山撰写《中华民国建设之基础》一文，特别提出民治的方略：全民政治、地方自治、五权分立、国民大会。前二者为直接民权，由人民直接行使；后二者为间接民权，由国民大会代表行使。他认为此四者兼备，则全民政治便能实施。到 1924 年，孙中山手订《国民政府建国大纲》，有关新国家宪政的具体制度构建完成。由此可见，孙中山的宪政思想已从早期的"五权分立"发展到以"全民政治"为目标的"权能分别"宪政模式。概括地说，孙中山理想化的宪政应是：通过五权分立、人民有权、政府有能、权能分别、以权制能和地方自治，以实现所谓的"全民政治"目标。具体分述如下。

（一）以"全民政治"为目标的五权宪政模式的理论设计

现代意义的"宪政"也称"民主宪政"、"立宪政体"。宪政与宪法紧密相联，宪法是宪政的前提，宪法的内容直接决定宪政的内容，立宪的目的就是宪政的目的。宪政的核心是限制国家机关的权力和保障公民权利，建立合理的权利——权力结构。孙中山认识到要建立宪政，就必须有一部能适应世界潮流的"良好宪法"，才能建立真正的共和国。那么，什么样的宪法才是"良好的"呢？他以西方宪政思想精神为参照，批判地继承了近代西方古典自然法学家"天赋人权"、"主权在民"的思想。他认为，要实行符合国情和适应现代化趋势的宪政体制，必须彻底解决民权问题，而不能盲目照搬欧美国家的政治制度，"在中国求一个根本解决的办法。我们不能解决，中国便要步欧美的后尘；如果能够解决，中国便可以驾乎欧美之上"。① 在孙中山看来，只重视上层政府而忽视下层基础是不行的。"造成一个国家，是从何起呢？⋯⋯国家的基础，

---

① 孙中山：《三民主义·民权主义》，《孙中山全集》（第 9 卷），中华书局 1986 年版，第 314 页。

20世纪前半叶
宪政"中国化"的文化探索

是建筑在人民思想之上。"① 因而新国家应"不自政府造起,而自人民造起也"②。在这一历史认识前提下,他的政治构想是面向全体国民,认为"一个真正的共和国"应实行"全民政治",由人民直接管理政府。只有这样的政府,"才是世界上最完全、最良善的政府。国家有了这样的纯良政府,才可以做到民有、民治、民享的国家"。③ 孙中山已洞察到西方国家的"代议政治"的虚伪性和流弊,并指出它的缺点:一是代议制度变成了"议会专制",没有"直接民权";二是官员的产生不是普遍选举。这随着时代的发展与进步已不合时宜了。同时,孙中山又窥察到了西方国家政治生活中的矛盾现象——由于人民害怕政府有能力,总是防范政府,不许政府是万能的。这样,民权发达后,政府往往变得无能为力。怎样才能克服西方"代议政治"、"间接民权"的弊端?又怎样把"人民怕不能管理的万能政府"变为"为人民谋幸福的万能政府"呢?即在这样一个"万能政府"里怎样来保障人民行使管理国家的权力呢?为此,孙中山创造性地设计了具有中国特色的现代宪政体制——"权能分别"体制,其目的是保障人民主权。

孙中山把国家的政治大权区分为政权与治权。他认为:民权就是人民的政治力量,人民管理政治,便叫民权。又说,政是众人之事,集合众人之事的大力量,便叫做政权,这样的政权也可以说是民权。治是管理众人之事,集合管理众人之事的大力量,便叫做治权,治权可以说是政府权。因此,必须把国家的政治大权,分成两个:一个是政权,可以直接去管理国家,这个政权,便是民权;一个是治权,把这个大权完全交到政府机关,要政府有很大的力量,治理全国的事务,这个治权便是

---

① 孙中山:《在广州对国民党员的演说》,《孙中山全集》(第8卷),中华书局1986年版,第572页。

② 孙中山:《在沪举办茶话会上的演说》,《孙中山全集》(第3卷),中华书局1984年版,第326页。

③ 孙中山:《三民主义·民权主义》,《孙中山全集》(第9卷),中华书局1986年版,第354页。

政府权。^①孙中山所谓的治权，是指立法权、行政权、司法权、考试权和监察权，五权"各个独立"。他把这五权称作政府行使管理权的基本形式，叫做"能"。为防止政府在行使管理权时，"过于专横，人民没有办法来管理。不管人民是怎样攻击，怎么样颂扬，政府总是不理，总是不能发生效力"②。孙中山认为，要借鉴瑞士的直接民权，使人民拥有选举权、罢免权、创制权和复决权（通过国民大会行使），即人民有权。这种"权"就是管理政府的力量。在他看来，政府好比一架"机器"，这机器的"原动力"是人民。政权与治权是分开的，也不是孤立自为的，政权决定治权，治权要为政权服务，也就是说官吏、政府都是人民的公仆。他强调"人民随时要他停止，他便要停止。总而言之，要人民真正有直接管理政府之权，便要政府的工作随时受人民的指挥"③，"政府的一动一静，人民随时都是可以指挥的"④。孙中山认为把国家大权分为政权和治权，分别交给人民和政府，将权与能分开，就可以做到人民有权，政府有能，以权制能。如此，"用人民的四个政权来管理政府的五个治权，那才算是一个完全的民治政治机关。有了这样的政治机关，人民和政府的力量才可以彼此平衡"⑤。权与能的平衡，政府的"治权"能为人民的"政权"所控制，民权才有了保障，全民政治才有实现的可能。

在这个最终成熟定型的以"全民政治"为目标的五权宪政模式设计中，备受世人关注的是五权分立及其关系问题，其核心就是关于国家权力如何配置与控制问题。有学者认为，孙中山五权宪政模式由西方三权分立原则发展而来，其中所包含的分权色彩显而易见，其设想包含着机

---

① 孙中山：《三民主义·民权主义》，《孙中山全集》（第9卷），中华书局1986年版，第345、347页。
② 同上，第340页。
③ 同上，第351页。
④ 同上，第354页。
⑤ 同上，第352页。

构分立、互相制约、防止专权的精神。① 另有学者认为,孙中山否认三权分立模式,是由于这种分权体制下权力配置的不平衡导致了权力制约上的不平衡。因此,孙中山并未否定分权所导致的各部门之间的制约关系及其意义。② 还有学者认为,五权宪法强调的是国家机构内的职权分工,因此它不采用分权制意义上的"制衡"原则。③ 笔者以为第三种意见是比较符合历史实际的。从权力"并立"意义上说,从三权中所分出来的考试权和监察权如果要与原来的三权并立,势必要对分权体制重新加以设计,尤其是原有的权力制衡机制也势必要重新构造。所以,可推论出"五权分立"制度在一定程度上已隐含着对西方"三权分立"制度的重大变动。受卢梭的人民主权学说的影响,他始终并不认同西方所谓"给予各部门的主管人抵制其他部门侵犯的必要法定手段",让各种权力之间"彼此有所牵制"。④ 实际上,孙中山在对西方"三权分立"的政体形式进行中西合璧式的调适改造中,西方"三权分立"的根本——权力相互制衡精神并未给予过多的关注,相反有意将之避开弃置了,而只是借鉴了西方分权制的某些表现形式并加以改造为政府权力之间的分工负责,相互配合,其目的是建构一个"无敌于天下"的"万能政府"为人民谋幸福,并在他晚年时期创新性地提出"权能分别"理论那里,希冀通过人民掌握的选举、罢免、创制和复决四个"政权"来控制和制约政府五个"治权"的运行。

然而,孙中山虽然触及到权利制约权力这一宪政的核心原则,但没有设计出有效的手段能真正实现这一目标(这仍是迄今为止人类社会的文化难题)。一部人类社会宪政史告诉我们,要有效地规范和控制政府公共权力,仅仅靠权利制约权力这一充分条件(因缺乏必要手段而不是

---

① 乔丛启:《孙中山法律思想体系研究》,法律出版社1991年版,第126—127页。
② 牛彤:《孙中山宪政思想研究》,华夏出版社2003年版,第169页。
③ 王祖志:《孙中山五权宪法思想研究新见》,《法学研究》1999年第4期。
④ [美]汉密尔顿、杰伊、麦迪逊:《联邦党人文集》,商务印书馆1980年版,第264—265页。

第六章
宪政"中国化"的理论旨趣（一）：孙中山的探索方案

充要条件）是不够的，"防御规定必须与攻击的危险相称。野心必须用野心来对抗"①。权力制约权力或许是目前人类社会找到的更为切实可行的必要的制度保障。以人权保障为旨归是现代民主宪政运行的根本理念，这一理念在政治实践中的集中表现，就是一切公共权力的合法性都根植于宪法之中。具体表现为两个宪政原则：一是公共权力是人们通过宪法授予的，不得行使宪法没有授予的和禁止行使的权力；二是公共权力不得侵犯宪法所规定的公民权利，而且有义务保障公民权利的实现。这些原则精神在制度层面上的落实就是建立有限政府，人类社会实践经验已证明了有限政府目标并不妨碍人类福祉的促进和达成。相反，孙中山的新国家宪政体制设计目的是建立一个中西合璧的五权分立的"万能政府"。从救亡意义和现代民族国家重建的角度上说，这不啻是一个合乎当时中国国情语境的现实选择；但从宪政的核心价值——规范、控制国家的公共权力以保障公民权利上论，这种所谓的"万能政府"背离了近现代以来民主宪政实践所形成的"有限政府"这一经验总结。一方面，这种所谓的"万能政府"在理论上可能出现治权凌驾于政权之上、人民无能为力而处于无权地位的逻辑悖论。他把"政权"和"治权"分授给人民和国家，也说明了孙中山所代表的资产阶级革命派还没有形成彻底的唯物史观。其根源之一是孙中山始终未能克服知识阶层与一般民众的距离，不是把广大民众视为举足轻重的革命动力，而是视为有待解救的对象，嗟怨民智未开，觉悟太低，其现代化宪政纲领与中国的现实之间存在着明显断层。这突出地表现在：孙中山将权与能的关系比作阿斗与诸葛亮的关系，"四万万人都是象阿斗"②，有权而无能，应有诸葛亮式的"先知先觉"者教育、训导"后知后觉"的"阿斗"们，赐予权利，并为之服务。这仍是一种中国传统贤人政治观中的精英主义思维。

---

① [美]汉密尔顿、杰伊、麦迪逊：《联邦党人文集》，商务印书馆1980年版，第264页。
② 孙中山：《三民主义·民权主义》，《孙中山全集》（第9卷），中华书局1986年版，第326页。

其带来显而易见的问题是,"如果人都是天使,就不需要任何政府了。如果是天使统治人,就不需要对政府有任何外来的或内在的控制了"①。那么,孙中山权能分别理论中所设计的以权制能(权利制约权力)就成为无稽之论了。另一方面,这种"万能政府"在实践中也往往导致政府的"能"不受人民的"权"所制约,甚至于侵夺人民之"权"。因为权力的诱惑和人性的弱点,当权者能够以政府需要"万能"为合法借口,无时无刻不在威胁着民众的自由权利,从而最终冲击着宪政的基本精神。所以,孙中山理想化的"全民政治"宪政设计超越了时代和阶级性。在后来国民党统治时期,无论是1931年《中华民国训政时期约法》,还是1936年"五五宪草"抑或1946年《中华民国宪法》等,虽然在一种程度上贯彻了五权宪法思想(主要是五院制、国民大会形式。即便如此,从其内部运作机能及其效果上看,仍与孙中山设计的理想目标存在较大差距),但均对其精神内容作出了一定的修改,在许多方面违背甚至篡改了孙中山民主宪政思想精髓的原意。作为一个真正想为人民谋幸福的忠诚的民主主义者——孙中山的"取法乎上"乌托邦理念很大程度上还是遭遇了现实的困境。

(二) 中国宪政化发展的一般路径

民主宪政政体应严格限制国家(政府)权力的膨胀,要求大力培育和发展民众的自治能力,要求宪法权利观念深入人心并在社会中得到普及和弘扬。所以,即便宪法赋予了人民享有对政府工作人员的选举权、罢免权,对法律的创制、复决权,但宪政能否真正建立起来,却在很大程度上取决于宪法实施状况,以及能否真正树立起宪法的权威。这就需要有实施现代宪政所必需的深厚文化土壤,否则,宪法也只能是一纸空

---

① [美]汉密尔顿、杰伊、麦迪逊:《联邦党人文集》,商务印书馆1980年版,第264页。

第六章 宪政"中国化"的理论旨趣（一）：孙中山的探索方案

文。因为建立宪政必须有相应的宪法文化为基础。宪法文化作为法律文化的核心，是一个民族在特定的文化土壤里，经过长期的历史发展而形成的、相对稳定的有关宪法和宪法现象的制度学说和观念的总和。毫无疑问，任何一个国家如果没有一定的宪法文化作基础，不可能有效实施宪法，建立宪政。因为观念、学说是人们行动的先导，是规范和制度得以形成和运转的强大精神力量。但在近代中国不可能产生宪政精神和宪政制度，其中重要的原因之一在于作为西方近代民主政治制度的产物——宪法从产生之日起就是和对君权的限制紧密联系在一起的，这种文化本身与中国传统封建专制制度尖锐对立，君主专制制度对近代宪政文化具有本能的排斥和否定性的价值评价功能。对于深受封建专制主义思想禁锢的中国广大民众，不知宪法为何物，更不知如何保障自己的权利。从政治法律文化的角度而言，中国传统政治法律文化对宪政文化的排斥性质，决定了近代中国宪政运动乃至整个法制现代化的规模、进程、模式和矛盾的特殊性。如何唤醒民众，把深受专制传统禁锢的广大民众解放出来，实现向现代民主宪政精神的转变，是一个长期而艰巨的历史过程的。在长期的革命实践中，孙中山逐步深刻认识到即使建立了所谓的民国，却并不意味着民主宪政制度能真正运行。通过革命的手段推翻封建帝制建立形式上的民国固然可以，但实行宪政却需要全体人民的努力，更离不开人民宪政意识的养成。他基于中国近代社会实际状况与文化传统因素的考量，设计了一条符合中国国情的宪政道路。

首先，孙中山探讨了中国宪政化发展的一般路径，并预定了如何在中国实现民主宪政的程序方略。早在1902年，孙中山初步勾勒了有关"革命方略"的初步构想。到1924年国民党"一大"召开前夕，又以"建国之程序"体现在孙中山撰写的《国民政府建国大纲》这一纲领性的文件中。从晚年时期基本定型的程序方略来看，他将国家实现宪政化的历程分为军政、训政、宪政三时期。军政时期即破坏时期，施行军法，以武力扫除一切建立民国的障碍，奠定民国基础；训政时期即过渡时期，施行约法，督率国民建立地方自治；宪政时期即革命建设的完成时期，开始施行宪政，国民选举代表、建立宪法委员会，创制宪法。他认为：必须通过军政、训政，然后才能实行宪政，凡"一省完全底定之日，则为训政开始之时，而军政停止之日"，"一省全数之县皆达完全自治者，则为宪政开始时期。"至宪法颁布实施之时，"授政于民选之政府"①。孙中山认为，不经过军政时期，则反革命势力无由消灭，而革命思想亦无法宣传到群众，得到他们的同情与支持。如不经过训政时期，则大多数久经束缚压制的人民，因突然获得解放，而不知道其活动方式，则非墨守其放弃责任的故习，即为人所利用，甚至陷于反革命而不知。正因为如此，也只有"军政时代已能肃清反侧，训政时代已能扶植民治，虽无宪政之名，而人民所得权利与幸福，已非藉宪法而行专政者所可同日而语。且由此以至宪政时期，所历者皆为坦途，无颠蹶之虑。为民国计，为国民计，莫善于此"②。

其次，孙中山提出"地方自治"主张，通过政治实践培育民众的宪政意识和文化氛围。地方自治即以县为单位的自治来行使直接民权，"在兵事完结之后，把全国一千六百多县都划分开，将地方上的事情，让本地方人民自己去治，政府毫不干涉"③。他认为这是实现宪政的前提条件。孙中山认为兴办地方自治是真正做到全民政治的必由之路。全民政治"实行之次第，则莫先于分县自治。盖无分县自治，则人民无所凭藉，所谓全民政治必无由实现。无全民政治，则虽有五权分立、国民大会，亦终无由举主权在民之实也"④。首先，地方自治是宪政的基础，在

---

① 孙中山：《国民政府建国大纲》，《孙中山全集》（第9卷），中华书局1986年版，第127—129页。

② 孙中山：《制定建国大纲宣言》，《孙中山全集》（第11卷），中华书局1986年版，第103—104页。

③ 孙中山：《在广州全国青年联合会的演说》，《孙中山全集》（第8卷），中华书局1986年版，第324页。

④ 孙中山：《中华民国建设之基础》，王耿雄编：《孙中山集外集》，上海人民出版社1990年版，第35—36页。

第六章 宪政"中国化"的理论旨趣（一）：孙中山的探索方案

他看来，地方自治的实施可以广泛吸引人们参与政治活动，从而促进他们对于国家事务的关切和熟悉；其次，实施地方自治得以迅速"移官治为民治"。孙中山认为不"以县作为自治单位"，则"中央及省仍保其官治状态，专制旧习，何由打破"？① 官治是违背民主原则的；与此相反，"民治"意味着"主权在于人民"，无论主权的行使是"直接的"抑或"间接的"，而"予夺之自由仍在人民"，"官治"必须要为"民治"所替代，地方自治则是这种民主变革的主要手段；再次，地方自治还是实现他所倡导的"均权"主张的重要组成部分，"事之非举国一致不可者，以其权属于中央；事之应因地制宜者，以其权属于地方"。② 在孙中山看来，地方自治对于"全民政治"有着极为重要的积极意义，"自治者，民国之础也，础坚而国固，国固则子子孙孙同享福利"。③ 从中国的国情来说，基于两千多年的传统封建统治，广大民众的民主参政意识相当淡薄，在向现代社会转型过程中，需要在政治上训练人民、教育人民，这就是孙中山极为重视以县为单位实行"地方自治"之动因。

再次，孙中山重视国民文化教育，认为教育是实现宪政所必不可少的条件。他认为，学校是文明进步的源泉，必学校普遍建立而后地方自治才能进一步发展。所以，除衣食住行四种人生需要外，首先应当重视学校。他认为：民国的人民，人人都是主人翁，人人都要替国家做事。所以建设一个新地方，首先在办教育，而且要办普及的教育，让普通人民都可以受到教育，然后人人才知道替国家去做事。在孙中山看来，若不这样做，民国便是贵族制度，便是资本制度，而不是实行三民主义的民国。可见，孙中山把教育问题纳入宪法，把普及提高民众的文化素质作为实施"全民政治"所应具备的条件。这样，广大民众就能以国家主

---

① 孙中山：《中国革命史》，《孙中山全集》（第7卷），中华书局1985年版，第67页。
② 孙中山：《中华民国建设之基础》，王耿雄编：《孙中山集外集》，上海人民出版社1990年版，第33页。
③ 孙中山：《在沪举办茶话会上的演说》，《孙中山全集》（第3卷），中华书局1984年版，第330页。

人翁姿态关心、参与国家大事,这是孙中山"全民政治"宪政观在文化教育领域中的必然要求和体现。

很明显,训政时期是孙中山建国程序方略中一个不可或缺的程序阶段,在他看来,要实行宪政,进行普遍的民主宪政思想教育和通过地方自治予以政治训练是必不可少的,因为"中国奴制已实行了数千年之久,所以民国虽然有了九年,一般人民还不晓得自己去站那主人的地位。我们现在没有别法,只好用强迫手段,迫着他来做主人教他练习练习","共和国皇帝就是人民,以五千年被压作奴隶的人民,一旦抬他作皇帝定然是不会作的,所以我们革命党人应当来教训他"。① 虽然,孙中山这种认识不可避免地带有轻视人民的精英主义思维的消极一面,但也折射出他立足于中国国情,对自身文化传统的负面影响更有清醒的认识和自觉。

(三)构筑以"民生"为内容的宪政经济基础

为谋求广大民众的生存、发展和幸福,孙中山在致力变革中国政治的同时,也十分关注中国的经济问题。"既欲谋人类之幸福,当先谋人类生存;既欲谋人类生存,当研究社会之经济。"② 并把这个课题与宪政联系起来,他说:"必先从根本下手,发展物力,使民生充裕,国势不摇,而政治乃能活动。"③ 为此,孙中山把当时中国社会最突出的"土地"和"资本"这两大民生问题亦列入宪法,主张"平均地权"、"节制资本"。

关于"平均地权"。中国的基本国情是:在社会各阶层中农民占绝对优势,没有农民的广泛发动和参与,不能反映农民的利益,"全民性"

---

① 张磊:《孙中山思想研究》,中华书局1981年版,第97页。
② 孙中山:《在上海中国社会党的演说》,《孙中山全集》(第2卷),中华书局1982年版,第510页。
③ 孙中山:《致宋教仁函》,《孙中山全集》(第2卷),中华书局1982年版,第404页。

便无从说起,"全民政治"宪政国家是不可能建成的。当时农村中最迫切需要解决的基本问题,便是农民的土地问题。对此,孙中山有着深刻的认识。他认为,造成经济组织不平均的最大原因是土地权为少数人所操纵。这种土地垄断将直接妨害一般民众的选举权、罢免权等直接民权,正如刘师培在《悲佃篇》所论:"然以多数之佃民,屈于田主一人之下,佃民之衣食,系于田畴,而田畴予夺之权,又操之于地主。及选举期届,佃人欲保其田,势必曲意逢迎,签以田主应其举,则是有田之户,不啻世袭之议员,而无田之人,虽有选举之名,实则失选举自由之柄。"① 所以,孙中山认为:应当为国家规定土地法、土地使用法、土地征收法和地价税法。具体措施是:通过采取"核定地价"、"照价纳税"、"照价收买"和"涨价归公"的手段和步骤,实施"土地国有",通过"平均地权"以实现"耕者有其田"的方案,从而达到预防资本主义的"祸患",造福社会的目的。另一方面,"平均地权"也是保障广大民众能真正行使宪法所赋予的政治权利之必需,"要在政治上、法律上制出种种规定来保护农民。……要规定法律,对于农民的权利有一种鼓励,有一种保障"。② 只有这样,才能使广大民众不仅在主观上而且在客观上有了关心政治、参与政事、行使直接民权的可能。而从本质上说,"平均地权"为资本主义经济的建立、运行提供了必要的前提和扫清了发展障碍,"地权既均,资本家必舍土地投机业,以从事工商,则社会前途将有无穷之希望。"③ 由此可见,孙中山十分重视"土地国有"——"平均地权"的重大意义,并把它视为民生主义的核心和建成"全民政治"的"社会国家"之关键所在。

---

① 韦裔(刘师培):《悲佃篇》,《辛亥革命前十年间时论选集》(第二卷下册),三联书店1963年版,第752页。
② 孙中山:《三民主义·民生主义》,《孙中山全集》(第9卷),中华书局1986年版,第399页。
③ 孙中山:《在广州报界欢迎会的演说》,《孙中山全集》(第2卷),中华书局1982年版,第355—356页。

与土地问题相联系,资本乃是孙中山谋求中国发展的另一重要民生问题。孙中山认为:经济不发达是中国基本的问题,并由此造成了失业、贫穷、饥饿等社会问题。"中国乃极贫之国,非振兴实业不能救贫"①,"一定要发达资本,振兴实业"②。为此,孙中山在极难有所作为的情况下为中国社会经济的发展编制了一幅规模宏大的蓝图——《实业计划》,形成了孙中山国家经济现代化的总体构想。《实业计划》是用国家力量全面推动中国经济发展的总战略,它规定"中国实业之开发应分两路进行,(一)个人企业,(二)国家经营是也。凡夫事物之可以委诸个人,或其较国家经营为适宜者,应任个人为之,由国家奖励,而以法律保护之。……至其不能委诸个人及有独占性质者,应由国家经营之"③,并提出通过发达国家资本在中国实现政治革命和社会革命同时并举,"既废手工采机器,又统一而国有之"④,即既要发展生产力,完成以机器易手工的技术革命,又要变革生产关系,实现国有化,完成社会革命的任务。孙中山的设想是:采取"节制资本"(限定私人资本的经营范围)、发展国家资本以振兴实业,迅速实现工业化,并借以免除和防止西方资本主义的发展所导致的"经济阶级压迫之痛苦"、贫富悬殊所引发的种种社会问题,又使得中国能够象"英国美国一样富足"。可见,孙中山把"国家资本"作为迅速摆脱"不发达"状态和实现"实业主义"的有力手段。"中国本来没有大资本家,如果由国家管理资本,发达资本,所得的利益归人民大家所有,照这样的办法,和资本家不相冲突,是很容易做得到的。"⑤并认为:"实业之发展,不仅为政治进步

---

① 孙中山:《在上海中华实业联合会欢迎会的演说》,《孙中山全集》(第 2 卷),中华书局 1982 年版,第 339 页。
② 孙中山:《三民主义·民生主义》,《孙中山全集》(第 9 卷),中华书局 1986 年版,第 391 页。
③ 孙中山:《建国方略》,《孙中山全集》(第 6 卷),中华书局 1985 年版,第 253 页。
④ 同上,第 250 页。
⑤ 孙中山:《三民主义·民生主义》,《孙中山全集》(第 9 卷),中华书局 1986 年版,第 393 页。

第六章
宪政"中国化"的理论旨趣（一）：孙中山的探索方案

之所必需，实亦为人道之根本。"①

经济基础决定上层建筑，要建立具有中国特色的宪政，就必须构筑与之相适应的经济基础，没有商品经济的普遍发展，宪政也就不可能建立起来。孙中山把经济的发展作为实施宪政、谋求民众幸福的物质保障，即通过在工业化过程中实施的民生主义经济政策（"平均地权"、"节制资本"）克服欧美的弊病，解决贫苦民众的衣食住行等基本的生活问题，实现"人民的满足和幸福"②，从而把中国建设成驾乎欧美之上的真正民有、民治、民享的现代化宪政国家。即孙中山希望通过市场经济的建立、运行和发展，一方面，有助于培育和激发民众追求自由、平等、财产等宪法权利的积极性；另一方面，也有助于培育社会的自治能力，从而造就一支从外部制约政府权力的经济力量。这也是孙中山倡导的"全民政治"宪政观在社会经济生活领域里的集中体现和必然归宿。

综上所述，孙中山的宪政理论广泛地吸收了近现代西方宪政文化的智识成果，在对中国封建专制主义的政治文化进行了深刻批判的同时，从理论上实现了中国由"主权在君"说到"主权在民"说的重大转变，促使近现代民主共和精神开始深入人心，从而对中国现代化进程产生了深远的影响。其宪政理论的提出，实际上是以西方的宪政思想精神为基础，吸收中国古代政治的若干具体经验，进而实现了中西政治思想的初步融合。从早期五权分立政体的提出到成熟时期的"权能分别"宪政模式，以及以"民生"为内容的宪政经济基础的构想，既体现了孙中山对欧美代议制民主政治的智识判断和创新突破，也折射出他对超越欧美的更好政治形态的乌托邦追求理念。孙中山所建构的三民主义宪政思想体系尽管有种种的局限性和不足，毕竟是中国历史上第一次对"中国化"宪政的理论框架问题进行了较为系统的探索和阐述，为后人留下了一笔

---

① 孙中山：《在东京实业家联合欢迎会的演说》，《孙中山全集》（第3卷），中华书局1984年版，第19页。

② 孙中山：《对外宣言》，《孙中山全集》（第6卷），中华书局1985年版，第528页。

宝贵的思想遗产。其宪政思想中许多合理有益的理论成分被中国共产党所直接继承和发展,对后来的新民主主义宪政实践产生重大影响。

三、离合之间:宪政民主框架内的政党

一般认为,政党是现代社会的产物。它是现代政治区别于传统政治的标志性制度装置,是实行代议民主制的立宪国家必不可缺的组织,而成为现代政治秩序不可或缺的要素。从近现代意义上的政党发生、发展史来看,政党不仅深刻地影响一国宪政民主制度的形成和变迁,而且也在某种意义上从不同侧面体现了民主价值和促进了现代民主制度的成长。所以,在制度形态上,无论是一党制抑或两党制、多党制,现代国家几乎无一例外地是政党主导政治过程(实际控制着政治权力运作)的政党国家。作为近代中国资产阶级革命政党的创始人,孙中山在创建中华民国、促进中国民主政治发展的过程中,在不同的革命斗争时期适时调整发展他的政党思想。检讨孙中山在探索实现中国民主立宪过程中政党观的流变得失,有助于我们进一步对孙中山宪政思想的深入研究,理解和把握近代中国语境下革命、宪政和政党之间的关联意义,获得温故而知新的启示。

(一) 中国同盟会时期

在半殖民地半封建的国度里,建立民国、实现民主立宪是孙中山一生的革命追求。早在中国同盟会时期,孙中山提出"革命方略",大致形成了逐步在中国实现民主立宪的最初设计。然而,对于以三民主义为宗旨、以创立五权宪法为目的的中国同盟会,在其宪政民主框架内的地位和作用问题,认识却是模糊的。

第六章 宪政"中国化"的理论旨趣(一):孙中山的探索方案

民权主义是孙中山三民主义思想体系的核心。晚年时期,他在《中国革命史》一文中约略分析了民权主义的文化背景:"……故余之民权主义,第一决定者为民主,而第二之决定则以为民主专制必不可行,必立宪然后可以图治。欧洲立宪之精义,发于孟德斯鸠,所谓立法、司法、行政三权分立是已。欧洲立宪之国,莫不行之;然余游欧美,深究其政治、法律之得失,知选举之弊,决不可无以救之。"① 多年旅居海外生涯,使得孙中山在深信民主立宪制度价值的同时,也深刻洞察到西方代议民主框架下政党政治的流弊。他认为:"今天的一般共和民主国家,却将国务当作政党所一手包办的事业,每当更迭国务长官,甚且下至勤杂敲钟之类的小吏也随着全部更换,这不仅不胜其烦,而且有很大的流弊。"② 这种流弊表现在:一是官员的产生不是普遍选举,也不是考试遴选产生,主要是由政党主导下的选举以及委任,本质上就是政党分肥(分赃),既阻滞真正有才识的人脱颖而出,且政党更迭造成政府烦累,更易滋生腐败。"美国官吏有由选举得来的,有由委任得来的。从前本无考试的制度,所以无论是选举、是委任,皆有狠大的流弊。就选举上说,那些略有口才的人,便去巴结国民,运动选举;那些学问思想高尚的人,反都因讷于口才,没有人去物色他。所以美国代表院中,往往有愚蠢无知的人夹杂在内,那历史实在可笑。就委任上说,凡是委任官都是跟着大统领进退。美国共和党、民主党向来是迭相兴废,遇着换了大统领,由内阁至邮政局长不下六七万人,同时俱换。所以美国政治腐败散漫,是各国所没有的。"③ 即使后来英美等国先后开始试行考选制度,一定程度上改良了政治,"但是他只能用于下级官吏,并且考选之权仍

---

① 孙中山:《中国革命史》,《孙中山全集》(第7卷),中华书局1985年版,第61页。
② 孙中山:《与该鲁学尼等的谈话》,《孙中山全集》(第1卷),中华书局1981年版,第319页。
③ 孙中山:《在东京〈民报〉创刊周年庆祝大会的演说》,《孙中山全集》(第1卷),中华书局1981年版,第330页。

然在行政部之下,虽少有补救,也是不完全的"①。二是随着政党的发达,立法、司法和行政三权分立形态开始异化失衡,代议制度演变成了"议会专制"。"现在立宪各国,没有不是立法机关兼有监督的权限,那权限虽然有强有弱,总是不能独立,因此生出无数弊病。比方美国纠察权归议院掌握,往往擅用此权,挟制行政机关,使他不得不顿首总命,因此常常成为议院专制。"②而且,"裁判人民的司法权独立,裁判官吏的纠察权反而隶属于其他机关之下,这是不恰当的"③。所以,在基本肯认西方代议民主原理和价值的基础上,孙中山主张应当复活中国固有的两大制度,以防止三权分立之流弊:一是考选权应从行政权独立出来,单独设置,通过考试制度来挑选优秀人才掌管国务;二是纠察权(监察权)应从三权分立体制下的议会权力中分离独立,主要职能就是监督议会以及专门监督国家政治,纠正其所犯的错误,弥补共和政治的不足。由此通过中西合璧式的调适,孙中山初步构建了立法、行政、司法、考选、纠察五权分立"破天荒的政体"。此外,这一时期的孙中山根据对中国国情的体认,认识到民主宪政的实现不可能一蹴而就,必然经历一个发展的过程。在《中国同盟会革命方略》中,孙中山初步勾勒了革命建国的程序方略,即将国家宪政化历程分为"军法之治"、"约法之治"、"宪法之治"三时期,认为:只有经由革命建国三序,"俾我国民循序以进,养成自由平等之资格"④,以为中华民国之根本。

---

① 孙中山:《在东京〈民报〉创刊周年庆祝大会的演说》,《孙中山全集》(第1卷),中华书局1981年版,第330页。

② 同上,第331页。孙中山对英国的政党政治也有相似的揭露和评判,他说:"但英国后来因政党发达,已渐渐变化。现在英国并不是行三权政治,实在是一权政治。英国现在底政治制度是国会独裁,行议会政治,就是政党政治,以党治国。"(孙中山:《在广东省教育会的演说》,《孙中山全集》第5卷,中华书局1985年版,第492页。)

③ 孙中山:《与该鲁学尼等的谈话》,《孙中山全集》(第1卷),中华书局1981年版,第320页。

④ 孙中山:《中国同盟会革命方略》,《孙中山全集》(第1卷),中华书局1981年版,第298页。

第六章
宪政"中国化"的理论旨趣（一）：孙中山的探索方案

从这一时期孙中山的大量言论中我们可以看到，在对未来中国政制设计中，孙中山并没有对政党在民主立宪过程中的地位和作用作出正面回答，而是从政府效能角度更多地强调了传统政党政治的弊端及其防范的问题。这至少可以说明在中国同盟会时期，孙中山是不提倡、不主张西方式政党政治的。当然从总体上看，早期五权宪政架构只是一张以西方三权分立政体为蓝本发展而来的宪政方案草图，从根本上说还未完全跳出西方代议民主制的窠臼。他所强调的五权分立仍是以代议政治为基础的，议会是国家权力机关，人民仅享有间接民权，政党在其早期政制设计中仍隐含有正当性理据和活动的空间，决定了这一时期他对于政党政治也未持根本否定的态度。孙中山这种若即若离、不置可否的暧昧立场，甚至于民元初年还直白地表达过。1912年8月，孙中山在北京与袁世凯会面，在其中的一次谈话中，袁世凯询问孙中山对所谓政党内阁的意见，孙中山回答说："国家本无政党内阁之必要，但各视乎其时，时而宜乎政党内阁，则政党之时。而不必政党内阁，则超然之。"① 实际上，深孚众望而被推选为国民党理事长的孙中山（实际党务由宋教仁负责）这种暧昧而不是坚定的立场，使得政治投机心极强的袁世凯试探出刚改组的国民党的虚实，明显暴露了国民党自身宗旨目标不一致和组织涣散软弱无力的缺陷，间接地为袁世凯日后得以肆意破坏共和行为提供了一个反面的注脚，在一定程度上打消了袁氏的政治顾虑。

辛亥革命前后，孙中山对于政党政治所持这种暧昧立场的产生，是与他的政党建设理论准备明显不足相关联的。囿于历史和自身的局限性，他一直未能找到抑或建构一种能借鉴英美"取法乎上"的、适合中国国情的政党理论思想武器。晚年时期，他在检讨中国革命未能成功原因时，深刻地意识到自己所创建的无论是中国同盟会还是后来的中华革

---

① 孙中山：《与袁世凯第四次的谈话》，王耿雄编：《孙中山集外集》，上海人民出版社1990年版，第183页。

命党都缺乏必要的政党理论支持。他承认指出:"推究其故,实在许多缺点,且许多工作未做。此种工作,在革命后固未尝做,在革命前亦未做。其所以未做之故,因为吾等未曾发明有好的方法;且因为知识不足,尚未看见此种道理。""从前何以不从事于有组织、有系统、有纪律的奋斗?因为未有模范,未有先例之故。"① 从西方政党的发生史上看,大都是在资产阶级革命胜利后产生的——先完成了近代民族国家的重建而后才有政党,是代议民主政治框架内的制度产物——"执政宪法"式的政党。与此相反,近代中国的政党产生于半殖民地半封建社会之中,是因应革命需要而出现的,其主要宗旨和任务是建立一个独立的现代化取向的民族民主国家,革命与宪政构成了近代中国国家重建的两个重要手段。以西方宪政架构为参照,孙中山首先创新性建构了未来中国的宪政框架,希望以此来发动和指引中国革命,这就决定了他所创建领导的中国同盟会(甚至包括后来的中华革命党、中国国民党),明显地具有浓厚的"革命宪法"式的政党色彩。在如何将政党与革命、宪政之间的关联打通的问题上,即在如何从革命通往宪政,尤其是如何认识作为"革命宪法"式的政党——中国同盟会在革命到宪政过程中的地位和作用问题,孙中山面临着两个全新的理论课题:一是中国同盟会的政纲宗旨如何在革命过程中得以真正贯彻,将被广泛动员起来的各种社会政治资源聚集在其旗帜下,以保证革命目标不致偏离,革命成果不致流产异化。二是革命一旦成功,以三民主义为宗旨、以创立五权宪法为目的的政党如何实现"革命宪法"式的政党到"执政宪法"式的政党的角色转换,最终实现通过宪法使革命的政治诉求得到了满足和安顿的目的。这两个理论课题,无论是西方资产阶级革命成功经验还是革命后的西方政党理论范式,并未能给孙中山及其所创建的政党组织工作提供多少可资

---

① 孙中山:《在广州大本营对国民党员的演说》,《孙中山全集》(第8卷),中华书局1986年版,第436页。

第六章
宪政"中国化"的理论旨趣（一）：孙中山的探索方案

借鉴的经验和理论支持，在这样的历史实践问题上，简单的"拿来主义"显然是捉襟见肘。社会历史实践事实表明：孙中山只是把中国同盟会视为一个志同道合者的松散组织，是聚集人才以图革命大业的手段，而忽视了政党建设（当然，这又受到政党理论准备不足的因素制约）。[①]存在着严重的政治上分野、组织上分裂现象的中国同盟会在辛亥革命前夕已名存实亡，而无法担纲起引领中国人民实现从革命通往宪政的既定目标。直到晚年时期，孙中山从俄国十月革命成功经验中才找到解题方法——"以党建国"，比较清晰而系统地阐述了政党（中国国民党）在实现国家重建目标"革命过程"中的地位和作用；而后一个问题即通过革命取得执政地位的政党在宪政民主体制中的作用及其应遵循的活动原则问题，直到孙中山逝世甚至在其身后相当长的时期里，依然困扰着后来人。

值得深思的是，与欧美宪政自然演进型（经验主义）的文化进路不同，孙中山所设计的未来中国五权宪政体制则带有鲜明的建构主义特征。他忽略一般民众对于建构宪政政治的作用。在某种意义上这是一种精英主义思维。其带来的显而易见问题是：为什么应该是孙中山（或是其他知识精英）来确定从革命通往宪政的目标范式及其实现过程（由军法之治到约法之治，再到宪法之治）呢？由宪法的人民意志性这一本质属性决定了是人民而不是其他诸如学者、政治家等少数精英，构成了民族国家宪政体制建构和发展的主体和原动力。选择何种类型的共和国政体形式（无论是三权分立还是五权分立抑或其他），是人民不可放弃也不能让渡的制宪权力之一。共和国应当是遵循人民意愿、由人民选择的

[①]《中国同盟会总章》第三条规定："凡国人所立各会党，其宗旨与本会相同、愿联为一体者，概认为同盟会会员。"1906年孙中山在《中国同盟会革命方略》中亦认为："故前代为英雄革命，今日为国民革命。所谓国民革命者，一国之人皆有自由、平等、博爱之精神，即皆负革命之责任，军政府特为其枢机而已。"（参见《孙中山全集》第1卷，中华书局1981年版，第284、296页。）大量史实表明：中国同盟会成立后，其主要职能和作用是放在革命的宣传发动工作上，尚未认识到应当通过建立强有力的组织来主导完成实现宪政目标的革命过程中的意义。

20 世纪前半叶
宪政"中国化"的文化探索

共和国,而不是少数精英意象中并事先设计的共和国(当然,不能因此否认政治精英阶层或政党通过长期的革命或建设实践在凝结人民意志过程中的作用,甚至这种作用是巨大的以至于能够代表或反映人民的意志)。很明显,因人民"缺场"而未形成重叠共识的五权宪政架构,仅是孙中山等少数精英的一厢情愿,在实践中既无法获得民众的认同和支持,甚至在一盘散沙式的中国同盟会(及其后来的政党)那里,多数成员同样亦不信奉。历史事实表明,当辛亥革命发生后,南京临时政府所确立的总统制抑或稍后的议会内阁制,所仿效的仍是英美式的以三权分立为基础的代议民主政治,而不是孙中山的五权分立式宪政架构。

(二)国民党(1912 年)和中华革命党时期

其实,革命初定之时,就在中国同盟会内部大多数成员置其革命方略、五权宪法于不顾,单纯地认为"但使清帝退位,则民国既成,讴歌太平,坐待共和幸福之降临"[①],并开始热衷于西方三权分立式代议民主的这样一种政治氛围里,孙中山有些"心灰意懒"和言不由衷了。在以后提及这段历史的时候,孙中山表达了当时自己的无奈失望之情:"但当组织国民党之时,我已经辞了临时大总统。我当时观察中国形势,我已经承认吾党立于失败之地位。我当是时极为悲观,我以为在吾党成功之时,吾党所抱持之三民主义、五权宪法尚不能施行,更复有何希望?所以只有放去一切,暂行置身事外。后来国民党成立,本部设在北京,推我任理事长,我决意辞却。当时不独不愿意参加政党,而且对于一切政治问题亦想暂时不过问。但一般旧同志以为我不出而担任理事长,吾党就要解体,一定要我出来担任。我当时亦不便峻却,只得答应用我名

---

① 孙中山:《中国革命史》,《孙中山全集》(第 7 卷),中华书局 1985 年版,第 69 页。

义，而于党事则一切不问，纯然放任而已。"①

暂时的挫折和失望并不意味着悲观绝望。孙中山清醒地认识到政党政治是共和政体的前提和保障。在他看来，《临时约法》所确认的中华民国以政党责任内阁制为典型特征的三权分立政体，虽不是理想的政制安排，毕竟宣告了"中华民国"这一民主共和国体形式，如果能维持、巩固，亦不失为一种促进社会进步的政治努力，"盖以为但使国无大故，则社会进步，亦足以间接使政治基础，臻于完固。如此，则民国之建设，虽稍迟滞，犹无碍也"②。所以，在理想和现实之间，孙中山一方面期望有"更进步、更适宜之宪法"（即他所创制的五权宪法）以替代《临时约法》，另一方面则努力维护《临时约法》的尊严，"俾国本不因以摇撼"。③ 随着国民党在国会选举中的胜利，原本并不赞成责任内阁制但仍能"以大局为念"的孙中山很快调整了心态。大致从 1912 年辞去临时大总统一职后不久，至 1917 年护法运动前后，孙中山本人两度（1912~1913 年、1916~1918 年）因应形势之需要，"从善如流"，以民国创始人的地位和影响力大谈特谈早先有所批评的英美政党政治了。

在 1912~1913 年期间，他首先集中发表了大量的有关代议民主制下政党政治原则的言论。从这些言论上看，孙中山比较准确地介绍了西方宪政民主框架下的政党理论，关注了政党的性质、地位和作用，政党的运作机制以及政党政治模式的选择等诸多问题，并重点探讨了"党争"与"党德"问题④，期望能协调、引导、规范中国政党政治走上所谓"正途"。当然，如果从孙中山宪政思想发展的总体脉络上考察，这些言论并不意味着孙中山开始改弦更张，而应视为其政党观流变中的一

---

① 孙中山：《在广州大本营对国民党员的演说》，《孙中山全集》（第 8 卷），中华书局 1986 年版，第 433 页。
② 孙中山：《中国革命史》，《孙中山全集》（第 7 卷），中华书局 1985 年版，第 68 页。
③ 同上，第 70 页。
④ 这仍是一种精英主义思维，更多地强调了道德、觉悟、知识和素养，而忽略了影响政治的关键因素：利益和力量。

段不和谐插曲。在"取法于人"、"取法乎上"的功利主义思维意识下，西方政党（政治）理论始终未对孙中山产生持久而深刻的影响。学界中有论者因此指出："孙中山在民初发表的关于政党政治的言论，并不是他宪政思想内在逻辑演化出来的东西，而是为了因应特定的时局、特定的需要所作出的反应"，"带有很强的权宜性特征"，"接受政党政治是一种退而求其次的做法"。① 在其思想深处，一以贯之的是作为对西方代议民主下"政党分肥"政治纠偏的五权分立架构，才是孙中山心目中未来中国理想的政制安排。

然而，在民初恶性的无序化党争所带来的政治纷乱局面下，一盘散沙的国民党作为议会组阁政党，并未能如愿使民主共和政治秩序安定下来。甚至在袁世凯的"强人政治"下，它既无法捍卫"民国"所宣告的天赋权利不被侵犯，也无法避免辛亥革命形式上的胜利果实——"民国"有随时被颠覆的危险。随着"宋案"②的发生以及随后的二次革命的失败，面对严酷政治现实的孙中山反思认为，国民党"当时党员虽众，声势虽大，而内部分子意见分歧，步骤凌乱，既无团结自治之精神，复无奉令承教之美德，致党魁则等于傀儡，党员则有类散沙"③。从1914年开始，经过半年多的思索和总结，孙中山决定另起炉灶创建中华革命党，强调"吾人立党，即为未来国家之雏形"④。他重新拾起一度尘封的五权宪法思想，并有所发展。在其手书的《中华革命党总章》中明确提出：在中华革命党总部之内，应当设立行政部、立法院、司法院、监察院和考试院，五院独立平行，目的是"使人人得以资其经验，备为

---

① 牛彤：《简论孙中山民主立宪思想中的政党观》，《政治学》（中国人大报刊复印资料）2003年第2期。

② 民国初年袁世凯刺杀宋教仁的案件。1913年初，国民党领袖宋教仁连续发表竞选演说，抨击袁世凯政府，主张实行议会政治，引起袁世凯的仇视。不久国民党在国会选举中获胜，袁世凯派人于1913年3月20日在上海车站刺死宋教仁。由此引发了"二次革命"。

③ 孙中山：《致陈新政及南洋同志书》，《孙中山全集》（第3卷），中华书局1984年版，第92页。

④ 孙中山：《复杨汉孙函》，《孙中山全集》（第3卷），中华书局1984年版，第184页。

第六章
宪政"中国化"的理论旨趣（一）：孙中山的探索方案

五权宪法之张本"。① 在初步分析民初政党政治纷乱原因的基础上，孙中山首先把中国争取民主政治、促进社会进步的希望寄托在自己重建的革命党身上，强调革命时期（自革命军起义之日至宪法颁布之时，涵盖了孙中山所设计的"军政"和"训政"两个时期）"一切军国庶政，悉归本党负完全责任，力为其难，为同胞造无穷之幸福"②。在由革命到宪政的程序设计中，他提出了"训政"构想取代原先的"约法之治"主张。这样一来，作为"约法之治"的制度文本——中华民国的《临时约法》首先在观念上已被孙中山间接否定了（虽然袁世凯死后，孙中山再次因应形势仍打出"护法"旗帜）。也许在孙中山眼里，既然违背其"初衷"的《约法》仅仅是"临时"的而且一直也"约"不出民主政治，不如毁弃。后来，孙中山干脆直白地表达了自己对《临时约法》的否定态度："兄弟在南京的时候，想要参议院立一个五权宪法，谁知他们各位议员都不晓得什么叫五权宪法。后来立了一个约法，兄弟也不理他，我以为这个只有一年的事情，也不要紧，且待随后再鼓吹我的五权宪法罢了。后来看他们那个'天坛宪法'草案，不想他们果然又把自己的好东西丢去了！""在南京所订民国约法，内中只有'中华民国主权属于国民全体'一条是兄弟所主张的，其馀都不是兄弟的意思，兄弟不负这个责任。"③ 其次又针对中国同盟会（及其1912年改组的国民党）时期"但求主义之相同，不计品流之纯粹"的弊端，为防止某些人在革命高涨时候乘机混入革命队伍搞政治投机的类似情况的再次发生，他将党员按入党先后区分为三种："凡于革命军未起义之前进党者，名为首义党员；凡于革命军起义之后，革命政府成立以前进党者，名为协助党员；凡于革命政府成立之后进党者，名曰普通党员。"规定："革命成功之日，首

---

① 孙中山：《中华革命党总章》，《孙中山全集》（第3卷），中华书局1984年版，第100页。
② 同上，第97页。
③ 孙中山：《在广东省教育会的演说》，《孙中山全集》（第5卷），中华书局1985年版，第497页。

义党员悉隶为元勋公民，得一切参政、执政之优先权利；协助党员得隶为有功公民，能得选举及被选权利；普通党员得隶为先进公民，享有选举权利。""凡非党员在革命时期之内，不得有公民资格。必待宪法颁布之后，始能从宪法而获得之；宪法颁布以后，国民一律平等。"① 此外，孙中山在党章中又规定总理的种种特权，力图加强政党领袖的权威。不仅如此，稍后不久在给党内同志的一封批复函中，孙中山进一步明确提出革命成功后，"非本党不得干涉政权，不得有选举权，故将来各埠选派代表，非本党人不可。"②

对中华革命党的党章的解读表明，孙中山对于政党在实现国家重建目标"革命过程"中的地位和作用开始有了认识，甚至明确提出了革命时期一党训政、"以党治国"的观念。这在某种程度上预示着孙中山政党观发展的可能方向。而应当说明的是，在中国国民党改组以前，其所谓的"以党治国"论是放在"革命时期"（包括军政和训政两阶段）而不是"宪政时期"的语境下强调的，其理念是英美式的"党在国中"（因为这一时期苏俄式的"党在国上"理念根本无从借鉴），并不是要从根本上否定、排斥议会政党政治，本质上也未超出西方式议会民主、政党政治的范畴。这可以从孙中山本人后来的言论逻辑表述上得到印证。

---

① 孙中山：《中华革命党总章》，《孙中山全集》（第3卷），中华书局1984年版，第98页。值得一提的是，孙中山对三种类型党员的区分规定，客观上也造成了党内权力等级壁垒的不良后果，更使得党群关系紧张。

② 孙中山：《批伍曜南函》，《孙中山全集》（第3卷），中华书局1984年版，第104页。这一段言论似乎可推导出孙中山已存在"一党执政"否定西方式政党政治的思想痕迹。但1922年后，孙中山对"以党治国"论的内涵重新作出解释，从理论上又否定了"非本党不得干涉政权"的狭隘设想。他说："本总理向来主张以党治国。以党治国这一说，是什么意思呢？是不是所有的党员都要做官，才算是治国呢？如果党员的存心都以为要用党人做官，才算是以党治国，那种思想便是大错"，"所谓以党治国，并不是要党员都做官，然后中国才可以治；是要本党的主义实行，全国人都遵守本党的主义，中国然后才可以治。简而言之，以党治国并不是用本党的党员治国，是用本党的主义治国……至于党党员若是的确为人才，能胜大任的，自当优先任用，以便实行本党的主义。倘若有一件事发生，在一个时机或者一个地方，于本党中求不出相当人才，自非借才于党外不可。"（参见孙中山：《在广州中国国民党恳亲大会上的演说》，《孙中山全集》第8卷，中华书局1986年版，第281、282页。）

第六章 宪政"中国化"的理论旨趣（一）：孙中山的探索方案

"我从前见得中国太纷乱，民智太幼稚，国民没有正确的政治思想，所以便主张'以党治国'。但到今天想想，我觉得这句话还是太早。此刻的国家还是太乱，社会还是退步，所以现在革命党的责任还是要先建国，尚未到治国。……故中国现在还不能像英国、美国以党治国。"① 上述这段话说明了：由于民初政党组织纪律涣散，国会被袁世凯操纵甚至于被武力解散，所谓的政党政治根本无法真正展开的严峻现实下，中华革命党时期孙中山因此希望通过建立强有力的革命政党组织来主导政治重建过程、控制政治权力的运作，通过"军政"和"训政"实现政治秩序的安定成为首要任务，其最终目的仍在于真正实现类似于英美国家那样的以党治国为特征的议会政党政治。

正因为如此，随着袁世凯因复辟帝制闹剧而在人民唾骂声中死去，黎元洪继任总统并恢复了国会，以"实行民权、民生两主义为宗旨"，以扫除袁世凯专制政治、"建设完全民国"为目的的中华革命党失去了革命再造共和的正当性。1916～1918 年期间，孙中山不得不再次回归到政党政治、巩固共和的框架里，并就中华革命党改组问题向党内征求意见。② 他主张，一方面先以在野党地位，"纯取监督政府主义"③，另一方面鉴于中华革命党不景气，又希望能恢复民初国民党名义招人入党，但以中华革命党的入党手续为主要内容扩充党务④，俟时机成熟成为组阁

---

① 孙中山：《中国国民党第一次全国代表大会开幕词》，《孙中山全集》（第 9 卷），中华书局 1986 年版，第 96—97 页。
② 1916 年 7 月 25 日，孙中山在《中华革命党本部通告》中即声称："本党成立，实继癸丑革命而起，其重要目的在推翻专制，重造民国。迨袁贼自毙，黎大总统依法就职，因令各省党军停止进行。今约法规复，国会定期召集。破坏既终，建设方始，革命名义，已不复存，即一切党务亦应停止。将来如何改组，有何办法，应征求海内外各支、分部之意见。"（参见《孙中山全集》第 3 卷，中华书局 1984 年版，第 333 页。）
③ 孙中山：《致全国各同志函》，《孙中山全集》（第 3 卷），中华书局 1984 年版，第 376 页。
④ 孙中山：《复郭标函》，《孙中山全集》（第 3 卷），中华书局 1984 年版，第 382 页。

执政党时,"发舒吾党之政策耳"①。可以看出,在对民初仿效欧美式的代议民主下政党政治彻底失望之前,为因应形势而最大限度地整合国内政治资源,孙中山尚未摆脱中国同盟会时期就已存在的"重政轻党"(重视政治、轻视政党建设)观念情结。

(三)中国国民党时期

两次护法斗争的失败,无情地粉碎了孙中山对民初议会政党政治的最后一点奢望。同时,苏俄十月革命胜利所提供的"党放在国上"党治建国经验,也为中国政治现代化诉求提供了一种新的政党范式。孙中山再度回到"以党治国"框架里,同时明确了应先"以党建国"再"以党治国"。他说:"现尚有一事可为我们模范,即俄国完全以党治国,比英、美、法之政党,握权更进一步;我们现在并无国可治,只可说以党建国。待国建好,再去治他。"②通过师法苏俄的建党经验,孙中山在认真清理他自己长期以来存在的"重政轻党"思想倾向的同时,深刻认识到建设一个坚强有力的革命政党组织是完成革命重建民国政治基础目标的关键和保障。他后来总结指出:"政治进行是靠不住的,随时可以失败。军事进行,现在也有了多年,靠着他来改造国家,还说不定成功与否。所以政、军两种进行,成败都未可必。只有党务进行,是确有把握的,有胜无败的。"③为此,1919年10月孙中山将中华革命党改组为中国国民党,强调国民党是民国的根本:"我们中华民国算是一棵大树,我们革命党就是这树的根本……诸君须知党事为革命源起事业,革命未成功时要以党为生命,成功后仍然绝对用党来维持。所以办党比无论何

---

① 孙中山:《致全国各同志函》,《孙中山全集》(第3卷),中华书局1984年版,第376页。

② 《孙中山选集》(下册),人民出版社1991年版,第103页。

③ 孙中山:《在上海中国国民党改进大会的演说》,《孙中山全集》(第7卷),中华书局1985年版,第6页。

第六章
宪政"中国化"的理论旨趣（一）：孙中山的探索方案

事都要重要。"① 这里，孙中山不仅强调要由国民党领导的"一党革命"式建国，而且革命成功后也要由国民党维持的"一党训政"式治国。这是对民初多党政治试验的概括否定，表明孙中山晚年时期的"以党治国"思想已经不同于欧美的政党政治。孙中山对政党之于实现国家重建目标"革命过程"中意义的认识更清晰了。俟 1923 年曹锟玩弄约法、贿选总统发生后，孙中山更是直截了当地宣称："现在护法可算终了，护法名义已不宜援用。因数年来吾人护法之结果，曹、吴辈毁法之徒，反假护法之名恢复国会。北京国会恢复后，议会丑态贻笑中外，实违反全国民意。"② 因此，他号召国会议员放弃对代议民主下政党政治的幻想，从今以后"舍国会之奋斗，助革命之进行"③。

伴随着对民初议会政党政治试验的批判和离弃的同时，孙中山的五权宪政架构也进行了修正、补充、丰富而成熟定型。早在 1916~1921 年期间，孙中山已有权能分别的初步构想。1922 年，孙中山在《中华民国建设之基础》一文中，特别提出民治的方略：全民政治、地方自治、五权分立、国民大会。前二者为直接民权（包括选举权、罢免权、创制权和复决权四权），由人民直接行使；后二者为间接民权，由人民普选的国民大会代表行使。他认为此四者兼备，则全民政治便能实施。1924年，孙中山手订《国民政府建国大纲》，有关新国家宪政的实现程序及具体制度构建完成。至此，孙中山的宪政思想已从早期的"五权分立"发展到以"全民政治"为目标的"权能分别"体制。概括地说，孙中山晚年时期提出的理想化宪政是：通过五权分立、人民有权（政权或民权）、政府有能（治权或政府权）、权能分别、以权制能和地方自治，以

---

① 孙中山：《在上海中国国民党本部的演说》，《孙中山全集》（第5卷），中华书局1985年版，第262—263页。
② 孙中山：《在大本营军政会议的发言》，《孙中山全集》（第9卷），中华书局1986年版，第10页。
③ 孙中山：《复旅沪国会议员函》，《孙中山全集》（第8卷），中华书局1986年版，第488页。

实现所谓的"全民政治"目标。在这个最终成熟的具有某种乌托邦色彩的五权宪政架构下,代议政治为全民政治所取代,五权演变为治权性质,而为人民之四大直接民权所制约,议会政党政治的正当性根基已被断然否定。而在中国自由主义大师胡适看来,如果孙中山的五权宪法真能逐渐实行,甚至连政党也可能丧失了存在意义,认为在全民政治框架下,可以达到"全国家的、超党派"的政治即"无党政治"。他说:"五权之中,司法当然应该是无党的(在文明的国家早已如此,法官与军人都是无党的)。考试权也应该是无党的:考试的意思是为事择人,只求得人,不应问人的政治派别(在这一点上,英国的文官考试制度最可取法)。监察权也当然是无党的:监察制度起于'铁面无私'的监察御史,内不避亲,外不避仇,何况党派?剩下的只是行政和立法两权了。立法一权,在外国属于议会,而在中山先生的政治思想里,议会的质问弹劾权已划到监察权去了,分赃式的任官承认权也被考试制度替代了,所以立法权只成了一种制定法律和修改法律的专门技术事业,这当然也可以无党的了。所剩的只有行政一部,然而一切事务官如果全用考试制度,那么,行政权的绝大部分也可以不受党派政争的支配了。"①

其实,胡适的推论是针对国民党政府统治时期有人怀疑多党竞争会引起重演民初党派无序纷争闹剧时有感而发的,藉此批判国民党政府的党国体制。在笔者看来,从其民主立宪思想体系和"以党治国"论的内在逻辑关联上看,并不能推导证成孙中山存在"无党政治"的结论,当然也不因此封杀政党政治的生存空间(只不过或许不再认同欧美那种两党制或多党制的轮流执政)。笔者以为,晚年时期孙中山政党思想同时存在着两种面相的"以党治国"观:苏俄式和英美式。英美式的"以党治国"理念上是"党在国中"(即在宪政民主框架下,政党在议会和政

---

①\ 胡适:《从一党到无党的政治》,《胡适文集》(第十一册),北京大学出版社1998年版,第638—639页。

府中活动），苏俄式的"以党治国"却是"将党放在国上"。在孙中山看来，苏俄式的以党治国政治并不是民主的，是与他一生追求的民主立宪理念相背离的。"俄国底劳农政府，或曰苏维埃政府，乃注重民生主义，而无民族主义的意味；至于民权一层，乃其附属品而已，此亦与吾人不同。"① 所以，在他所提出的军政、训政、宪政"建国三序"里，应当是前两个时期采取苏俄式"以党治国"观，即"以党建国"相当于军政时期，"以党治国"则对应训政时期，且仅是在训政时期强调"党在国上"，而在"宪政"时期则不应存在"党在国上"党治国家问题。1924年1月，孙中山在改组后的中国国民党第一次全国代表大会上致开幕词时说："此刻的国家还是太乱，社会还是退步，所以现在革命党的责任还是要先建国，尚未到治国。……故中国现在还不能像英国、美国以党治国。"② 可见，在孙中山的思想深处，英美式的"党在国中"理念或许才是"宪政"时期的应然本质要求。至于如何真正体现"党在国中"，即革命政党成为执政党后，应如何在宪政的框架下依宪治国、依法执政问题，甚至其他党派在宪政体制中的地位和作用等问题，孙中山还未探讨，一定程度上反映出孙中山政党建设的理论前瞻性不足。当然，胡适的结论难免有失偏颇之处，具有某种"反政治"的乌托邦情结，毕竟在现实的经验世界里，党派利益之争正是民主政治的驱动力量。也许萧公权的评论可能是一个中肯的注脚："孙先生的基本政党主张是不曾错误的。他主张民主政治必须靠合格的政党来运用，政治的进步必须赖政党的互相监督而保持，政治的竞争必须以和平的政党竞争为手段。这些都是民主宪政的天经地义。他后来虽然为了应付环境的需要而提出了仿效苏俄的主张，但他的目标还是在于实现民主的政党政治。专政与训政不

---

① 孙中山：《在中国国民党本部特设驻粤办事处的演说》，《孙中山全集》（第5卷），中华书局1985年版，第475页。

② 孙中山：《中国国民党第一次全国代表大会开幕词》，《孙中山全集》（第9卷），中华书局1986年版，第96—97页。

过是过渡的办法。还政于民与各党问政才是最终的鹄的。"① 当然，理论的自圆其说和逻辑的演绎推理并不意味着真正找到了通向民主宪政之路的坦途，"党在国上"的训政手段与宪政目的的背离和冲突，极易使"以党治国"陷入进退维谷的两难境地。这严重考验着政治家的智慧和能力。如果施行不善、误用误读，甚至错把手段当作目的，理想与现实之间的巨大反差，往往导致政治的合法性资源的急剧丧失。后来，南京国民党政府在大陆统治的迅速垮台便是一个例子。

  纵观孙中山一生政党思想的流变轨迹，与其五权宪法思想的发展相适应，在议会政党政治问题上，其立场经历了从初期的暧昧到因应形势下两度认同最后又偏离排斥的"扬弃"过程。从批判的武器到武器的批判，孙中山在民初维护临时约法、并以代议民主的政党政治作为反对专制统治的武器的同时，也对于这个武器进行了批判。孙中山这一"与时俱进"的扬弃过程，从一个侧面折射出现代化语境下中国政治变革的艰巨性，亦为后人提供了宝贵的经验和启示。

---

  ① 萧公权：《中国政党的过去与未来》，萧公权：《宪政与民主》，清华大学出版社 2006 年版，第 176—177 页。

第七章 宪政"中国化"的理论旨趣（二）：毛泽东的新民主主义宪政理论及实践

在中国宪政思想史上，毛泽东作为"人民共和国"的缔造者，在领导中国革命和建设过程中，结合中国具体国情，对宪政的许多命题都有独到的思想。在对西方近现代民主宪政理论和制度范式"扬弃"的基础上，毛泽东继承和发展了孙中山民主立宪思想中的某些合理内核，在新民主主义革命时期开拓性地提出了以实现最大多数人的民主为核心价值的立宪模式，并通过新民主主义的宪政实践，初步构建起比较系统且具有中国特色的民主宪政理论和制度体系，从而在学理意义和实践意义上第一次敲开了"中国化"宪政之门，也大致奠定了当代中国宪政制度的基本框架和发展模式的基础。

一、对宪政的内涵及其本质的马克思主义阐释

如果说宪政文明是现代化追求中的一种可欲的制度生态，那么什么是宪政？宪政的本质又是什么？在马克思主义经典作家本人那里，并未

作过系统明确的论述。①而按照西方近现代成熟的宪政理论范式的阐释，即认为宪政的本质是约束控制公共权力以保障人权，但当置于近代中国语境下时，由于面对日益衰败的公共权威而根本不具有现实的指导意义。中国共产党成立后，伴随着马克思主义逐步中国化，毛泽东经过十几年艰难的理论和实践探索，对此问题作出了符合中国国情的开拓性的精辟阐释。

首先，所谓的"宪政"就是"民主的政治。"②毛泽东认为，这是衡量一国真假宪法以及是否实行真正宪政的认识标准。如果没有民主政治的事实，就毫无宪法可言，即使制定了宪法，也只是假宪法；如果宪法未确认民主政治，当然谈不上所谓的宪政。相反，如果宪法确认了民主政治的事实，就是真宪法；如果依据宪法所确认和保障的民主制度进行政治统治，便是宪政。从人类社会以往成功的宪政（宪法）发生史上看，"世界上历来的宪政，不论是英国、法国、美国，或者是苏联，都是在革命成功有了民主事实之后，颁布一个根本大法，去承认它，这就是宪法"③。而以上述标准来检视20世纪初以来中国所谓的宪法和宪政，则不过是当权者假宪政之名，行专制之实。毛泽东一针见血地指出：

---

① 关于现代国家的许多重大理论问题，马克思在1844年起草了一份研究框架（但未能完成），涉及到宪法、人民主权、民主和代议制、公民权利和公共权力、市民社会和国家、分权和集权、法治、民族和人民、政党、选举权等现代宪政理论的诸多方面：（1）现代国家起源的历史或者法国革命。政治制度的自我颂扬——同古代国家混为一谈；革命派对市民社会的态度；一切因素都具有双重形式，有市民的因素，也有国家的因素。（2）人权的宣布和国家的宪法。个人自由和公共权力；自由、平等和统一；人民主权。（3）国家和市民社会。（4）代议制国家和宪章。立宪的代议制国家，民主的代议制国家。（5）权力的分开。立法权力和执行权力。（6）立法权力和立法机构。政治俱乐部。（7）执行权力。集权制和等级制；集权制和政治文明；联邦制和工业化主义；国家管理和公共管理。（8'）司法权力和法。（8"）民族和人民。（9'）政党。（9"）选举权，为消灭［Aufhebung］国家和市民社会而斗争。（参见马克思《关于现代国家的著作的计划草稿》，《马克思恩格斯全集》第42卷，人民出版社1979年版，第238页。）只有斯大林曾语焉不详地提到过："宪法是把已经取得、已有保障的成果登记下来，用立法手续固定下来。"（参见斯大林《列宁主义问题》，人民出版社1964年版，第607页。）

② 毛泽东：《新民主主义的宪政》，《毛泽东选集》（第2卷），人民出版社1991年版，第732页。

③ 同上，第735页。

第七章
宪政"中国化"的理论旨趣（二）：毛泽东的新民主主义宪政理论及实践

"多年以前，我们就听到过宪法的名词，但是至今不见宪政的影子。他们是嘴里一套，手里又是一套，这个叫做宪政的两面派……他们的宪政，是骗人的东西。你们可以看得见，在不久的将来，也许会来一个宪法，再来一个大总统。但是民主自由呢？那就不知何年何月才给你。宪法，中国已有过了，曹锟不是颁布过宪法吗？但是民主自由在何处呢？……这样的情形，在中美洲、南美洲，我们也可以看到，许多国家都挂起了共和国的招牌，实际上却是一点民主也没有。中国现在的顽固派正是这样。他们口里的宪政，不过是'挂羊头卖狗肉'。他们是在挂宪政的羊头，卖一党专政的狗肉。我并不是随便骂他，我的话是有根据的，这根据就在于他们一面谈宪政，一面却不给人民以丝毫的自由。"① 针对南京国民党政府玩弄的骗人伎俩，毛泽东进一步辛辣地讽刺说："孙先生死了十五年了，他主张的国民会议至今没有开。天天闹训政，把时间糊里糊涂地闹掉了，把一个最短时期，变成了最长时期，还口口声声假托孙先生。孙先生在天之灵，真不知怎样责备这些不肖子孙呢！"②

其次，应当建设与本国国情相适应的民主政治。恩格斯曾说过："一切社会变迁和政治变革的终极原因，不应当到人们的头脑中，到人们对永恒的真理和正义的日益增进的认识中去寻找，而应当到生产方式和交换方式的变更中去寻找；不应当到有关时代的哲学中去寻找，而应当到有关时代的经济中去寻找。"③ 资产阶级民主共和国方案在近代中国实验的屡试屡败，且并不能改变半殖民地半封建中国的命运，说明了中国民主政治建设简单地模仿或照搬西方宪政模式是不可能取得成功的。在马克思主义方法论的指引下，毛泽东认识到必须跳出西方宪政理论范式的框架束缚，在中国民主革命的具体实践中探索一种适合中国国情的

---

① 毛泽东：《新民主主义的宪政》，《毛泽东选集》（第2卷），人民出版社1991年版，第735—736页。
② 同上，第734页。
③ 恩格斯：《社会主义从空想到科学的发展》，《马克思恩格斯选集》（第3卷），人民出版社1995年版，第741页。

民主政治新模式。甚至在他看来，英、法、美等西方宪政国家所谓"民主政治"实际上都是"吃人政治"。[①] 认为这种旧式的民主，"现在已经没落，变成反动的东西了。这种反动的东西，我们万万不能要"[②]。经过长期的理论思考和实践探索总结，1940年2月20日毛泽东在延安宪政促进会上的演说中提出了符合当时中国实际的又具有前瞻性的宪政构想："我们现在要的民主政治，是什么民主政治呢？是新民主主义的政治，是新民主主义的宪政。它不是旧的、过了时的、欧美式、资产阶级专政的所谓民主政治；同时也还不是苏联式的、无产阶级专政的民主政治。"又说："社会主义的民主政治怎么样呢？这自然是很好的，全世界将来都要实行社会主义的民主。但是这种民主，在现在的中国，还行不通，因此我们也只得暂时不要它。到了将来，有了一定的条件之后，才能实行社会主义的民主。"[③] 这里，毛泽东从一个侧面揭示了民主政治建设具有历时性和不平衡性的特质。与中国革命两个历史阶段的理论划分相适应，他将中国宪政运动也分两步走，第一步是新民主主义宪政，第二步才是社会主义宪政。毕竟一国民主政治的建设及其实行程度要受到该国政治、经济、文化等各种因素的制约，超越或落后于本国国情则都会阻碍社会的文明进步。

再次，真宪法、真宪政是人民争取得来的。与西方那种"革命成功有了民主事实"情形相反，"中国是革命尚未成功，国内除我们边区等地而外，尚无民主政治的事实"。而且，中国经历了两千多年的封建社会，缺少民主传统。所以，就当时的半殖民地半封建中国国情来说，毛泽东认为："即使颁布一种好宪法，也必然被封建势力所阻挠，被顽固分子所障碍，要想顺畅实行，是不可能的。所以现在的宪政运动是争取

---

① 毛泽东：《新民主主义的宪政》，《毛泽东选集》（第2卷），人民出版社1991年版，第736页。
② 同上，第732页。
③ 同上。

第七章 宪政"中国化"的理论旨趣(二):毛泽东的新民主主义宪政理论及实践

尚未取得的民主,不是承认已经民主化的事实。"① 他强调中国致宪之路首要的是争取民主事实,而不是制定宪法。因为宪政是动态的宪法,宪法是静态的宪政。实行宪政,绝不简单是一个颁布宪法"承认已经民主化的事实"的问题。宪法的制定,并不意味真正民主政治的开端。新民主主义宪政的到来,还需经由漫长而坎坷的路程。这就需要通过研究促进和推动中国的宪政运动,从实际出发争取人民应享有但尚未取得的民主自由权利,再以宪法的形式将争取来的民主事实加以确认。这才是争取真宪法、真宪政的不二法门。如果单纯追求宪法或民主的形式,而不注重民主的实质内容,得到的仍然是一部假宪法,仍无法摆脱中国 20 世纪初以来有宪法无宪政的困境。由此,毛泽东反复告诫全党:"这是一个大斗争,决不是一件轻松容易的事。"② 又说:"真正的宪政决不是容易到手的,是要经过艰苦斗争才能取得的。"③ 实际上,早在一百多年前德国法学家鲁道夫·冯·耶林在分析法律的历史图景中,已向世人揭示了"为权利而斗争"之法理。在耶林看来,"世界上的一切法都是经过斗争得来的。所有重要的法规首先必须从其否定者手中夺取。不管是国民的权利,还是个人的权利,大凡一切权利的前提就在于时刻都准备着去主张权利。……正义女神一手持有衡量权利的天平,另一只手握有为主张权利而准备的宝剑。无天平的宝剑是赤裸裸的暴力,无宝剑的天平则意味着法的软弱可欺。""法是不断的努力。但这不单是国家权力的,而是所有国民的努力。纵观法生命的全部,展现在我们眼前的是全体国民前仆后继地竞争和奋斗的情景。"④ 毛泽东正是从历史唯物主义角度深刻揭示了宪政运动的一般规律,从而指明了中国争取宪政的方法路径。

---

① 毛泽东:《新民主主义的宪政》,《毛泽东选集》(第 2 卷),人民出版社 1991 年版,第 735 页。
② 同上。
③ 同上,第 736 页。
④ [德]鲁道夫·冯·耶林:《为权利而斗争》,胡宝海译,中国法制出版社 2004 年版,第 1、2 页。

20 世纪前半叶 宪政"中国化"的文化探索

进一步地,毛泽东认为:在中国欲造成民主政治的事实,必须先建立代表和反映最大多数人利益的人民政权。因为:"中国的特点是:不是一个独立的民主的国家,而是一个半殖民地的半封建的国家;在内部没有民主制度,而受封建制度压迫;在外部没有民族独立,而受帝国主义压迫。因此,无议会可以利用,无组织工人举行罢工的合法权利。在这里,共产党的任务,基本地不是经过长期合法斗争以进入起义和战争,也不是先占城市后取乡村,而是走相反的道路。"① 所以,所谓"民主革命"(争取民主的革命)的根本问题就是政权问题。宪法不过是一张写着人民权利的羊皮纸,没有人民自己的政权保障,宪法规定人民的自由民主权利也将不复存在。在确立马克思主义宪法观之前,青年时期的毛泽东基本上尚未认识到应当广泛地动员民众建立人民自己政权的必要性和意义。直到1920年11月湖南自治运动失败后,在马克思主义宪法观指导下,毛泽东开始跳出改良主义的思想巢臼,逐步认识到中国社会实现民主的变革转型的唯一出路,就在于打碎旧的国家机器建立政权以确认和保障民主革命成果。1921年1月他接到蔡和森寄自巴黎的信,信中说:"阶级战争的结果,必为阶级专政,不专政则不能改造社会,保护革命。原来阶级战争就是政治战争,因为现政治完全为资本家政治,资本家利用政权,法律,军队,才能压住工人,所以工人要得到完全解放,非先得政权不可。换言之就是要把中产阶级那架国家机关打破(无论君主立宪或议院政治),而建设一架无产阶级的机关——苏维埃。"② 毛泽东随即复信:"况乎尚有非得政权则不能发动革命,不能保护革命,不能完成革命,在手段上又有十分必要的理由呢。你这一封信见地极当,我没有一个字不赞成。"③ 1927年大革命失败,面对残酷的

---

① 毛泽东:《战争和战略问题》,《毛泽东选集》(第2卷),人民出版社1991年版,第542页。
② 《新民学会资料》,人民出版社1980年版,第154页。
③ 毛泽东:《给蔡和森的信》,《毛泽东文集》(第1卷),人民出版社1993年版,第4页。

黑暗的政治现实，毛泽东进一步认识到革命武装之于人民政权的重要性。提出了"须知政权是从枪杆子里面取得的"著名论断。自此，在他所领导的艰苦卓绝的武装斗争中，当有可能建立一个人民自己政权时，他都适时大胆地进行民主实践的尝试，通过不断实践探索和理论总结，最终建构了适合中国国情的"人民民主"立宪模式。

二、对民族独立和民主追求之间张力关系的辩证认识

按照历史唯物主义观点，争得民族独立和人民解放以及实现国家富强和人民富裕，这两大任务共同演绎着近代中国社会新陈代谢的历史逻辑主题。两者的关系是：争得民族独立和人民解放，才能为实现国家富强和人民富裕创造前提；反之，实现国家富强和人民富裕有利于维护民族独立、促进人民解放。恩格斯曾精辟地指出："一个大民族，只要还没有民族独立，历史地看，就甚至不能比较严肃地谈论任何内政问题。""排除民族压迫是一切健康和自由的发展的基本条件。"[①] 从现代化理论范式来阐释，民族独立、主权国家的形成既是中国社会从传统到现代转型的当然内容，也是包括政治民主化内容在内的现代化诉求得以展开的当然逻辑起点和前提，没有民族独立、主权民族国家的形成，现代化的一切诉求只不过是虚幻的假象，毫无意义可言。[②] 在民族国家的现代重建问题上，如何正确处理好交织中的民族主义与民主主义、民族独立和

[①] 恩格斯：《致卡尔·考茨基》，《马克思恩格斯全集》（第35卷），人民出版社1971年版，第260、261页。

[②] 罗荣渠教授指出，政治民主化只不过是现代化过程中国家重建的一个内容，除此之外还有许多其他内容，这些内容包括：封建主权国家转变为现代主权国家，世袭的等级官僚制转变为合理的科层官僚制，国家的有限的经济、财政控制与税收权力转变为庞大的经济财政控制与增税权力，臣民体制转变为公民体制，亲兵和雇佣兵制转变为常备军制，等等。（参见孙立平：《罗荣渠与现代化研究——罗荣渠教授纪念文集》，北京大学出版社1997年版，第143页。）

20世纪前半叶 宪政"中国化"的文化探索

民主追求之间的张力关系,是横亘在 20 世纪初以来中国人面前的一项重大时代课题。在马克思主义传入中国以前,囿于时代和阶级的局限性,无论是戊戌维新、清末新政与预备立宪、辛亥革命,还是从 1912 年南京临时政府到后来的南京国民党政府(甚至于 30 年代蒋介石提出的"攘外必先安内"的内战命题,更是冒天下之大不韪、逆潮流而动),都始终无法找到解开问题症结的钥匙。直到 1922 年中国共产党提出了"消除内乱,打倒军阀,建立国内和平;推翻国际帝国主义的压迫,达到中华民族的完全独立;统一中国为真正的民主共和国"这一彻底的反帝反封建纲领,第一次明确表达了现代化追求中"独立"和"民主"这一双重时代主题,①从而为中国民主革命指明了前进路标。但真正从理论上厘清了这一对关系范畴,则是到了抗战时期由毛泽东予以系统阐发的。

其实,早在抗战准备阶段,为最大限度地广泛动员全国人民团结御侮,毛泽东就从战略高度深刻阐述了民主之于抗战的重要意义。1937 年 5 月在延安召开了中共历史上唯一的一次有苏区、白区和红军代表参加的党的全国代表会议(当时称中国共产党苏区代表会议)上,毛泽东作了《中国共产党在抗日战争时期的任务》的报告。在分析民族矛盾和国内矛盾的发展阶段基础上,他明确提出要把争取民主作为"目前发展阶段中革命任务的中心一环",指出:"看不清民主任务的重要性,降低对于争取民主的努力,我们将不能达到真正的坚实的抗日民族统一战线的建立。"②号召中国人民为争取民主和自由而斗争,认为:"争取政治上的民主自由,则为保证抗战胜利的中心一环。抗战需要全国的和平与团

---

① 在稍后的 1924 年 1 月,孙中山在《中国国民党第一次全国代表大会宣言》中重新阐释了三民主义精神内涵:即对外争取独立解放的民族主义、对内实现民主自由的民权主义和增进人民幸福的民生主义,这与中共二大最低纲领大致吻合的。(参见《孙中山全集》第 9 卷,中华书局出版社 1986 年版,第 118、120 页。)

② 毛泽东:《中国共产党在抗日时期的任务》,《毛泽东选集》(第 1 卷),人民出版社 1991 年版,第 255 页。

第七章 宪政"中国化"的理论旨趣（二）：毛泽东的新民主主义宪政理论及实践

结，没有民主自由，便不能巩固已经取得的和平，不能增强国内的团结。抗战需要人民的动员，没有民主自由，便无从动员。没有巩固的和平与团结，没有人民的动员，抗战的前途便会蹈袭阿比西尼亚的覆辙。""中国真正的坚实的抗日民族统一战线的建立及其任务的完成，没有民主是不行的。"① 针对有可能发生"不待我们改革完毕，日本帝国主义的进攻就到来"的情形，毛泽东主张："为着随时能够抵抗日本的进攻并彻底地战胜之，我们必须迅速地进行改革，并准备在抗战的过程中进到彻底改革的程度。全国人民及各党派的爱国分子，必须抛弃过去对于国民大会和制定宪法问题的冷淡，而集中力量于这一具体的带着国防意义的国民大会运动和宪法运动，严厉地批判当权的国民党，推动和督促国民党放弃其一党派一阶级的独裁，而执行人民的意见。今年的几个月内，全国必须发起一个广大的民主运动，这运动的当前目标，应当放在国民大会和宪法的民主化的完成上。"② 为此，毛泽东建议中国必须立即开始实行两方面的民主改革：一是改变"国民党一党派一阶级的反动独裁政体"为"各党派各阶级合作的民主政体"。强调政治制度的民主改革"应从改变国民大会的选举和召集上违反民主的办法，实行民主的选举和保证大会的自由开会做起，直到制定真正的民主宪法，召集真正的民主国会，选举真正的民主政府，执行真正的民主政策为止。"二是切实保障人民的言论、集会、结社自由。因为"没有这种自由，就不能实现政治制度的民主改革，就不能动员人民进入抗战，取得保卫祖国和收复失地的胜利"③。另一方面，就新民主主义革命性质来说，其本质意义就是争取民主的革命。"历史给予我们的革命任务，中心的本质的东西是争取民主。""况且无论什么情况，民主的口号都能适应，民主对于中

---

① 毛泽东：《中国共产党在抗日时期的任务》，《毛泽东选集》（第1卷），人民出版社1991年版，第256页。
② 同上，第257页。
③ 同上，第256—257页。

国人是缺乏而不是多余,这是人人明白的。何况实际情况已经表明,指出新阶段和提出民主任务,是向抗战接近一步的东西。"①

其次,批驳国民党中一些人关于"发扬民主将削弱战时政府的集中领导"的言论,纠正国内存在"抗战时期无谈论民主之必要"的认识,深刻剖析了民族独立与民主追求之间的辩证关系。早在抗战全面爆发前夕,针对国内存在所谓的"强调民主是错误的,仅仅应该强调抗日;没有抗日的直接行动,就不能有民主运动;多数人只要抗日不要民主,再来一个'一二九'就对了"的错误认识,毛泽东深刻指出:"对于抗日任务,民主也是新阶段中最本质的东西,为民主即是为抗日。抗日与民主互为条件,同抗日与和平、民主与和平互为条件一样。民主是抗日的保证,抗日能给予民主运动发展以有利条件。"② 也就是说,民主促进抗战,抗战造就新民主主义民主政治的实现。二者之间相辅相成,不可分割亦不可偏废。另一方面,从集中与民主的关系上看,二者也是不可分离的。1937年10月毛泽东和英国记者贝特兰谈话中表明了他个人的主张:"民主和集中之间,并没有不可越过的深沟,对于中国,二者都是必需的。一方面,我们所要求的政府,必须是能够真正代表民意的政府;这个政府一定要有全国广大人民群众的支持和拥护,人民也一定要能够自由地去支持政府,和有一切机会去影响政府的政策,这就是民主制的意义。另一方面,行政权力的集中化是必要的;当人民要求的政策一经通过民意机关而交付与自己选举的政府的时候,即由政府去执行,只要执行时不违背曾经民意通过的方针,其执行必能顺利无阻。这就是集中制的意义。只有采取民主集中制,政府的力量才特别强大,抗日战争中国防性质的政府必定要采取这种民主集中制。"③ 所以,在毛泽东看

---

① 毛泽东:《为争取千百万民众进入抗日民族统一战线而斗争》,《毛泽东选集》(第1卷),人民出版社1991年版,第274页。
② 同上。
③ 毛泽东:《和英国记者贝特兰的谈话》,《毛泽东选集》(第2卷),人民出版社1991年版,第383页。

第七章
宪政"中国化"的理论旨趣(二):毛泽东的新民主主义宪政理论及实践

来,"抗日"与"民主"这两件事是"目前中国的头等大事。中国缺少的东西固然很多,但主要就是缺少了两件东西:一件是独立,一件是民主"。争取独立,这件事我们正在做;而民主"这件事现在还没有做","把独立和民主合起来,就是民主的抗日,或叫抗日的民主。没有民主,抗日是要失败的。没有民主,抗日就抗不下去。有了民主,则抗他十年八年,我们也一定会胜利"①。概而言之,中国抗战的正义性质决定了抗战与民主政治是不可分离的。民主政治为打倒日本帝国主义之必要手段,而打倒日本帝国主义则又为民主政治的最后保障。只有民主才能调动一切革命的力量,战胜一切困难,取得抗战胜利,以至争得民族独立。而中国要真正踏上民主政治之途,尚须抗战完成、民族独立;否则,既使实施所谓的宪政,也是不巩固的,甚至是虚幻的假象。

再者,实现民主和独立的有机结合的最终目的是建立一个自由平等的新民主主义中国。就在抗战全面爆发之前,毛泽东曾告诉外国记者:抗日战争"也是一个革命的运动,因为抗日斗争伴随着争取民主、争取更好的生活条件和经济建设的斗争。在中国,这两者是结合在一起的"。② 所以,在他看来,政治制度的民主改革和人民的自由权利,既是抗日民族统一战线纲领的重要组成部分,同时也是建立真正的坚实的抗日民族统一战线的必要条件。③ 全面抗战开始后不久,毛泽东进一步指出:"抗日战争是全民族的革命战争,它的胜利,离不开战争的政治目的——驱逐日本帝国主义、建立自由平等的新中国。"④ 我们的目的就是"不但要把一个政治上受压迫、经济上受剥削的中国,变为一个政治上

---

① 毛泽东:《新民主主义的宪政》,《毛泽东选集》(第2卷),人民出版社1991年版,第731、732页。

② [瑞典]达格芬·嘉图:《走向革命》(中译本),中共党史资料出版社1987年版,第7页;转引自陈先初:《抗战时期中国共产党民主建政的历史考察》,《抗日战争研究》2002年第1期。

③ 毛泽东:《中国共产党在抗日时期的任务》,《毛泽东选集》(第1卷),人民出版社1991年版,第257页。

④ 毛泽东:《论持久战》,《毛泽东选集》(第2卷),人民出版社1991年版,第479页。

自由和经济上繁荣的中国,而且要把一个被旧文化统治因而愚昧落后的中国,变为一个被新文化统治因而文明先进的中国。一句话,我们要建立一个新中国"[1]。说明了至少在抗战初期,毛泽东并不是单纯地谈论民主和抗战的关联意义,其理论视野已超越了战争,开始考虑建设一个新中国的问题了。他已经把抗日战争视为中国新民主主义革命的当然组成部分和历史阶段,关联着党的民主革命目标的实现问题。其意义就在于,抗战的胜利不仅意味着中华民族的独立解放,而且也意味着民主革命任务的完成——建立起一个自由平等的"民主共和国"。随着形势的发展,在抗战胜利前夕,这种新中国的构想进一步地被系统化,将之表达为体现新民主主义特征的"联合政府":"我们主张在彻底地打败日本侵略者之后,建立一个以全国绝大多数人民为基础而在工人阶级领导之下的统一战线的民主联盟的国家制度,我们把这样的国家制度称之为新民主主义的国家制度。"[2]

正是基于上述认识,以毛泽东为代表的中国共产党在整个抗日战争时期,始终高举着抗日和民主两面大旗,视"抗日的民主"或"民主的抗日"为摆脱殖民列强对中华民族的压迫、结束国内专制主义统治、实现通往民主新中国坦途的当然策略和有效手段。抗战全面爆发后,中国共产党即把争取民主的实现确定为战时的一项重大政策基准,列入洛川会议制定的《抗日救国十大纲领》中。一方面,敦促国民党应当切实而迅速地"实现民主改革,以动员全体民众加入抗日战线"[3]。另一方面着手在边区和根据地政权尝试进行民主宪政的实践。

---

[1] 毛泽东:《新民主主义论》,《毛泽东选集》(第2卷),人民出版社1991年版,第663页。
[2] 毛泽东:《论联合政府》,《毛泽东选集》(第3卷),人民出版社1991年版,第1056页。
[3] 毛泽东:《和英国记者贝特兰的谈话》,《毛泽东选集》(第2卷),人民出版社1991年版,第373页。

三、"人民民主"的立宪观念及其实践展开

一般认为，立宪权是民主宪政的逻辑起点，而确认和保障人民自由权利则是民主宪政的最终归宿。毛泽东在20世纪20年代的湖南自治运动中，提出了由"人民来制定宪法"的立宪思想。此后，这一思想在创建"人民共和国"的新民主主义革命实践中逐渐得到发展和完善。人民立宪思想作为毛泽东宪政思想的重要组成部分，不仅指导着新中国宪法的制定，而且对我国的宪政发展也产生了深刻的影响。

（一）人民立宪思想的形成

早在青年时期，毛泽东就初步萌生了人民立宪的思想观念。受康、梁领导的维新思潮的影响，1910年他在湖南湘乡东山高等小学堂读书时，曾借阅梁启超主编的《新民丛报》，在第4号《新民说》"论国家思想"第3段末有一段批注："正式而成立者，立宪之国家，宪法为人民所制定，君主为人民所推戴；不以正式而成立者，专制之国家，法令为君主所制定，君主非人民所心悦诚服者。前者，如现今之英、日诸国；后者，如中国数千年来盗窃得国之列朝也。"[①] 上述这段话表明：这时他已开始接受人民是制宪权的主体观念，认为宪法不应由皇帝产生，而应由人民制定。这是毛泽东最早主张人民立宪的思想的萌芽。1912年，毛泽东在湖南省高等中学完成的第一篇法学文稿《商鞅徙木立信论》中，将法区分为"良法"和"恶法"，他说："法令者，代谋幸福之具也。法令而善，其幸福吾民也必多，吾民方恐其不布此法令，或布而恐其不生

---

① 毛泽东：《致文咏昌信》，《毛泽东早期文稿》，湖南出版社1990年版，第5页注4。

效力，必竭全力以保障之，维持之，务使达到完善之目的而止。政府国民互相倚系，安有不信之理？法令而不善，则不惟无幸福之可言，且有危害之足惧，吾民又必竭全力以阻止此法令。虽欲吾信，又安有信之之理？"① 这里，毛泽东进一步表达了制定法律（宪法）应当代表和反映人民的利益才能为人民所信奉、所竭力"保障"维护的观念。

基于民初以来的政治法律乱象，1917~1918年间，毛泽东在《伦理学原理》一书中批注认为必须对中国进行根本的变革，"改建政体，变化民质，改良社会"，主张采取类似于西方资产阶级"大革命"的方式"再造之"，以建立真正意义上的民国。② 1919年五四运动的发生，让毛泽东深刻感悟到中国民众的伟大力量，为此他在《湘江评论》上接连发表三篇系列文章，号召中国"民众的大联合"，并深刻指陈辛亥革命及其所谓的《临时约法》立宪活动缺乏人民基础，人民仅是立宪的看客："辛亥革命乃留学生发踪指示，哥老会摇旗呐喊，新军和巡防营一些丘八的张孥拔剑所造成的，与我们民众的大多数，毫没关系。我们虽赞成他们的主义，却不曾活动。他们也用不着我们活动。"③ 这表明了毛泽东开始认识到宪政建构发展的原动力和主体根基存在于广大民众。1920年，在发起和领导的湖南自治运动中，毛泽东提出了由湖南人自决自治，在湖南建设一个"湖南共和国"的主张，并深刻表达了只有人民尤其是广大工农群众才是立宪的主体。为激发人民参与政治、参与制宪的热情，纠正广大民众一般认为政治是"特殊阶级的事"、"脑子头装了政治学法律学身上穿了长褂一类人的专门职业"的错误认识，他首先列举了春秋时期子产治郑设乡校允许郑人议论法律和一战后英、意、法、美劳动者表达"要取现政府而代之"的呼声，以及俄国的政治"全是俄国

---

① 毛泽东：《商鞅徙木立信论》，《毛泽东早期文稿》，湖南出版社1990年版，第1页。
② 毛泽东：《〈伦理学原理〉批注》，《毛泽东早期文稿》，湖南出版社1990年版，第201页。
③ 毛泽东：《民众的大联合（三）》，《毛泽东早期文稿》，湖南出版社1990年版，第389页。

第七章 宪政"中国化"的理论旨趣(二):毛泽东的新民主主义宪政理论及实践

的工人农人在那里办理。俄国的工人农人果都是学过政治法律的吗"等事例,说明人民不仅有参与制宪的当然权利,而且完全有能力参与制宪。他甚至公开宣称:"以后的政治法律,不装在穿长衣的先生们的脑子里,而装在工人们农人们的脑子里了。他们对于政治,要怎么办就怎么办。他们对于法律,要怎么定就怎么定。"① 基于人民主权思想质的规定性——人民享有的制宪权是不可剥夺亦不可让渡或委托的法理,毛泽东指出:"这自治法也是大多数人能够制能够议的,并且要这么大多数人制出来议出来的才好。若专委托少数无职业的游离政客去制去议,一定不好。"他强调:"只要你满了十五岁(这是我定的成人期),又只要你没有神经病,不论你是农人也罢,工人也罢,商人也罢,学生也罢,教员也罢,兵士也罢,警察也罢,乞丐也罢,女人也罢,你总有发言权,并且你一定应该发言,并且你一定能够发言。"② 为彻底实行"民治主义",毛泽东设计了以普选制为基础的民主共和政体。他认为推进湖南省宪运动、建立"湖南共和国"的落脚点和当处之急在于应组织一个真正代表民意的专门立宪机关——"人民宪法会议",且只有这一性质的立宪机关才有权制定省宪,其他机关如省政府、省议会等均无立宪权。③ 至于"人民宪法会议"的组织产生办法,则应遵循以下六项原则:(一)宪法会议代表,依县之大小分配产出;(二)制宪期以三个月为限;(三)用直接选举法;(四)用普通选举法;(五)代表不得兼官吏与军职;(六)选举期限至多不得逾两个月。毛泽东认为依据上述组织法、选举法原则产生的人民宪法会议,"必能博采大多数之意见,制成完善之宪法,以增进湘人幸福,树立全国模范"。④ 这正是后来人民代表

---

① 毛泽东:《释疑》,《毛泽东早期文稿》,湖南出版社 1990 年版,第 519 页。
② 同上,第 520 页。
③ 毛泽东:《由"湖南革命政府"召集"湖南人民宪法会议"制定"湖南宪法"以建设"新湖南"之建议》,《毛泽东早期文稿》,湖南出版社 1990 年版,第 688—695 页。
④ 毛泽东:《湖南自治运动请愿书》,《毛泽东早期文稿》,湖南出版社 1990 年版,第 700—701 页。

大会思想的发端和最初表达。然而，这种采取和平请愿、议会道路、改良立宪等温和的变革手段以实现所谓的"湖南自治"，在专制的湖南军阀政客面前无异于与虎谋皮，只能是一种幻想。1920年的"双十节"和庆祝十月革命胜利三周年的两次请愿活动，最终都遭到了谭延闿、赵恒惕的镇压和破坏。毛泽东终于认识到："政治界暮气已深，腐败已甚，政治改良一途，可谓绝无希望。吾人惟有不理一切，另辟道路，另造环境一法。"[①] 湖南自治运动的失败，成为推动毛泽东向马克思主义宪法观的转型最直接的社会动因。

从青年时期毛泽东的言论上看，其中虽不乏有明显的资产阶级的改良主义或民主主义思想印迹，但他的民主宪政理念关注点始终放在"人民性"这一本质属性上。青年时期所贞立的"人民立宪"思想——宪法是由人民来制定的且以保障人民的权利为核心要旨，成为毛泽东一生民主宪政追求的基本价值取向和生命的格范，只不过"人民立宪"思想中的"人民"二字的内涵并不是一成不变的，伴随着马克思主义的中国化和中国革命的进程而与时俱进地丰富、发展。

（二）人民立宪机关的历史演进

在接受马克思主义之后，鉴于"西方资产阶级文明，资产阶级的民主主义，资产阶级共和国方案，在中国人民的心目中，一齐破了产……资产阶级共和国，外国有过的，中国不能有，因为中国是受帝国主义压迫的国家"[②]，他认为西方的民主宪政理念和制度设计，即旧形式的、欧美式的、资产阶级专政的资本主义共和国方案在中国"已经过时了"，但苏联式的、无产阶级专政的、社会主义共和国方案"还不适用于殖民地

[①] 毛泽东：《致向警予信》，《毛泽东早期文稿》，湖南出版社1990年版，第548页。
[②] 毛泽东：《论人民民主专政》，《毛泽东选集》（第4卷），人民出版社1991年版，第1471页。

第七章 宪政"中国化"的理论旨趣（二）：毛泽东的新民主主义宪政理论及实践

半殖民地国家的革命"的历史事实①，遵循"各资本主义国家启蒙时代的文化，凡属我们今天用得着的东西，都应该吸收"的原则，同时又应克服"形式主义"、"公式化"的文化倾向②，在马克思主义宪法观的指导下，毛泽东开始了对西方传入的民主立宪理念予以中国化的改造和创新的实践探索过程。

1."工人俱乐部（工会）"和"农会"：人民立宪机关的早期雏形

1921年4月毛泽东在《大公报》发文，明确批判《湖南省宪法草案》是保护资产阶级和有产者阶级的。同年在回复蔡和森的信中，他明确指出："资本家有'议会'以制定保护资本家并防制无产阶级的法律；有'政府'执行这些法律，以积极地实行其所保护与所禁止；有'军队'与'警察'，以消极地保障资本家的安乐与禁止无产者的要求。"③这里，毛泽东运用马克思主义宪法观的阶级分析理论，深刻揭示了法的本质和作用，认识到无产阶级决不能用资产阶级的法律来维护自己的利益，必须冲破这些法律的限制。所以，在中国共产党成立后，毛泽东即开始致力于组织和发动工人运动和农民运动，初步尝试探索建立人民自己的立宪机关，以打碎旧的法制。

1922年5月1日，在毛泽东等共产党人的领导下，安源路矿工人俱乐部（工会）宣告成立。俱乐部以十人团为基础，设"十代表"，每十团有"百代表"，"十代表百代表会议及全体总代表会议"有权颁布行政命令与条规。俱乐部成立后，成功地组织了工人罢工，并取得了胜利。这是毛泽东组织工人建立具有人民性的"立法机关"的第一次尝试。④随着第一次国共合作的实现，农民运动在各地蓬勃兴起。毛泽东在领导

---

① 毛泽东：《新民主主义论》，《毛泽东选集》（第2卷），人民出版社1991年版，第675页。
② 同上，第707页。
③ 《毛泽东书信选集》，中央文献出版社2003年版，第3—4页。
④ 宋海春、栾雪飞：《毛泽东的科学立宪思想与中国宪政发展》，《中共福建省委党校学报》2007年第1期。

农民运动中,提出并制定了一些保护农民利益、推动农民运动的具有立法性的重要规定。1925年10月中共中央在发表的《告农民书》中,明确地提出了农会的政治地位和权力的要求。1926年12月毛泽东出席了湖南省第一次农民代表大会,大会通过的《湖南省第一次农民代表大会宣言》和40个决议案,都是代表和反映农民利益的立法成果。1927年3月,毛泽东在发表的《湖南农民运动考察报告》一文中,专门对农民运动中的民主宪政实践予以理论上的总结、评论,他说:"农民的主要攻击目标是土豪劣绅,不法地主,旁及各种宗法的思想和制度,城里的贪官污吏,乡村的恶劣习惯。这个攻击的形势,简直是急风暴雨,顺之者存,违之者灭。其结果,把几千年封建地主的特权,打得个落花流水,地主的体面威风,扫地以尽。地主权力既倒,农会便成了唯一的权力机关,真正办到了人们所谓'一切权力归农会'。"① 这是毛泽东探索建立具有人民性的"立法机关"的农村试验。

2. "工农共和国"时期的"工农兵苏维埃代表大会":人民立宪机关的初步尝试

大革命失败后,毛泽东创新性地提出了"工农武装割据"思想,与其他共产党人一起继续探索人民民主立宪的现实道路。在创建和巩固井冈山革命根据地过程中,毛泽东非常重视根据地革命政权的民主建设,及时纠正民主实践中出现的偏差和误区。他主张用"民主集中主义的制度"建立工农兵代表会,反对"用一种群众会选举的"政府的执行委员会,批评"一哄而集的群众会,不能讨论问题,不能使群众得到政治训练,又最便于知识分子或投机分子的操纵。一些地方有了代表会,亦仅认为是对执行委员会的临时选举机关;选举完毕,大权揽于委员会,代表会再不谈起。名副其实的工农兵代表会组织,不是没有,只是少极

---

① 毛泽东:《湖南农民运动考察报告》,《毛泽东选集》(第1卷),人民出版社1991年版,第14页。

第七章
宪政"中国化"的理论旨趣（二）：毛泽东的新民主主义宪政理论及实践

了"。他指出应当制定"详细的各级代表会组织法"以指导民众的民主实践。针对民众误以为执行委员会就是"工农兵政府"。毛泽东正确区分权力机关和执行机关的性质，强调代表大会才是真正的权力机关，执行委员会的权力来自代表大会。此外，针对普遍存在着以党代政、把政权机关——工农兵代表会及其执行委员会"搁置一边"的情形，毛泽东强调指出："以后党要执行领导政府的任务；党的主张办法，除宣传外，执行的时候必须通过政府的组织。国民党直接向政府下命令的错误办法，是要避免的。"① 这些初步探索为后来第一部新民主主义宪法性文件《中华苏维埃共和国宪法大纲》的诞生，直接提供了理论基础和可贵的实践经验。

在各革命根据地工农兵代表会实践的基础上，为了统一各革命根据地的工农民主政权，1931年11月在江西瑞金召开第一次全国工农兵代表大会，向世人宣告"工农共和国"——中华苏维埃共和国的诞生，并选举毛泽东为中央执行委员会组成人员和临时中央政府主席。大会制定通过了《中华苏维埃共和国宪法大纲》、《地方苏维埃政府的暂行组织条件》、《中华苏维埃共和国的选举细则》等宪法性文件，第一次用根本法的形式把工农群众在中国共产党的领导下取得的革命成果和初步经验固定下来。《宪法大纲》规定：中华苏维埃共和国是"工人和农民的民主专政国家"，"苏维埃全部政权是属于工人、农民、红色战士及一切劳苦民众的"。中华苏维埃共和国的最高政权机关为"全国工农兵苏维埃代表大会"，地方政权机关为"地方各级工农兵苏维埃代表大会"。各级工农兵苏维埃代表大会采用"议行合一"的民主集中制原则。列宁在总结工农兵代表苏维埃的特点时，指出："它保证把议会制的长处和直接民主制的长处结合起来，就是说，把立法的职能和执行法律的职能在选出

---

① 毛泽东：《井冈山的斗争》，《毛泽东选集》（第1卷），人民出版社1991年版，第72—73页。

人民代表身上结合起来。同资产阶级议会制比较起来,这是在民主发展过程中具有全世界历史意义的一大进步。"①《宪法大纲》作为中国历史上第一部人民民主(这一时期指工农民主)的宪法——一部由劳动人民当家作主,确保人民民主制度的宪法,与历史上一切借"宪政"之名,行专制之实的"约法"、"宪法"根本对立。②"工农共和国"时期所确认的"工农兵苏维埃代表大会"立宪机关模式,大致奠定了最终确立的"人民代表大会"的基本框架。

在"工农共和国"时期,"人民立宪"的主体是是以工农群众、红军战士为主的广大劳苦大众,所制定的宪法大纲也是代表和反映广大工农阶级意志和利益,而"军阀、官僚、地主、豪绅、资本家、富农、僧侣及一切剥削人的人和反革命分子,是没有选派代表参加政权和政治上自由的权利的"。这种工农民主的立宪原则,没有把民族资产阶级视为团结争取的对象而纳入到政权范围内,甚至于将民族资产阶级划入军阀、官僚、地主、豪绅等反革命分子行列,作为革命和专政的对象。这种不是革命就是反革命的简单两分法,主观上否定了中国社会阶级中存在所谓"第三势力"的事实,也不符合毛泽东本人在1925年《中国社会各阶级的分析》所作的历史性智识判断:"一切勾结帝国主义的军阀、官僚、买办阶级、大地主阶级以及附属于他们的一部分反动知识界,是我们的敌人。工业无产阶级是我们革命的领导力量。一切半无产阶级、小资产阶级,是我们最接近的朋友。那动摇不定的中产阶级,其右翼可能是我们的敌人,其左翼可能是我们的朋友——但我们要时常提防他们,不要让他们扰乱了我们的阵线。"③ 就大革命失败后的政治形势而言,在反革命集团的"白色恐怖"下,各阶级力量急剧变化并重新组

---

① 《马克思恩格斯列宁斯大林论政治和政治制度》(下册),群众出版社1984年版,第565页。
② 张晋藩主编:《中国法制通史》(第10卷),法律出版社1999年版,第121页。
③ 毛泽东:《中国社会各阶级的分析》,《毛泽东选集》(第1卷),人民出版社1991年版,第9页。

第七章
宪政"中国化"的理论旨趣（二）：毛泽东的新民主主义宪政理论及实践

合。民族资产阶级和小资产阶级的一部分依附于国民党蒋介石集团，另一部分游离于国共之间，形成第三势力。从总体上说，当时民族资产阶级并没有掌握政权，且多数仍同样受到大地主、大买办、大资产阶级的压迫和剥削。他们在革命兴起之时有参加革命的一面；在革命走向高潮时则有背叛革命的危险，这就是毛泽东所说的要"时常提防"的一面。当然，《宪法大纲》所显现出来的过于激进、绝对化色彩，既与照搬苏俄宪法模式不无关系，也与当时政治、阶级斗争的残酷性，以及由于党所领导的军队和政权建设的经验仍不成熟、出于纯洁革命的需要而无法善待可能争取的同盟者相关。

尽管如此，"工农共和国"时期采取的工农兵苏维埃代表大会这一立宪机关仍明显地属于新民主主义性质的范畴，其推行的政策并没有超出反帝反封建的资产阶级民主主义革命范围。对此，毛泽东曾指出："工农民主共和国的口号，不是违背资产阶级民主革命的任务的，而是坚决地执行资产阶级民主革命任务的。我们在实际斗争中没有一项政策不适合这种任务。我们的政策，包括没收地主土地和实行八小时工作制在内，并没有超出资本主义范畴内私有财产的界限以外，并没有实行社会主义。"[①]

3. "民主共和国"口号的提出与"三三制"政权模式下的"参议会"

九一八事变后，中日民族矛盾上升为中国社会的主要矛盾，民族资产阶级革命性一面日益增强。在这种情况下，为了建立最广泛的抗日民族统一战线，毛泽东也开始对"工农共和国"的宪政方案进行调整。1935年12月25日中共中央政治局瓦窑堡会议通过的《中央关于目前政治形势与党的任务决议》决定把"工农共和国"口号改为"人民共和国"。两天后，毛泽东在《论反对日本帝国主义的策略》一文中明确指

---

① 毛泽东：《中国共产党在抗日时期的任务》，《毛泽东选集》（第1卷），人民出版社1991年版，第260页。

出,"人民共和国"是由工人、农民、城市小资产阶级和一切其他阶级中愿意参加民族革命的分子组成的政府,"我们的政府不但是代表工农的,而且是代表民族的"。① 它把包括民族资产阶级在内的一切反帝反封建阶级容纳进来,但仍把以蒋介石集团为代表的豪绅地主阶级、大买办阶级排除在外;为进一步"逼蒋抗日",1936年8月25日,由毛泽东起草的《中国共产党致中国国民党书》一文中,明确提出以"民主共和国"的口号代替"人民共和国"的口号,强调这个民主共和政府的主要纲领必须是:"第一,是能够抵抗外侮的,第二,是能够给予人民以民主权利的,第三,是能够发展国民经济减轻以至免除人民生活上的痛苦的。"② 在毛泽东看来,"人民"是个政治概念,与阶级斗争密切相关。而"民主共和国"的提法比"人民共和国"所容纳的阶级范围要宽泛得多,也淡化了阶级色彩,它把包括蒋介石集团在内的一切爱国人士纳入到抗日民族统一战线政权中。③ 1936年9月17日中共中央政治局会议又作出了《中央关于抗日救亡运动的新形势与民主共和国的决议》,指出:"在目前形势下,有提出建立民主共和国口号的必要,因为这是团结一切抗日力量来保障中国领土完整和预防中国人民遭受亡国灭种的惨祸的最好方法,民主共和国是较之一部分领土上的工农民主专政制度在地域上更普及的民主,较之全中国主要地区上国民党的一党专政大大进步的政治制度,因此便更能保障抗日战争的普遍发动与彻底胜利。同时,民主共和国不但能够使全中国最广大的人民群众参加到政治生活中来,提高他们的觉悟程度与组织力量,而且也给中国无产阶级及其首领共产党

---

① 毛泽东:《论反对日本帝国主义的策略》,《毛泽东选集》(第1卷),人民出版社1991年版,第158页。
② 同上,第429页。
③ 在《新民主主义论》中,毛泽东还着重分析了"国民"与"人民"的不同,认为国民不可能产生共同的意志,只不过是资产阶级"用'国民'的名词达到其一阶级专政的实际",掩盖或回避了社会各阶级在国家中的地位这一根本问题。这"对于革命的人民,毫无利益"。当然在抗战时期,"国民"这个名词是可用的,但应当清楚的指明"国民"不包括反革命分子和汉奸。(参见《毛泽东选集》第2卷,人民出版社1991年版,第676页。)

宪政"中国化"的理论旨趣（二）：毛泽东的新民主主义宪政理论及实践

为着将来的社会主义的胜利而斗争以自由活动的舞台。"宣布："积极赞助民主共和国运动"，"民主共和国在全中国建立，依靠普选权的国会实行召集之时，苏维埃区域即将成为它的一个组成部分，苏区人民将选派代表参加国会，并将在苏区内完成同样的民主制度"。[①] 1937 年 10 月 25 日毛泽东在和英国记者贝特兰的谈话中对民主共和国的内涵作了明确的阐述："（一）不是一个阶级的国家和政府，而是排除汉奸卖国贼在外的一切抗日阶级互相联盟的国家和政府，其中必须包括工人、农民及其他小资产阶级在内。（二）政府的组织形式是民主集中制，它是民主的，又是集中的，将民主和集中两个似乎相冲突的东西，在一定形式上统一起来。（三）政府给予人民以全部必需的政治自由，特别是组织、训练和武装自卫的自由。"[②] 这表明，民主共和国方案初步具备了新民主主义宪政的基本要素，反映了毛泽东开始超越阶级权利观的局限，从实现中华民族的独立、解放，建立自由、平等的"民主共和国"的意义上审视民主宪政的价值追求。从这一时期不断变化的"共和国"称谓口号来看，毛泽东根据中国民主革命形势发展的客观变化，以其智识策略适时地提出了中国民主立宪的内涵、目标和力量源泉，从而最大限度地代表和反映了最大多数人民的利益和意志。

事实上，以毛泽东为首的中国共产党人并不是仅仅在理论上止步，而是以自己的实际言行在向世人表达了对实现民主共和目标的真诚愿望。就在西安事变和平解决后，为了"联蒋抗日"，1937 年 2 月 10 日中共中央向国民党五届三中全会提出了五项要求和四项保证，正式提出了将苏维埃政府改为"中华民国特区政府"，并提出"在特区政府境内施

[①] 毛泽东：《中国共产党在抗日时期的任务》，《毛泽东选集》（第 1 卷），人民出版社 1991 年版，第 267—268 页注 7。

[②] 毛泽东：《和英国记者贝特兰的谈话》，《毛泽东选集》（第 2 卷），人民出版社 1992 年版，第 382—383 页。

行彻底的民主制度"。① 按照民主共和国的构想,1937年5月12日,制定通过了《陕甘宁边区议会及行政组织纲要》、《陕甘宁边区选举条例》等法规,成立了陕甘宁边区议会,正式确立了民主共和国的政治制度。1937年9月16日工农民主政府宣告更名改制,陕甘宁边区政府正式成立。在边区政权机关组织形式上,经过两年多的实践探索,1940年3月,毛泽东为中共中央写了《抗日根据地的政权问题》的党内指示,系统完整地提出了"三三制"政权思想,即在这个政权中,共产党员、非党进步分子、中间派大体上各占三分之一。为防止这个具有抗日民族统一战线性质的民主政权流于形式,毛泽东多次向党内发出指示,要求边区政权建设必须坚决地执行"三三制",强调"共产党员在政权机关中只占三分之一,吸引广大的非党人员参加政权。……不论政府机关和民意机关,均要吸引那些不积极反共的小资产阶级、民族资产阶级和开明绅士的代表参加;必须容许不反共的国民党员参加。在民意机关中也可以容许少数右派分子参加。切忌我党包办一切"②。"本党愿与各党各派及一切群众团体进行选举联盟,并在候选名单中确定共产党员只占三分之一,以便各党各派及无党无派人士均能参加边区民意机关之活动与边区行政管理。在共产党员被选为某一行政机关之主管人员时,应保证该机关之职员有三分之二为党外人士充任,共产党员应与这些党外人士实行民主合作,不得一意孤行,把持包办。"③ 按照"三三制"的政权组织原则,各抗日根据地先后都建立起抗日民主政权,并明确规定了凡满十八岁的赞成抗日和民主的中国人,不分阶级、民族、党派、男女、信仰和文化程度,均有选举权和被选举权,实行无差别的真正普遍平等的选举制,从而"改变了以往中国共产党对民主党派、乡绅乃至地主的态

---

① 毛泽东:《中日问题与西安事变——和史沫特莱的谈话》,《毛泽东文集》(第1卷),人民出版社1993年版,第481页。
② 毛泽东:《论政策》,《毛泽东选集》(第2卷),人民出版社1991年版,第766页。
③ 毛泽东:《陕甘宁边区施政纲领》,《毛泽东文集》(第2卷),人民出版社1993年版,第335页。

第七章
宪政"中国化"的理论旨趣（二）：毛泽东的新民主主义宪政理论及实践

度，也使法的内涵变为几个革命阶级的联合意志，即'人民'的意志"①。

抗日民主政权实行参议会制度。1939年1月17日陕甘宁边区第一届参议会召开，通过了《陕甘宁边区参议会组织条例》和《陕甘宁边区参议会选举条例》，正式确立了参议会制度。参议会最初是作为代表人民的民意机关，即各级参议会主要由人民直接选举的议员组成，由它选出的同级政府对它负责并报告工作。在此基础上，1939年1月，陕甘宁边区第一届参议会制定了宪法性文件《陕甘宁边区抗战时期施政纲领》。1941年11月，陕甘宁边区第二届参议会第一次会议在延安召开，并取得了两大立法成果：一是一致通过了由毛泽东亲自审订修改的《陕甘宁边区施政纲领》，将"三三制"政权原则以立法的形式确认下来，并再次确认人权保障的宪法原则，规定："保障一切抗日人民（地主、资本家、农民、工人等）的人权、政权、财权、及言论、出版、集会、结社、信仰、居住、迁徙之自由权，除司法系统及公安机关依法执行其职务外，任何机关部队团体不得对任何人加以逮捕审问或处罚。"二是修正通过《陕甘宁边区各级参议会组织条例》，将参议会的性质由单纯的"民意机关"修改扩大为"人民代表机关"，规定拥有行使孙中山所倡导的选举、罢免、创制、复决四大直接民权。大会按照《纲领》所确定的"三三制"原则选举成立了陕甘宁边区政权机关——参议会和边区政府。其中，选举产生的常驻边区议会议员9人，中共有3人；选举共产党人林伯渠为边区政府主席，民主人士李鼎铭为副主席；选举政府委员18名，中共占6人。从这些内容上看，从某种意义上说，《陕甘宁边区施政纲领》已初步具有了宪法的性质。而且，与施政纲领等宪法性文件相配套的，抗日民主政权还专门制定了一系列保障人权的具体条例，如

---

① 宋海春、栾雪飞：《毛泽东的科学立宪思想与中国宪政发展》，《中共福建省委党校学报》2007年第1期。

20 世纪前半叶 宪政"中国化"的文化探索

《山东省人权保障条例》(1940 年 11 月)、《冀鲁豫边区保障人民权利暂行条例》(1941 年 11 月)、《陕甘宁边区保障人权财权条例》(1942 年 2 月)、《晋西北保障人权条例》(1942 年 11 月)、《渤海区人权条例执行细则》(1943 年)等等,都详细规定了人民享有广泛的政治、经济、文化权利内容和保障措施。很明显,上述这些宪法性文件规范及其民主实践,与国统区仅具有咨询机关性质的国民参政会和国民党政府专制独裁的黑暗现实形成鲜明的对照。延安和解放区,因此曾被国际友人称赞为"民主圣地"、"革命摇篮"。难怪美国远东国际问题专家托马斯·比森指出:"现在中国有两个中心。一个封建的中心,在重庆;一个民主的中心,在延安。"① 所以,抗战胜利前夕,毛泽东曾自豪地宣布:"人民的言论、出版、集会、结社、思想、信仰和身体这几项自由,是最重要的自由。在中国境内,只有解放区是彻底地实现了。"②

这种建立在普选制基础上的以"三三制"为原则的陕甘宁边区民主宪政模式,是统一战线下几个革命阶级联合起来对于汉奸反对派的专政,既不同于欧美模式,也与苏联模式相区别,最大限度地体现了权力运行中的民主协商精神,为后来创设的"人民政协"所继承和发扬,因而更多地具有中国式宪政的特色和意义。它是以毛泽东为代表的中国共产党人在宪政中国化探索过程中的一大创举,大大推动了全国民主化的进程,为团结一切可以团结的力量,争取抗日战争的胜利起了重要作用。正如毛泽东本人所评价指出的:"陕甘宁边区自从不但在参议会而且在边区政府实行'三三制'以来,获得各地中间派的广大好评,即国民党对此亦无法挑剔,同时边区内部的阶级关系获得合理调整,一切政令顺利推行,足证认真地彻底地实行'三三制',实是团结全国人民解

---

① 转引自贾孔会:《试论抗战时期中国共产党的新民主主义宪政实践》,《理论月刊》2004 年第 3 期。
② 毛泽东:《论联合政府》,《毛泽东选集》(第 3 卷),人民出版社 1991 年版,第 1070 页。

决内部困难的最正确最有效的政策。"① 1942年7月9日在回答晋西北士绅参观团提问时，毛泽东因此特别强调："人民普选的参议会与'三三制'的民主政权，是团结各个阶级共同抗日的最好的政治形式。战后更需要贯彻这种精神，团结各个阶级的人民，共同建设民主共和的新中国。"②

4. 从《新民主主义论》到《人民民主专政》："人民代表大会"的提出和定型

早在1940年1月，毛泽东发表了《新民主主义论》一文，在规划未来新民主主义共和国的宪政蓝图中就明确提出了人民代表大会的初步构想，他说："中国现在可以采取全国人民代表大会、省人民代表大会、县人民代表大会、区人民代表大会直到乡人民代表大会的系统，并由各级代表大会选举政府。但必须实行无男女、信仰、财产、教育等差别的真正普遍平等的选举制，才能适合于各革命阶级在国家中的地位，适合于表现民意和指挥革命斗争，适合于新民主主义的精神。"③ 由于顽固坚持一党专政的蒋介石政府拒绝进行任何民主改革，毛泽东这一构想在抗战时期始终无法成为现实。为适应抗战胜利后新形势的需要，1946年4月陕甘宁边区第三届参议会第一次会议通过了《陕甘宁边区宪法原则》，正式提出了政权建设中的人民代表会议制原则，规定了人民按普遍、直接、平等原则与无记名方法选举各级代表，各级代表会议选举产生各级政府人员。各级政府对本级代表会议负责，代表对选举人负责。规定"边区、县、乡人民代表会议（参议会）为人民管理政权机关"。这意味着人民民主政权的各级权力机关，逐步由抗日民主政府的参议会向"议行合一"的人民代表会议过渡，为未来新中国的基本政治制度积累经

---

① 逄先知编：《毛泽东年谱》（中卷），人民出版社1993年版，第400页。
② 同上，第443—444页。
③ 毛泽东：《新民主主义论》，《毛泽东选集》（第2卷），人民出版社1991年版，第677页。

20世纪前半叶
宪政"中国化"的文化探索

验。① 1948年毛泽东在《在晋绥干部会议上的讲话》中针对当时在贫农团和农会基础上已经大量建立了区村（乡）两级人民代表会议的事实，高度评价人民代表会议是"一项极可宝贵的经验"，认为"只有基于真正广大群众的意志建立起来的人民代表会议，才是真正的人民代表会议。这样的人民代表会议，现在已有可能在一切解放区出现。这样的人民代表会议一经建立，就应当成为当地的人民的权力机关，一切应有的权力必须归于代表会议及其选出的政府委员会。到了那时，贫农团和农会就成为他们的助手"。② 他强调"在各级人民代表会议中，必须使一切民主阶层，包括工人、农民、独立劳动者、自由职业者、知识分子、民族工商业者以及开明绅士，尽可能地都有他们的代表参加进去"③。这就表明：在国内政治形势发生变化的情况下，人民立宪机关——人民代表会议已完全排除了地主、富农、官僚买办阶级的参加，并以"人民"、"群众"来代替"三三制"政权中的"不分阶级、党派"，表明在《宪法原则》所确立的立宪机关明显地具有人民性特征。在此基础上，1949年6月在《论人民民主专政》一文中，毛泽东进一步对"人民"的范围主体予以明确界定，他说："人民是什么？在中国，在现阶段，是工人阶级，农民阶级，城市小资产阶级和民族资产阶级。"④ 深刻阐明了各阶级在国家中的地位，并揭示了人民民主专政的本质内涵，就是对人民内部的民主方面和对敌人的专政方面的结合。

按照毛泽东的人民民主专政理论，1949年9月，中国人民政治协商会议第一届全体会议通过的临时宪法作用的《共同纲领》规定：中华人民共和国为新民主主义即人民民主主义的国家，实行工人阶级领导的，

---

① 张学仁、陈宁生主编：《二十世纪之中国宪政》，武汉大学出版社2002年版，第264页。
② 毛泽东：《在晋绥干部会议上的讲话》，《毛泽东选集》（第4卷），人民出版社1991年版，第1308页。
③ 同上，第1309页。
④ 毛泽东：《论人民民主专政》，《毛泽东选集》（第4卷），人民出版社1991年版，第1475页。

第七章 宪政"中国化"的理论旨趣(二):毛泽东的新民主主义宪政理论及实践

以工农联盟为基础的,团结各民主阶级和国内各民族的人民民主专政;中华人民共和国的国家政权属于人民,人民行使国家政权的机关为各级人民代表大会和各级人民政府,国家最高政权机关为全国人民代表大会;各级政权机关一律实行民主集中制;在普选的全国人民代表大会召开之前,由中国人民政协的全体会议执行全国人民代表大会的职权,在普选的地方人民代表大会召开以前,由地方各界人民代表会议逐步地代行人民代表大会的职权。人民代表大会制度"既能表现广泛的民主,使各级人民代表大会有高度的权力;又能处理国事,使各级政府能够集中地处理被各级人民代表大会所委托的一切事务,并保障人民的一切必要的民主活动"①。从而,正式确定人民代表大会制度为我国的政权组织形式。《共同纲领》还规定了人民享有的广泛的自由权利,以及规定在国家机构、组织的名称上冠以"人民"两字,如人民共和国、人民政协、人民代表大会、人民政府、人民监察机关等。上述这些都充分彰显了《共同纲领》是人民利益和人民意志的集中体现。1954年9月,有着广泛代表性的人民立宪机关——第一届全国人民代表大会第一次会议召开,制定通过了新中国第一部宪法。在五四宪法的制定过程中,先后对宪法草案初稿和宪法草案进行了三次大规模的群众讨论,历时一年九个月。其中第二次规模最大,参加讨论的人数近1亿6千万人(当时全国人口为5亿人),提出经过宪法起草委员会整理的修改、补充意见和建议共138万条,形成了一场真正意义上的人民立宪运动。

综上所述,以"工人俱乐部(工会)"、"农会"为肇始,历经"工农兵苏维埃代表大会"、"参议会"、"人民代表会议"的过渡形态,最终发展定型为"人民代表大会"(1954年前为"人民政协")这一立宪机关形式,表明了毛泽东立足于中国国情,根据中国革命形势的发展变化特点,适时地对立宪主体的内涵范围予以科学的阐释和界定,以及适时调

---

① 毛泽东:《论联合政府》,《毛泽东选集》(第3卷),人民出版社1991年版,第1057页。

整提出了保障人民当家作主的民主政治实现形式。动态变化的人民立宪机关及其运行机制,也折射出毛泽东对中国民主宪政建构发展的原动力和主体的历史性把握的心路历程。

四、新民主主义宪政的历史价值和时代局限

"人民民主"立宪作为一种中国化的宪政模式,是毛泽东在对民主政治不懈追求与艰难探索中形成和发展的,并与新民主主义政权建设中的民主实践相因相成。从毛泽东一生的思想轨迹上看,寻求对人民大众的权利保障始终是毛泽东宪政观的价值根基和出发点。人民大众是以占中国人口大多数的农民为主体,包括无产阶级、城市小资产阶级以及其他的中间阶级在内。从近代中国的基本国情出发,毛泽东以近代中国社会性质和社会阶级结构为分析框架,对宪政命题展开了真正意义上的"中国化"破题。他首先指出,因为"中国社会是一个两头小中间大的社会,无产阶级和地主大资产阶级都只占少数,最广大的人民是农民、城市小资产阶级以及其他的中间阶级。任何政党的政策如果不顾到这些阶级的利益,如果这些阶级的人们不得其所,如果这些阶级的人们没有说话的权利,要想把国事弄好是不可能的"[①]。与此前那种形式上的宣告"主权在民"、"天赋人权"而人民大众实际上仍处于无权的地位甚至连基本权利都得不到保障不同,毛泽东宪政关怀的对象首先指向社会中占大多数的贫苦大众。这一认识产生的历史根源最初可追溯到童年时期的读书经历和1910年湖南长沙饥民暴动事件的发生。在他童年喜读的中国古典小说和文学作品中,毛泽东发现一个共同的特别之处就是书中主

[①] 毛泽东:《在陕甘宁边区参议会的演说》,《毛泽东选集》(第3卷),人民出版社1991年版,第808页。

第七章 宪政"中国化"的理论旨趣（二）：毛泽东的新民主主义宪政理论及实践

角从来没有农民，书中内容都是颂扬不事农桑、占有并控制了土地的武将、人民的统治者。十七岁那年，成千上万的长沙市民因饥荒向官府请求救济，抚台傲慢的答复激起了饥民们造反。他们攻打衙门，砍断了作为官府标志的旗杆，赶走了自言"总是吃得饱饱的"、不相信饥民无食的抚台大人，结果是闹事的领袖被逮捕，其中许多人被斩首示众。远在乡下的毛泽东深感省城内发生的此事与"自己的生活"有关，觉得"造反的人也是像我自己家里人那样的老百姓"，他对饥民受到冤屈"深感不平"。多年后他坦承，这件事"影响了我的一生"。① 从那时开始，人民大众的生存权和劳动权等基本权利成为毛泽东宪政追求的关怀基点。毛泽东认为，所谓生存权，就是"一个人在'老''少'两段不能做工的时候应该都有一种取得保存他生命的食物的权利"；所谓劳动权，就是"一个人在十八岁以上六十以下有气有力的时候，除开他自己发懒不做工可以让饿死不算数外，在理都应该把工给他们做，工人就有种要求做工的权利。若是工人有力而社会无事可以买他的力事实上工人不得不'赋闲'时，社会就应该本着罪不在工人的理由而给与他们平常的工资"。② 所以，在他看来，生存权、劳动权作为最低限度的人权，其基础意义不言而喻。如果人民大众连生存权、劳动权等最基本的经济权利都无法得到保障，要谈及所谓选举权、参政权等政治权利以及宪法上其他诸多权利则无异于痴人说梦。不仅仅如此，半殖民地半封建中国要实现宪政，首先必须动员广大民众参加由工人阶级领导的新民主主义革命，就要确认和保障他们广泛民主自由权利，让广大民众真正行使当家作主的权利，真正实行人民民主，否则"没有几万万人民的个性的解放和个性的发展，一句话，没有一个由共产党领导的新式的资产阶级性质

---

① ［美］埃德加·斯诺：《西行漫记（原名：红星照耀中国）》，董乐山译，三联书店1979年版，第109—111页。
② 毛泽东：《更宜注意的问题》，《毛泽东文集》（第1卷），人民出版社1993年版，第8—9页。

的彻底的民主革命",要在殖民地半殖民地半封建的废墟上建立起民主宪政制度,"那只是完全的空想"。① 事实上,毛泽东的"人民民主"立宪思想正是在广大民众动员的背景下形成的。

此外,毛泽东的"人民民主"立宪思想也最大限度地体现了对晚年时期孙中山宪政思想的继承和发展。一方面,就民主立宪的内涵而言,1924年1月,孙中山在《中国国民党第一次全国代表大会宣言》中重新阐发了民权主义,明确宣布放弃西方所谓的"天赋人权"学说和代议民主制,而直接赋予了民主宪政的阶级属性,主张实行人民大众的直接的民主权利。他说:"国民党之民权主义,于间接民权之外,复行直接民权。……为一般平民所共有,非少数者所得而私也","国民党之民权主义,与所谓'天赋人权'者殊科,而唯求所以适合于现在中国革命之需要。盖民国之国民乃能享之,必不轻授此权于反对民国之人,使得借以破坏民国。详言之,则凡真正反对帝国主义之个人及团体,均得享有一切自由及权利;而凡卖国罔民效忠于帝国主义及军阀者,无论其为团体或个人,皆不得享有此等自由及权利"。② 从这段话来看,新民权主义已具有了鲜明的人民民主性质的思想特征,是与新民主主义宪政本质内涵是相一致的。毛泽东因此将孙中山的新民权主义精神称之为"这是孙先生的伟大的政治指示。中国人民,中国共产党及其他一切民主分子,必须尊重这个指示而坚决地实行之,并同一切违背和反对这个指示的任何人们和任何集团作坚决的斗争,借以保护和发扬这个完全正确的新民主主义的政治原则"③。另一方面,就民主立宪的实现路径而言,孙中山在其遗嘱中指出:"余致力国民革命凡四十年,其目的在求中国之自由平等。积四十年之经验,深知欲达到此目的,必须唤起民众及联合世界上

---

① 毛泽东:《论联合政府》,《毛泽东选集》(第3卷),人民出版社1991年版,第1060页。
② 孙中山:《中国国民党第一次全国代表大会宣言》,《孙中山全集》(第9卷),中华书局出版社1986年版,第118、120页。
③ 毛泽东:《论联合政府》,《毛泽东选集》(第3卷),人民出版社1991年版,第1057页。

以平等待我之民族，共同奋斗。"① 对此，毛泽东在《论人民民主专政》一文中总结新民主主义宪政经验时，同样说道："到现在为止，中国人民已经取得的主要的和基本的经验，就是这两件事：（一）在国内，唤起民众。……（二）在国外，联合世界上以平等待我的民族和各国人民，共同奋斗。"② 由此可见，毛泽东的新民主主义宪政与孙中山的新民权主义思想是一脉相承的。不仅如此，毛泽东的宪政实践还进一步发展了孙中山的新民权主义思想，科学地回答了孙中山悬而未决的民主宪政性质问题，即新民主主义宪政是由工人阶级领导、各革命阶级的联合专政。

马克思主义宪政观认为，宪法是在阶级斗争中取得胜利的那个阶级的意志和利益的集中表现，因而，所谓的民主、人权从来都是有阶级性的，都是具体的、相对的，不存在抽象的、绝对的民主和人权，实行什么样的民主，取决于国家和社会制度的性质。在接受和确立马克思主义宪法观后，毛泽东从阶级属性出发深刻揭示了新民主主义宪政的本质和核心内容，强调宪政是以宪法为中心的民主政治，其关怀的重心着眼于广大民众的政治参与及其权力归属，强调的是通过宪法确认和保障人民（最大多数人）的自由和权利。他在《人民民主专政》一文中总结指出："中国人民在几十年中积累起来的一切经验，都叫我们实行人民民主专政，或曰人民民主独裁，总之是一样，就是剥夺反动派的发言权，只让人民有发言权。""只许他们规规矩矩，不许他们乱说乱动。如要乱说乱动，立即取缔，予以制裁。"当然，"对于反动阶级和反动派的人们，在他们的政权被推翻以后，只要他们不造反，不破坏，不捣乱，也给土地，给工作，让他们活下去"。③ 在长期的实践探索基础上，毛泽东找到

---

① 孙中山：《国事遗嘱》，《孙中山全集》（第11卷），中华书局1986年版，第639页。
② 毛泽东：《论人民民主专政》，《毛泽东选集》（第4卷），人民出版社1991年版，第1472页。
③ 同上，第1475—1476页。

并建构了真正意义上的"中国化"的民主宪政模式,那就是通过民主集中制和"议行合一"的宪政原则以保障实现人民实质意义上的当家作主。这就与资产阶级宪政观所谓的民主、人权仅仅是形式上的、超阶级的、抽象的宣告区别开来。正如列宁所指出的:"资产阶级的民主制和议会制同苏维埃的或无产阶级的民主制之间的差别在于:前者是把重心放在冠冕堂皇地宣布各种自由和权利上,实际上却不让大多数居民即工人和农民稍微充分地享受这些自由和权利,相反地,无产阶级的或苏维埃的民主则不是把重心放在宣布全体人民的权利和自由上,而是着重于实际保证那些曾受资本压迫和剥削的劳动群众能实际参与国家管理,……在实际上使被剥削的劳动者能够真正享受文化、文明和民主的福利。"[①] 概括地说,对实质宪政的根本追求是毛泽东宪政思想的一个显著特征。在新民主主义革命时期,从各革命阶级联合专政到人民民主专政的制度设计,无不充分体现了毛泽东对实现人民当家作主的价值追求。

孟德斯鸠说过,"社会诞生时是共和国的首领在创设制度,此后便是由制度塑造共和国的首领了。"[②] 作为"创设制度"的伟大开拓者和"人民共和国"的奠基人,毛泽东对生存权、劳动权及其发展权的根本重视,对"人民"这个集合体的基本权利即集体人权的强调追求,大体奠定和形成了当代中国民主、人权观的基本底色,亦从理论到实践基本构造了当代中国民主宪政制度的基本框架和发展模式的基础,为中国民主政治的发展提供了极其宝贵的思想资源。

一般认为,民主是现代政治发展的质的规定性内容,亦构成了毛泽东为首的中国共产党人根本的价值追求。然而,囿于时代的局限性,一方面,在新民主主义宪政实践所处的艰苦卓绝的客观环境下,许多需要

---

① 《列宁选集》(第3卷),人民出版社1995年版,第724页。
② [法]卢梭:《社会契约论》,何兆武译,商务印书馆1980年版,第54页。

宪法确认和保障的公民基本权利由于物质生活方式的客观限制还无法全面落实。1944年，毛泽东致谢觉哉的信中对此已有清醒的认识："人民各项权利，在我们这里，只能说实现了几个重要部分，例如，管理政府，工作权，在现有物质条件限制下的言论、出版、集会权等。至于休息权，中国目前大体上还谈不到，工农更是如此。教育权、老病保养权，还在走头一步。苏联宪法是几个五年计划的产物，在中国许多部分还是理想，不是事实。"①

另一方面，虽然"以宪政的制度设计解构公民权利和国家权力的矛盾冲突，并非当时时代发展的集中的要求"②，但宪政"就是民主政治"这一笼统表述，很容易导致人们认识上的误区：即将宪政等同于民主。事实上，在中国近代宪政运动史上，人们并没有将宪政与民主严格区别开来。按照现代宪政民主理论，宪政与民主虽然都是以尊重人类的价值和尊严为出发点，以实现和保障公民的自由与权利为目的，但二者却是两个内涵不同的概念范畴。民主涉及的是权力的归属，更多地强调和肯认人民的政治参与，是从积极的一面强调"公共善"的价值，其着力点在于具有整全性内涵的人民当家作主权利的"实现"；而宪政涉及的是对权力的限制，是从消极的一面对公共权力的限制，并以具有个体性内涵的公民权利"保障"为重心的。在新民主主义宪政实践中，保障人权也就往往表现出一定的工具主义价值倾向，人权的实现形式不是进一步世俗化地落实在具体的个人人权而往往置于民族/人民整体利益的考量下予以强调。1943年6月，毛泽东就曾批评彭德怀关于民主教育的谈话是"从民主、自由、平等、博爱等的定义出发，而不从当前抗日斗争的政治需要出发"，"不强调民主是为着抗日的，而强调为着反封建"，"不说言论出版自由是为着发动人民的抗日积极性与争取并保障人民的政治

---

① 毛泽东：《致谢觉哉的信》，《毛泽东文集》（第3卷），人民出版社1996年版，第232页。

② 何景春：《论毛泽东的宪政思想》，《党史文苑》（学术版）2006年第11期。

经济权利，而说是从思想自由的原则出发"，"不说集会、结社自由是为着争取抗日胜利与人民政治经济权利，而说是为着增进人类互助团结与有利于文化、科学发展"，"没有说汉奸与破坏抗日团结分子应剥夺其居住、迁徙、通信及其他任何政治自由，而只笼统说人民自由不应受任何干涉"。认为上述这些说法"不妥"，认为在政治上提出"己所不欲，勿施于人"的口号是"不适当的"，"西欧民主运动是从工人减少工作时间开始，亦不合事实"。[①] 大革命失败后，由革命转向颓唐的陈独秀在40年代初对民主政治的理解，如果撇开其浓厚的阶级调和色彩不论，也许颇值得玩味，他说："你们错误的根由，第一是不懂得资产阶级民主政治之真实价值（自列托以下均如此），把民主政治当着这是资产阶级的统治方式，是伪善、欺骗，而不懂得民主政治的真实内容是：法院以外机关无捕人权；无参政权不纳税；非议会通过，政府无征税权；政府之反对党有组织、言论、出版之自由；工人有罢工权；农民有耕种土地权；思想、宗教自由，等等；这都是大众所需要，也是十三世纪以来大众以鲜血斗争七百余年，才得到今天的所谓'资产阶级的民主政治'。这正是俄、意、德所要推翻的。所谓'无产阶级的民主政治'，和资产阶级的民主只是实施的范围广狭不同，并不是在内容上另有一套无产阶级的民主。"胡适对此曾批注指出，陈独秀的最大觉悟是他承认"民主政治的真实内容"有一套最基本的条款——一套最基本的自由权利，——都是大众所需要的，并不是资产阶级所独霸而大众所不需要的。[②] 概而言之，新民主主义革命时期，"人民民主"立宪在对实质宪政的根本重视的同时，也在一定程度上忽视了形式宪政的价值意义。宪政的价值核心在于用人民的宪法来划分和限制、规范国家权力的运作，以

---

① 毛泽东：《致彭德怀的信》，《毛泽东文集》（第3卷），人民出版社1996年版，第26—27页。

② 陈独秀：《给连根的信》，《陈独秀最后对于民主政治的见解》，东升印务局1949年版，第15页。

第七章 宪政"中国化"的理论旨趣（二）：毛泽东的新民主主义宪政理论及实践

保障和促进人民自由的实现。现代各国宪法无不承认并以不同的形式宣告主权属于人民且仅属于人民，人民主权原则（主权在民）宣告表明宪法的人民性特征。但"人民"一词是个抽象概念。从逻辑上讲，在主权具体化为权利和权力之后，享有这些权利的主体只能是组成人民的个体，以人民的名义或代表人民行使国家权力的也只能是人民中的少数人。宪法的人民性从观念（抽象）到现实（具体）的悖论，合乎逻辑地决定了宪政应包含两层彼此关联的制度内涵：一是消极层面上的宪政（形式宪政）——要防范国家权力的不法侵害，以程序正义（形式正义）保障任何人的基本自由和权利（即使是罪犯也不应任意剥夺），这是宪政最低限度的应然要求；二是积极层面上的宪政（实质宪政）——通过人民的政治参与自觉消除国家权力的合法侵害，也就是要自觉消除少数人（某个集团或党派）凭借着人民的名义为自己谋利而合法侵害了最大多数人的利益，追求实质正义以保障最大多数人的自由，从根本上保证国家权力为人民所有、国家权力为人民服务，宪法的人民性由此得以体现，这是更高程度上的宪政。一句话，现代宪政的运行机制应当是形式宪政和实质宪政的有机统一。

毋庸置疑，现代政治文明无不是以人民主权、权力制约、人权保障、宪法至上为内容和特征的。换言之，现代民主政治已不再仅仅停留在人民主权，即人民当家作主的层面，而是以民主、控权、人权、宪法为基本构成要素，它已经发展成为一种宪政民主，由此现代政治文明也已成为一种宪政文明。[①] 就此而论，如果说民主政治是现代政治文明的基础和灵魂，那么宪政则是高级形态的民主政治，是现代政治的理想制度生态。尤其在"革命宪法"时代已成为历史，应当还宪政以本来面目，即规范、控制公共权力以保障公民个人权利，以奏响"宪政宪法"这一时代的主旋律。有学者评论指出："从'群众'概念出发，中国首

---

① 宋俭：《新民主主义宪政研究》，2004年优秀博士论文，第13—19页。

先注意到的是大多数人民尤其是贫苦群众的经济需要和社会地位上的需求，但是没顾及甚至侵犯了公民个人的权利。在生活水平很低的情况下，这种做法同时也保障了群众的最低生活水平及其安全感，这是社会主义很基本的理想，不应当也不能抛弃的。从这一点上来看，中国的社会主义革命与建设是成功的。但问题是在此基础上我们怎样再提高经济效益。在政治领域中，我们的问题可以这样提出：中国革命和建设在提高了公民的经济生活水平后，是否开始进到保障公民的个人权益，然后注意公民更多更大的政治权益？换句话说，现在是否是适宜的时候让我们回到英国十八世纪对公民的自由作出保障？从西方政治理论发展史来看，我认为中国目前要发展高度的社会民主，第一步不是赋予群众更大的政治权利，比如直接选举或者全国人民代表大会的权力，而是真正按照宪法的规定保障公民个人的权利与自由。"[1] 上述这段话也许值得人们反复思考。

---

[1] [美]邹谠：《西方政治理论与中国政治学》，中国文化书院讲演录编委会：《中外文化比较研究》，三联书店1988年版，第171—172页。

第八章　宪政"中国化"探索中的价值选择及其范式转换

国学大师钱穆先生曾说过："一切问题，由文化问题产生。一切问题，由文化问题解决。"钱先生虽然夸大了文化的作用，但作为一种研究方法、学术传统和学术精神却是值得继承和进一步挖掘的。作为一种研究方法和思维范式，梁治平先生认为：对法律（宪法）的义化阐释立场要求超越各种孤立的和机械的法律（宪法）观，强调法律（宪法）与社会其他文化现象之间的关联性，强调这种关联的复杂性和互动关系。[①]这就要求我们在宪政"中国化"探索问题上应当从大处着眼，以开放的视野、包容和反省的精神，在具体的文化时空语境下关注20世纪初以来中国的宪政化进程。如果我们承认这一点，那么我们有足够的理由回溯到百年宪政的起点，去认真梳理反思宪政文化在近代中国的观念启蒙和传播中存在的问题和价值诉求路径，分析现代化背景下近代中国宪政价值诉求的时空语境，从而揭示其历史必然性；并在反思中，通过考察人类社会对宪法正义价值的判断追求的历史嬗变轨迹，尤其是以20世纪西方宪法观念和制度实践新变化作为参照系，也许我们能够在当代中

---

① 刘作翔：《法律文化理论》，商务印书馆1999年版，第71页。

国宪政文化诉求的价值重构问题上探求出一种可能的方向。

一、起点的偏向和缺失：20世纪初宪政启蒙的有限性/表面性

1895年甲午战争中国的惨败，宣告了洋务运动时代的终结。中国早期启蒙思想家们认为：不能再蹈洋务派的覆辙仅仅从器物层面解决中国现代化问题，必须学习和借鉴西方的文化思想和政治制度。他们发现和援用了西方"宪政"观念话语作为现代化变革的思想工具，将西方语境下的"宪政"直接与富强目标、挽救民族危亡相联系，吹响了中国近代思想启蒙运动的号角。"为了民族的复兴，中国必须选择宪政，……'富强为体，宪政为用'成了中国有关宪政问题思考、探求的最为执拗的一种文化性格。"[①] 这里，"宪政—富强"的文化范式积极意义在于：异质文化的"宪政"种子终被移植引进到中国社会土壤上，为否定根深蒂固的封建传统、接纳西方宪法观念和制度铺平了道路。由此，19世纪末20世纪初，在"欧风美雨"的冲击下，"宪政"这个无根的舶来品终得以上岸。在这个意义上我们说，当作为现代社会文明、进步标杆的西方宪法制度与近代以来国人所向往追求的富强、独立的现代化国家进行沟通时，便具有了文化启蒙的实际意义。"西方的宪政不仅为中国的知识群体考量中国问题开辟了新的视角，而且也提供了术语、概念、范畴、观点和逻辑等认知工具。"[②] 然而，宪政的背后是一整套逻辑缜密的价值观念作为支撑的。对诸如自由、民主、共和等价值观念的体认，形塑着人们对宪政本身的感知、了悟、信念和忠诚。所以，包括自由、民

---

① 王人博：《宪政文化与近代中国》，法律出版社1997年版，引言第6页。
② 王人博：《宪政的中国语境》，《法学研究》2001年第2期。

第八章
宪政"中国化"探索中的价值选择及其范式转换

主、共和等观念群作为宪政的价值支柱,构成了宪政文化的基本范畴,是宪政启蒙首要的核心内容,也是清末民初宪政启蒙者首先应当正确体认的对象。

在晚清的最后几年间,虽然"立宪"、"议会/议院"、"宪法/宪政"、"司法独立"之类话语,成为清末政坛和知识界的流行公共语言,但在这种"宪政"话语共识的表象背后,对与宪政密切关联的"自由"、"民主"、"共和"等观念体认上却存在严重误区和偏向。

(一)对"自由"体认的偏差

"自由"概念范畴是西方宪法观念和制度实践中的最为关键术语。启蒙思想家梁启超也敏锐洞察到"自由"在西方宪法制度的本原意义,1902年他在《论自由》一文开篇就提到:"'不自由毋宁死!'斯语也,实十八、九两世纪中,欧美诸国民所以立国之本原也。"[①] 在西方深厚的人文传统里,"自由"一词直接指涉公民个人自由,而不是其他。德·麦斯基塔和鲁宾斯坦两位学者对14世纪佛罗伦萨政治思想的研究表明:"自由"一词开始既指政治独立,又指共和自治。"一个概念是他们有权不接受外界对他们的政治生活的任何控制——即维护他们的主权;另一概念是他们有相应的权利按照自己的意愿去实行自治——捍卫他们现有的共和体制。"[②] 实现共和自治关键在于作为自治主体的公民个人应免受奴役和依附状态即享有自由。英国密尔认为"所谓自由,是指对于政治统治者的暴虐的防御"[③],对统治者权力的合理限制,就是自由,就是公

---

① 梁启超:《新民说·论自由》,《梁启超全集》(第二册),北京出版社1999年版,第675页。
② [美]昆廷·斯金纳:《近代政治思想基础》(上卷),奚瑞森、亚方译,商务印书馆2002年版,第26页。
③ [英]密尔:《论自由》,程崇华译,商务印书馆1959年版,第1页。

民权利。在托马斯·潘恩看来,"自由"被认为是宪政的阿基米德支点。① 但"自由"这个宪政最核心的质素,自西方宪法观念输入后,却被当时大多数公共知识分子所忽略和误解,在各类报刊、书籍出现更多的话语概念是"议会"、"共和"等,自由观念与其他话语观念相比较,更是远远未被启蒙和宣传。例如,被誉为解读西方宪政真谛的第一人——严复,提出了"以自由为体,以民主为用"的著名论断,它"恰当而深刻地表达了自由与民主(宪政)的关系"。但是,严复的这一深邃而简约的论断"几乎无人知晓,……它的黯淡无光折射出'自由'在中国社会的艰难时运"②。密尔又说:"自由在于一个人做他所要做的事",更多强调的是在"守夜人"政府下法无禁止的自由。正是这句所谓的名言使得"自由"一直颇受人们特别是正统意识形态的批评。"自由"一词在中国传统法文化语境中,只具有道德意义上的贬义,指涉思想上不负责的态度,给人一种纪律松弛、肆意放纵、漫无目标和一盘散沙的形象。因此,清末民初西方的"自由"传输于中国时,便常被许多公共知识分子们误解等同于"为所欲为"——这种中国式的"个人自由"观而加以谴责,"使其以个人之自由为自由也,则天下之享自由之福者,宜莫今日之中国人若也。绅士武断于乡曲,受鱼肉者莫能抗也,驵商逋债而不偿,受欺骗者莫能责也"。③ 以至于蒋梦麟在他的回忆录《西潮》中,提到他初到美国时发现:"美国这个共和政体的国家,他的人民似乎比君主专制的中国人民更少个人自由。"这显然是长期生活于专制社会的人对西方个人自由理念很深的误读。④

---

① [美]托马斯·潘恩:《潘恩选集》,马清槐等译,商务印书馆1981年版,第225页。
② 刘田玉:《自由、宪政及其关系——解读中国宪政运动的自由之结》,《西南政法大学学报》2004年第4期。
③ 梁启超:《新民说·论自由》,《梁启超全集》(第二册),北京出版社1999年版,第678页。
④ 转引自刘田玉:《自由、宪政及其关系——解读中国宪政运动的自由之结》,《西南政法大学学报》2004年第4期。

即使是"自由"范畴能进入到诸如梁启超、严复、孙中山等少数公共知识分子视野中,他们也是将"自由"的主体拥有者"个人"被置于"国家"之下予以考虑的,西方古典宪政理念所警惕的"团体(国家)自由",却被作为优先诉求的内容。例如,梁启超、严复虽然大声疾呼自由是:"天下之公理,人生之要具,无往而不适用者也。"[①]"侵人自由者,斯为逆天理,贼人道。"[②] 但都认为中国所要优先诉求的自由是"团体之自由,非个人之自由",作为整体的国家自由被放在了十分突出的地位。伟大的民主主义革命先行者、旅居国外多年且熟谙西方宪法制度的孙中山先生,则通过对"自由"的"误解"来阐发"国家自由"的必要性,他认为:中国历史上并不缺少个人自由,相反,人民享有太多的自由,中国人向来没有受过不自由的痛苦,"中国人现在所受的病,不是欠缺自由",因为"中国人民自古以来都有很充分的自由","各人有自由和人人有自由",个人自由使得人们"放荡不羁",成为"一片散沙"。他认为,个人自由与国家自由是不能相容的,个人自由太多,势必影响国家自由的实现,所以自由"万不可用到个人上去,要用到国家上去。个人不可太多自由,国家要得完全自由"[③]。"个人自由"在孙中山视野里被完全边缘化了。与西方资产阶级革命期间的"为自由而战"、"不自由毋宁死"口号不同的是,孙中山在演讲民权主义时又说:"外国革命的方法是争自由,中国革命便不能说争自由。如果说争自由,便更成一片散沙,不能成大团体,我们的革命目的便永远不能成功。"[④] 他认为需要牺牲个人之自由,以争国家之自由,建立"民权"国家。换句话说,在孙中山先生眼里,不以保护人民权利,伸张人民自由为目的,亦

[①] 梁启超:《新民说·论自由》,《梁启超全集》(第二册),北京出版社1999年版,第675页。
[②] 《论世变之亟——严复集》,胡伟希选注,辽宁人民出版社1994年版,第3页。
[③] 王德志:《宪法概念在中国的起源》,山东人民出版社2005年版,第294—295页。
[④] 孙中山:《三民主义·民权主义》,《孙中山全集》(第9卷),中华书局1986年版,第282页。

得谓之宪政。为此，孙中山将民权与自由割裂开，他说："我们是为争民权而革命，不是为争自由而革命，有了民权自然可以保障自由。"① 这里，孙中山也许没有意识到抽掉了"个人自由"的结果是：他所孜孜以求的欧美共和宪政的基石必然随之动摇了。但从这个侧面至少表明了孙中山先生上述对"自由"所谓的"误解"，可能是有意的，而且用意很深。

此外顺便说明的是，在满清统治集团内部，则是从维护和加强"君权"角度，将"自由"体认为附带性的点缀语句。在西方社会被视为天赋而神圣不可剥夺的自由权利，但在考察宪政大臣眼里，臣民的"自由"权利不过是"徒饰宪法上之外观，聊备体裁，以慰民望已耳"②。在1908年颁布的《钦定宪法大纲》集中体现这一点。

通过上述主要政治力量各自对"自由"体认问题的约略分析，我们看到，宪政的本原基础"自由"观念在中国极为有限的启蒙和宣传中就潜伏着上述种种体认问题。除了体制内被迫"预备仿行立宪"的满清统治者以君权专制主义为圭臬外，在体制外的主张宪政的包括改良派和民主革命派在内的公共知识分子们，也多表现出亲国家主义倾向，或者说自由主义在中国还未站稳脚跟就进行国家主义式的修正，就连称得上是中国早期比较彻底的自由主义宪政启蒙思想家——严复也多少具有某些国家主义情结。这种国家（民族）自由优先诉求意味着对公民个体权利与自由的忽视，以及对个体意志的消解。在其之下，"选择强大的国家政权，保持民族独立成为时髦口号，'强大的中国'比'自由的中国'更重要"③。这样，宪政主义的自由精髓也就被消解了。

---

① 王德志：《宪法概念在中国的起源》，山东人民出版社2005年版，第294页。
② 张晋藩：《中国宪法史》，吉林人民出版社2004年版，第133页。
③ 钟群：《比较宪政史研究》，贵州人民出版社2003年版，第461页。

(二)"民主"、"共和"上的误区

"在当今的世界上,共和与民主被越来越多地写入国名与宪法之中。在中国,自辛亥革命以来,共和与民主也始终是近现代和当代宪政运动和未来宪政体制的目标。"① "民主"、"共和"术语,一般是与专制独裁相对而言。在西方政治思想史上,"民主"主要指涉权力的归属,为现代政权的合法性辩护,即所谓的"主权在民",其着眼点是人,强调凡成年的公民均享有平等的参政权,核心在于尊重多数。"共和"的基本原则是天下为公理念下的合众(共)、和谐(和)与平衡(权力制衡),它更多强调的是对国家权力的分权制衡,保护少数。麦迪逊说:"在共和国里极其重要的是,不仅要保护社会防止统治者的压迫,而且要保护一部分社会反对另一部分的不公。"② 从总体上看,民主极其热衷于平等,共和则特别崇尚平衡。但在价值理想上,共和高于民主,共和制约民主,民主只能是共和下的民主,是共和制的组成部分,而不能涵盖全部,否则就会异化一种专制——多数人的暴政,"共和"精神原则将荡然无存,古希腊"苏格拉底之死"的悲剧将不断上演。"共和"是神圣的,但也需要"民主"的批判,否则将导致寡头贵族的专横。由此可见,"民主"与"共和"观念内涵极为丰富,二者之间既相联系又有本质的区别,是张力下的激荡共存。

然而,19世纪中后期刚传输于中国时,"民主"与"共和"并没有严格的区分,并且主要不是作为一种思想理念或者政治信仰方面进行的文化沟通,而仅限其体制形态和操作方式的介绍。主要指议会,尤其强调国家元首非世袭而由选举产生。这是一种就现象论现象的粗浅认识,

---

① 刘军宁:《共和·民主·宪政——自由主义思想研究》,三联书店1998年版,第102页。
② [美]汉密尔顿、杰伊、麦迪逊:《联邦党人文集》,程逢如等译,商务印书馆1980年版,第266页。

两者之间的概念界定相当模糊，更遑论在观念文化上的认同感，以至于人们经常将西方的"民主（国）"与"共和（国）"混同甚至相互指称。①直至20世纪初，这种认识在维新派与革命派关于君主立宪与民主共和之论争中仍然存在，反映了无论维新派还是革命派对共和与民主之间关系界定不清，多半只是作为概念工具来使用，对"民主"、"共和"思想理念仍缺乏充分的必要的深层思考阐释（甚至在今天，又有多少国人真正知晓"共和"的确切含义和把握共和精神的真谛呢）。一般认为，共和制可分为虚君共和与民主共和（或称总统共和）。在"共和"精神实质上，无论是英国的虚君立宪制还是美国民主立宪制并没有根本区别，二者都是以自由主义、人权保障为最高原则和根本目标，并通过代议制民主和分权制衡原则来实现这一目标。随着认识的深化和现实的感悟，多年以后，论战中败北的康有为在批判国人对共和的盲目追求时说，"国人不懂政治学的原理，一味追求共和的名称，仿佛一称共和就不得有君主，一有君主就等于专制；一称共和则如袁世凯这样的专制者也可以接受，一有君主即使是英国也不能相容；或者以为只要一称共和，社会就会立可进化到富强的国家，或者明知共和的坏处，也希望民主共和能救中国而不愿加以改革。"②

即使是这种形式上的"民主"、"共和"，能够认知的国人范围也是极其有限的。③"民主"、"共和"观念未能真正"深入人心"根源在于：革命"共和"思潮时期，革命宣传湮没了"民主"、"共和"观念的启

---

① 方维规：《"议会"、"民主"与"共和"概念在西方与中国的嬗变》，《二十一世纪》2000年第4期（总第58期）。
② 转引自陈金英：《近代国人对于共和在认识上的误区》，《人大研究》2005年第8期。
③ "如费正清等人所指出的那样：在当时的中国社会，共和观念能够'深入人心'的范围，恐怕只限于社会上流人士、特别是由社会中上层的开明人士、部分商人、知识分子和学生组成的群体，这个群体在当时中国人中中只占极小的一部分。费正清对当时的情况是这样断定的：在1920年左右，4亿中国人中只有一小部分知道或关心宪政，处于能够试图将信念付诸实施地位的人就更少了。（参见蒋立山：《法律现代化——中国法治道路问题研究》，中国法制出版社2006年版，第156页。）

蒙,"民主"、"共和"观念同样沦为民族主义革命宣传的工具和点缀饰物。

"最好的也是最可行的统治……就是在各种极端力量之间保持均衡的中庸之道的共和政治。人民共和国的'共和'不仅是指民族的共和、阶级的共和,而且是不同德性的共和。"① 但以孙中山先生为代表的革命派在早期仅仅强调满、蒙、回、藏、汉"五族共和",革命"共和"思潮所诉求的"共和"与西方的宪政主义者所崇尚的共和理念是完全不同的。革命派所宣传推崇"共和"更多的是出于一种反满需要的考虑,"共和"二字仅仅是概念工具的借用,至多被用来反对狭隘的民族主义。"共和在很大程度上只是一面排满的旗帜,一种动员革命资源的意识形态。"② 在革命派眼里,民主、共和不是目的,而仅仅是一种宣传革命的口号工具,纯粹的革命宣传取代了启蒙,注意力集中在宣扬革命推翻满清封建统治,而不注重或未能在近代"民主"、"共和"真谛的观念启蒙上下功夫,对民主共和的启蒙宣传成效甚微。例如,"民主"革命宣传旗手之一陈天华的《猛回头》(1903年),主要揭露了帝国主义侵略中国的强盗行径(与狭隘的民族主义不同),在民主共和观念启蒙方面却少有着墨;而对民主革命思想的高涨起过重要作用、影响一时的邹容的《革命军》(1903年),洋洋洒洒二万余言,通篇上下有关"自由"、"平等"、"共和(国)"之类启蒙话语不过几处,寥寥数句。而从"革命之原因"到"革命独立之大义"的通篇累牍呐喊声中,矛头是直指满族统治,充斥着"忍令上国衣冠,沦于夷狄;相率中原豪杰,还我河山"③之类狭隘的排满主义民族复仇情绪之语。在邹容眼里的"民族主义"实际上仅是所谓的"种族革命"。1906年革命派发动的广东萍浏醴起义中

---

① 强世功:《基本权利的宪法解释——以齐玉苓案中的受教育权为例》,赵晓力:《宪法与公民》,上海人民出版社2004年版。
② 王人博:《宪政的中国语境》,《法学研究》2001年第2期。
③ 邹容:《革命军》,蒋世弟等编:《中国近代史参考资料》,高等教育出版社1988年版。

20 世纪前半叶
宪政"中国化"的文化探索

甚至出现一篇名曰《新中华大帝国南部起义恢复军布告天下檄文》的奇文,公然宣称:"至外而督抚,内而公卿,有能首倡大义,志切同胞者,则我四万万同胞欢迎爱戴,如手足之卫腹心,来日不惜万世一系,神圣不侵,子子孙孙,世袭中华大皇帝之权利以为酬。勿狃于立宪专制共和之成说,但得我汉族为天子,即稍形专制,亦如我家中祖父,虽略显尊严,其荣幸犹为我所得与;或时以鞭扑相加,叱责相遇,亦不过望我辈之肯构肯堂,而非有奴隶犬马之心。我同胞即纳血税、充苦役,犹当仰天三呼万岁,以表悃忱爱戴之意。"无论这篇奇文的执笔者为何许人士,但它确实代表了当时绝大多数人的思想水准:赞成反清,但对民主共和为何物则不甚了了,也不甚关心。① 而作为革命"共和"的领军人物孙中山先生,1906 年演讲时批评狭隘的排满主义同时,也强调"民族革命的原故,是不甘心满洲人灭我们的国,主我们的政,定要扑灭他的政府,光复我们民族的国家。"② 对于晚清政府的立宪活动,无论骗局与否,都持根本的否定态度,突出反映在中国同盟会纲领性口号"驱除鞑虏、恢复中华"优先于"建立民国"予以诉求的,以至于武昌起义爆发后清政府无奈地匆忙抛出具有实质性宪政内容的《十九重大信条》时,革命派仍义无反顾地将革命进行到底,直至赶跑了满族皇帝。

潘恩认为:"革命成功的最大危险,莫过于在革命赖以进行的原则以及革命带来的好处尚未为人们充分认识和理解之前就试图发动革命。"③ 纵观革命"共和"思潮,民主、共和观念少有真正启蒙宣传,深入人心的是民族主义,而不是通说认为的"民主"、"共和"观念,与民主共和观念对立的专制主义意识形态流毒依然广布、根深蒂固。有学者评价认为:"辛亥革命,尤其是后来反复的继续革命,几乎所有力量都

---

① 转引自杨鹏程:《"民主共和观念深入人心":辛亥革命未完成的文化使命》,《历史教学》2001 年第 10 期。
② 孙中山:《三民主义与中国前途》,蒋世弟等编:《中国近代史参考资料》,高等教育出版社 1988 年版。
③ [美]托马斯·潘恩:《潘恩选集》,马清槐等译,商务印书馆 1981 年版,第 228 页。

第八章
宪政"中国化"探索中的价值选择及其范式转换

义无反顾地指向作为政体的君主制,但对作为'道统'的专制主义意识形态却少有着墨。……辛亥革命在对'专制主义道统'的破坏力度上反而不如戊戌变法。"① 所以,这种仅限于概念工具的简单的"拿来主义",而不注重西方近代宪政体制背后观念性根基的阐释启蒙,得到必然是革命后的"民主"、"共和"假象下实质专制的恶果。革命派希冀通过革命手段诉求"(民主)共和",但选择"(民主)共和"旗帜却不能自动克服专制,北洋军阀黑暗的僭主政治(一种比君主制还不如的政体)乱象,恰恰说明了:没有正确"自由"观念的支撑,"民主"、"共和"便迷失了目的和方向,辛亥革命唯一成果"中华民国"仅仅徒具古典共和制形式——是"民国"而不是"君国"的假象外壳而已。甚至于二次革命后,孙中山进一步认识到必须以自己的独裁反对包括袁世凯在内北洋军阀的独裁,表明当时包括孙中山在内这些先进知识分子群体,面对现实国情,民主、共和精神在他们的"血脉"里未能继续流淌。

纵观清末民初宪法观念启蒙思潮关于"自由"、"民主"、"共和"等种种言说样态,我们可以发现:宪法观念的启蒙是极其有限的、表面的,突出反映在启蒙的内容及其导向上。在近代中国,许多爱国的文人志士一般是在传统文化的影响下接受和传播西方的宪法观念的,也都不同程度地用中国传统的政治文化和语言来阐释与宪政密切相关的自由、民主、共和等观念,在内忧外患的时代背景下,更被打上了"救亡压倒启蒙"的深刻烙印。两者的结合常常有意无意地妨碍公共知识分子们真正全面深刻地领会、阐释诸如"自由"等西方古典宪法观念的"法意",以至于古典宪法观念存在太多的被误读、曲解的成分,甚至直接消解了宪政原生核心价值。正是由于价值取向上的偏离、迷失甚至颠倒,使得清末民初自由主义宪政文化的传播不可避免地"走样",自由民主的宪政精神未得到充分的张扬,更未"深入人心"形成大众化的宪政文化。

---

① 王怡:《宪政主义:观念与制度的转捩》,山东人民出版社2006年版,第304—305页。

20 世纪前半叶
宪政"中国化"的文化探索

观念的模糊和错觉往往导致行动上的失败,民初自由主义宪政试验的失败无疑与人们对自由、民主、共和等观念解读上的偏向和误区有着莫大关系,之后中国宪政诉求的反复困顿也大体与此相关。所以在西方古典宪政意义上说,近代中国的宪政努力从一开始即发生了起点的位移和偏向。

需附带指出的是,就宪政启蒙的范围和影响来说,虽然清末民初政坛在观念形态上开始接纳了源于西方的政治法律思想,而这些思想火花充其量只为知识界或处商品经济较发达的极少部分城市民众所了解,而更大阶层民众尤其是游离于现代文化土壤之外且未受教育的广大农民来说,是茫然甚至是漠然的。民国初年某天,戴季陶在一次旅途中偶遇一位老农,因戴氏身着日本服装,老农于是询问其国籍。戴称"予中华民国人也"。老农"忽作惊状,似绝不解中华民国为何物者"。当戴氏告诉老农你也是中华民国人也,老农"茫然惶然,连声曰:我非革命党,我非中华民国人"。戴季陶不禁大为感慨:"中华民国成立已三年矣,而人民智识尚有若是者,则袁世凯之举动,真无足怪矣。"[①] 亦如五四文化启蒙运动干将陈独秀在《吾人最后之觉悟》一文中所论:"今之所谓共和,所谓立宪者,乃少数政党之主张,多数国民不见有何切身利害之感而有所取舍也。""人民除纳税诉讼外,与政府无交涉。国家何物,政治何事,所不知也。"[②] 对宪政的观念启蒙还远未推及社会,还没有完成社会启蒙。

[①] 转引自杨鹏程:《"民主共和观念深入人心":辛亥革命未完成的文化使命》,《历史教学》2001 年第 10 期。

[②] 转引自熊月之:《中国近代民主思想史》,上海人民出版社 1986 年版,第 512 页。

二、张力下近代中国宪政价值的诉求路径

如本文先前提及的,"宪政—富强"的文化范式提供了西方宪法观念和制度在中国着陆的文化平台,若没有这一文化范式的"指引",西方宪法观念和制度是没有接纳空间的,恐怕也很难为国人所认知。应当承认,清末民初在宪法观念启蒙方面还是取得了一定的成就的。但另一方面,"宪政—富强"的文化范式的负面影响同样显而易见的,仍与西方语境下的宪法观念有很大的距离。

(一)"富强"范式视域下宪政启蒙的价值转换

从法文化的移植角度上分析,文化观念反映了人们对于宪政的态度、认可程度与守宪的自觉性,是最难移植和模仿的。在输入西方宪法观念和制度的时候,原本至少首先应当探寻、理解、阐释"宪法(宪政)是什么"?在知道宪政如何发展之前,必须知道宪法是什么,或者起码知道我们所要诉求的宪政意味着什么。但在近代中国,在急功近利的政治心态和工具主义理性下,这些都有意无意地被忽略或被置换、消解掉了,正如王人博先生精辟地指出:"从'中学为体,西学为用'的文化传统的消极固守到'富强为体,宪政为用'的文化范式的形成与发展,文化传统要么被看得百般的玄妙,要么被说得一文不值。只想得到西方宪政的果实,而不愿在两种文化上下苦功夫,这是实用理性在近代展现出来的一个恶果,中国宪政文化的无根与浅薄也大抵与此相关。"[①]以至于如上文所分析指出那样:自由、民主、共和等价值观念作为稀缺

---

① 王人博:《宪政文化与近代中国》,法律出版社 1997 年版,引言第 7 页。

性宪政文化资源，在近代中国的点滴积累中潜伏着这样或那样的问题，这些问题消解了它们的真正内涵，凸现出"无根"的宪政文化的"浅薄性"特征。结果是：作为"地方性知识"的"宪政"，在清末民初，绝大多数公共知识分子们对"宪法是什么"或者说"宪法能够做什么"？缺乏深层次的正确认知，对西方宪政文化的理解是肤浅而不深刻，零碎而不系统，几乎只是注意到宪政的皮毛问题。或者说，近代中国输入西方宪法观念和制度时，对"宪法是什么"的认知是不同于西方语境，是在中国语境中来把握的。"西方的宪法文化输入中国以后，便被近代中国知识分子置于中国社会背景下进行了某种改造，才形成了中国自己的宪法思想和追求宪政的实践。特定的历史条件决定了近代中国的宪法文化有着不同于西方的性质。这种差别主要不是表现为法制文明的程度，而是中国有着自己的宪法价值追求。"①

近代以来谋求国家富强一直是时代的主题，宪政只是在这个主题下才有了话语空间，但宪政话语又常常被这个主题所淹没。西方的"宪政"之于中国仅仅是工具和手段而不是目的，"宪政价值在很大程度上被转换成'为国家强盛提供途径和答案'这样一种'宪政功能主义'"②。我们知道，在西方语境中，宪法是从具体的公民个体出发强调"宪法能为你（一定时空范围内的人）做什么"，体现了自由主义宪政理念，其价值考量对象是现实中的具体的"人"，强调以人的自由和权利为立宪价值的最高取向和目标；而在近代中国则从抽象的整全性意义上强调"宪法能为民族（国家）做什么"，其价值考量直接对象是"民族（国家）"，现实目标就是实现民族的独立和国家的富强。这是对现实政治的直接救助。民国初年《东方杂志》登载主编杜亚泉（伧父）的一段评论，较为准确地把握了清末民初公共知识分子的这种救国心态："至此

---

① 张晋藩：《中国宪法史》，吉林人民出版社2004年版，第7页。
② 王人博：《宪政的中国语境：目标和价值》，何勤华主编：《法的移植与法的本土化》，法律出版社2001年版，第331页。

次革命，固以原理为动机，然特少数之先觉者，怀抱此理想耳。就大多数国民之心理观之，则共和政体之发生，仍依据于事实，而非根本于原理。盖事实问题者，依事非而判别。而吾国民对于共和政体之观念，乃歆于事实上之所谓利，非动于原理上之所谓是也。盖我国民既惩于甲午庚子以来之失败，又受日俄战争之激刺。就事实上之比较，知专制之终于复国，立宪可以兴邦。又以他国以往之事实推测之，则立宪政体之成立，非革命流血不为功。故武汉发难，全国响应。我国民之推翻专制创立共和者，因欲于事实上维持国家之势力，非欲于原理上主张天赋之人权。"① 这就表明："宪政"观念尚未彻底世俗化，即落实到以人为中心，以维护人的尊严、保障人的自由和权利以及追求人的全面发展为目的的价值核心。反映在社会实践中，必然是更多地体现了国家主义宪政文化观。"宪政—富强"的文化范式凸现出它消解宪政尊重、保障自由和权利原生核心价值的消极一面，而国家主义宪政文化因有深厚传统文化底蕴的支撑而大行其道。有学者认为："国家主义在本能上是反宪政主义的，实质上它 种经过化妆的专制主义。"② 在 20 世纪上半叶近代中国宪政化努力过程中，先有梁启超的"开明专制"论，后有孙中山先生的"训政"和"以党治国"论，国民党统治时期在制度实践上则集中体现了极权主义（国家主义的极端形式）的法西斯独裁本质。

（二）启蒙的困顿：个人至上（自由主义）还是国家优先（国家主义）

清末民初宪政启蒙价值取向偏离甚至颠倒的现象，在五四新文化运动时期，就引起关注中国宪政化进程的诸如胡适、李大钊等部分公共知识分子的冷静思考和警醒，在宪政文化领域开展了价值重建运动，针对

---

① 伧父：《共和政体与国民心理》，《东方杂志》（第 9 卷第 5 号），1912 年 11 月 1 日。
② 钟群：《比较宪政史研究》，贵州人民出版社 2003 年版，第 418 页。

20 世纪前半叶
宪政"中国化"的文化探索

民国初年"有宪法无宪政"的政治乱象现实,旗帜鲜明地提出了"在意识形态应当构建怎样的价值指归上——究竟以个体需要的满足为本,还是以国家独立富强为本"①的宪法核心问题。聚集在《新青年》杂志周围的公共知识分子们高举人本主义、自由主义旗帜,强调"个人与国家社会,在先后次序上先有小己后有国家社会;在相互关系上,没有自主、健康的个体,就不会有隆盛富强的国家,群体和国家都不过是由个体组成的个体间的关系;在存在目的上,国家除了保护小己的自由权利外,没有自己的任何目的。所以,个人不仅要维护他人的人格,更要保护和发展自身的人格、个性、权利和幸福,不能损害他人,更不能损害自己或自贬以奉人"。"中国必须改变'不尊重个人之权威与势力'的立国精神。"②五四启蒙思想家们表达了对宪法精神的深切领悟。然而,这一历史的文化"拐点"时刻只是昙花一现。在一战结束后的1919年巴黎和会上,最终确定日本作为战败国德国在中国山东特权的继承人,而作为战胜国的"二等强国"——以西方文明为标杆的中国依然不能维护国家主权的事实,让多数的知识精英阶层对西方"文明"的自由主义宪法制度普遍产生了幻灭感。有学者因此指出:"它使孜孜以求'公理'的中国人,看到了'自由、平等、博爱'的西方文明的另一面。当巴黎和会撕下了蒙在欧战身上的'公理战胜强权'的面纱,而使西方人的帝国主义面目暴露无遗时,这对于亲西方的中国知识分子来说,无疑是一个巨大的刺激,它不能不动摇他们对西方文明的信仰。"③自由主义呼声渐渐归于暗淡沉寂。此后几十年间,先天不足和后天非正常遭遇下的自由主义至多居于非主流的民间(主要在思想界)配角地位,始终未能独立地成为中国宪政历程中的主流方向。在旧中国,自由主义最后一次勃

---

① 许纪霖、陈达凯主编:《中国现代化史》第一卷(1800—1949年),上海三联书店1995年版,第304页。
② 同上,第314—315页。
③ 同上,第352页。

第八章 宪政"中国化"探索中的价值选择及其范式转换

兴是20世纪30、40年代中间党派的宪政诉愿。时至今日,西方宪法观念中的个人自由和权利价值至上性仍然只是得到了有限度的认可。一句话,中国尚未完成西方宪政文化的"中国化"过程。

由此我们不得不认真思考:清末民初宪政启蒙思潮为什么会发生价值转换现象(在西方古典宪政意义上,则指价值偏离)?五四时期的宪政文化价值重建的启蒙"补课"为何也自然流产?简言之,近代中国社会为什么不能结出西方宪法观念中的"自由"之花?

仔细思量,我们不难发现,"宪政—富强"文化范式本身隐含着一个现实悖论问题。作为舶来品的宪政文化之于中国时,首先涉及到宪政启蒙内容的价值位序问题:国家(公共权力)和公民(个人权利)何者价值优先?产生了宪政诉求的文化悖论,即在近代中国特定语境下,似乎出现了一定程度上二律背反的宪政境地:为维护国家的统一和实现富强,处于外部危机面前的中国需要一个强有力的政治权威,迅速、高效动员所有社会资源的参与实现现代化的转型。结果是国家主义宪政文化观必然大行其道,要求个人服从于或服务于国家,存在漠视甚至侵夺公民个人的自由的危险;反之,为适应世界潮流实现传统政治的现代转型,对公民而言实现"法不禁止即自由",对国家(政府)而言奉行"法无授权即禁止",必然要求束缚国家(政府)的手脚,让公民享有充分的自由和权利,国家(政府)不得任意干涉和侵夺。但这意味着缺乏树立强有力的政治权威将分散的社会资源动员起来,导致民族国家一盘散沙、分崩离析的危险局面。正所谓"覆巢之下,焉有卵焉",又如何再奢谈公民权利和自由?自由主义和国家主义之间的矛盾对立无疑给公共知识分子们造成了一种观念困惑,究竟是个人至上还是国家优先?

面对这一两难境地,公共知识分子该如何抉择呢?实际上,他们全部问题意识都是从近代中国大大落后于英美等西方发达国家这种焦虑意识出发的,"中国知识分子之所以是'中国的',因为他们首先是一些民族主义者——钦慕西方的强大力量而非西方整个文明的中国人;然后他们才是'西方宪政民主的学生'。他们从一开始就不是也成不了西方意义上的宪政主义者或民主主义者"①。加之西方思想和中国的传统相互渗透、相互改造,而且内部常常无法融洽,充满了冲突。不是一个简单的将西方思想移植过来的过程。② 中西文化上的鸿沟,使得背负着深重的民族忧患意识和历史使命感的公共知识分子们的心灵是紧张、复杂而彷徨的。通过对近代中国社会宪政文化诉求的时空结构因素的分析,或许我们能找到近代中国公共知识分子们在宪政文化价值取向问题上选择国家(民族)优先的钥匙。

(三)近代中国宪政诉求的时空语境:价值转换原因分析

"时空挤压"是蒋立山先生用来描述自近代以来中国法律演变所处的时空环境所提出的概念。他认为:"中国法律演进的时空结构,在时间方面上表现出了压缩的特点,在空间方面则表现出了受到某一些方向上的'挤压',而不是简单的'压缩'。"③ 这种由外部环境(西方扩张背景)决定的时空挤压效应给人的主观感受就是时空的短暂和窘迫感。我们认为,20世纪初中国宪政文化诉求的时空环境,为宪政文化演进预设了某种外部框架,构成了近代中国宪政文化选择的约束。与内生型宪政文化模式的欧美国家迥异的是,外部压力与挑战的存在所造就的"时空挤压"效应特质,是走外源型为主宪政文化模式的中国,近代以来国家主义宪政文化选择的重要原因。

一般认为,渊源于西方的宪政并不与富强直接相联系。至少在发生学意义上,宪政不是富强的原因。它是西方社会基于自身文化传统而自然演进的文化现象,"是一个没有任何人能够预期到的后果"。它被认为

---

① 王人博:《宪政的中国语境》,《法学研究》2001年第2期。
② 许纪霖:《中国知识分子十论》,复旦大学出版社2003年版,自序第14页。
③ 蒋立山:《法律现代化——中国法治道路问题研究》,中国法制出版社2006年版,第61页。

是 unintended consequence，即没有预期到的后果。① 按中国传统政治理论说法，欧美国家是拥有"天时"、"地利"、"人和"情形下在启蒙精神的指引下自然走向宪政的，这里，"天时"是指外部（国际）环境，"地利"指商品经济基础，"人和"指文化传统底蕴。

弗里德曼有句名言："法典背后有强大的思想运动"。欧美国家在建立宪法制度之前，大都进行比较持久（16至19世纪）而广泛的思想启蒙运动，即近代以来资产阶级用"自由"、"民主"、"人权"等观念去启迪封建专制思想之"蒙"，把人们从封建专制主义思想统治之下解放出来。更为重要的是这种启蒙有自身悠远而深厚的人文底蕴支撑，是不依靠外来文化的"自我启蒙"这样一种文化演进、传承路径，② 很容易在人们心中产生文化共鸣而获得充分认可。譬如美国著名思想家、启蒙宣传家托马斯·潘恩在独立战争时期发表的小册子《常识》是如此地深入人心，以至于有人评价："在1776年的北美大陆，几乎人手一本《常识》。在当时的英国，它是《圣经》之后影响力最大、范围最广的一本书。整个世界，整个的现代政治文明，都从这本书里得到启蒙。"③ 一旦恺撒和上帝两分、祛除了"神的光环"走出中世纪蒙昧主义，在发展起来的商品经济基础上，追求个性解放和珍视、尊重个人自由和权利价值就成为欧美人民很自然的"常识"政治文化。"启蒙运动作为一场横扫欧美的伟大的思想解放运动，以古典自然法学说为思想基础，自然法学说倡导的自由、公平、正义、法治等宪政理念也随着启蒙运动的深入而

---

① 杜维明：《儒家人文主义与民主》，岳华编：《儒家传统的现代转化》，中国广播电视出版社1992年版，第378—381页。
② ［德］康德认为，启蒙"就是人类脱离自己所加之于自己的不成熟状态。不成熟状态就是不经别人的引导，就对运用自己的理智无能为力"（康德：《历史理性批判文集》，何兆武译，商务印书馆1990年版，第22页）。启蒙的关键在于敢不敢运用自己理性和是否允许人们公开运用自己的理性。强调的是"自我启蒙"，认为自我启蒙是可能的，只要让社会中的人享有自由。但这里所指的"自我启蒙"语境不同，是在文化演进意义上的概念借用。
③ ［美］托马斯·潘恩：《常识》，何实译，华夏出版社2004年版，封面。

深入人心。这是英法美等国宪政现代化的内在思想基础。"① 加之,欧美国家当时基本不存在外部环境的"挤压"因素,"在那个国家间竞争尚不激烈、各国经济、政治、文化和人员交流并不频仍的时代,国际环境的影响力并不明显,文明转型的示范效应尚不突出。"② 在欧美国家从传统到现代的政治转型过程中,时间上是相当从容的,瓜熟蒂落,最终在制度上引向了个人权利和自由优先保障为核心价值的宪政主义。

与此形成鲜明对比的是,包括中国在内许多东方国家宪政诉求时的"天时"、"地利"、"人和"都不具备:既有外部压力下的生存危机,又缺乏与宪政相应文化传统底蕴(商品经济的落后更不用提及)。虽然近代中国也曾开展过思想启蒙运动(如果可以这样认为),但基本上是一种利用外来文化"他者启蒙"的文化移植路径,缺乏自然缓慢的演变过程,与自身的文化传统内在质素之间发生激烈的冲突、碰撞在所难免,表现出过程的不和谐性和不稳定性特征。比较而言,这种启蒙路径下,"自由"、"法治"等宪政文化要素在中国的生长及其维持不但更为复杂、曲折,而且完成宪政文化观念启蒙、实现文化变迁的艰巨性任务本身最需要的是转型空间和时间。然而,这些因素在长期动荡的近代中国社会都始终被"挤压"着。

首先,宪政文化诉求的空间维度。在西方扩张背景下,"西方国家实际挤占或改变了中国原有的生存空间,……产生了'空间挤压'的效果",结果是:"近代中国法律的发展空间,一方面是被压缩了,另一方面则是被拓宽了,只不过是被一种外部力量推动着拓宽的"。③ 从清末修

---

① 汪生太、程乃胜:《从动力来源看中国宪政现代化的模式》,《法学评论》2007 年第 2 期。

② 邹平学:《反省与超越:东亚宪政主义发展的路径与模式》,《环球法律评论》2007 年第 1 期。

③ 蒋立山:《法律现代化——中国法治道路问题研究》,中国法制出版社 2006 年版,第 61 页。按照蒋立山先生的分析描述,这种法律的"空间挤压"表现在:法律的社会地理空间、发展空间、价值选择空间和自主创新空间方面受到挤压。(参见蒋立山:《法律现代化——中国法治道路问题研究》,中国法制出版社 2006 年版,第 77—84 页。)

第八章
宪政"中国化"探索中的价值选择及其范式转换

律开始,传统中国被迫走上了一条效法西方的法文化变迁道路,而生存空间被挤压的事实又要求必须迅速树立强有力的政治权威,选择国家主义宪政文化也就隐含成为题中之义,并可能在实践中得到强化。从世界史范围上看,大凡生存空间受到挤压威胁的民族国家,现代化启动时往往采取了国家主义宪政文化模式,强调行政集权消除威胁甚至寻求扩大生存空间,以德国、日本为典型代表(直到第二次世界大战后,德日又在外部因素的强力下自由主义宪政文化才成为社会支配性政治文化潮流)。以此而论,中国早期自由主义宪政启蒙者之所以或多或少、或先或后具有国家主义倾向,其中原因就是:民族危机始终未能解决,20世纪初公共知识分子们一直担心中国存在随时被西方列强瓜分的危险。正是这样的瓜分情结,使得这些知识群体认为首先应求得国家独立,民族自强,所以国家因此获得完全自由,个人自由受点限制、损失也就具有了正当性。从象牙塔走出、彷徨在十字街头的他们面对宪政文化悖论困境,在个人和国家两者价值考量面前,最后就不得已采取这样的"驼鸟策略","当面临非要在冲突的富强目标和宪政价值之间做出决择的时候,他们便自觉地选择了'国家利益'而非西方意义的'个人利益'",[①]默认甚至宣传鼓吹国家主义的优先性、正当性。这是在民族危亡之际中国先进公共知识分子们被迫做出的一次艰难抉择。此后,国家(主义)价值目标构成了社会政治生活中主流意识形态。

其次,宪政文化诉求的时间维度。在西方强大的文明示范效应下,中国法律(文化)演进"仿佛要把西方国家数百年的社会与法律演变历程浓缩于最短的时间里,产生了'时间压缩'的效果。"时间或许可以解决一切问题。而"二十世纪中国法律现代化及社会现代化的所有问题都可以表现为缺少时间"[②]。时间上的紧迫性使得远未成熟的中国民族资

[①] 王人博:《宪政的中国语境》,《法学研究》2001年第2期。
[②] 蒋立山:《法律现代化——中国法治道路问题研究》,中国法制出版社2006年版,第61、69页。

产阶级过早地登上了历史舞台；时间上的紧迫性也使得中国不可能等到民众的自由、权利观念生长成熟起来再建立现代宪政国家。时间越短，观念变革实现的可能性越小，宪政努力越易流产或被异化，民初自由主义宪政试验的失败例证了这一点。维新立宪思潮时期西方宪法观念和制度刚刚传输于中国，刚获得有限的观念体认的时候，马上就被急转直下的形势所湮没，代之而起的是革命"共和"思潮，自由主义宪政文化启蒙发生某种程度上的观念断裂/"异化"。启蒙原本应该是理性的，是激进/革命的敌人，至少并不与革命直接相联。"中国现实的国民是亟待启蒙的，但启蒙后的国民不是一定要革命的；中国的民意是容易唤起的，但同时也是最容易冲动的。"① 从20世纪初开始，民族（民主）"革命"却成了近代中国最紧要关键话语，抗日战争期间，著名歌曲《团结就是力量》原创歌词中"向着自由"被改为人们所熟悉的"向着胜利"，就是一个突出的例子。在民族主义（国家主义）强势的政治逻辑下，自由主义的价值诉求也就必然被挤压到最边缘的位置成为可有可无的东西。恰如张宝明所感叹那样：20世纪初启蒙精神的阙失导致了"自由主义神话在近代中国的终结"②。

再次，依赖于秩序的自由主义理想自身遭遇现实的尴尬困境。近代以来清廷政治权威的日益衰败，中国社会的剧烈动荡事实，尤其是民初政治乱象，进一步加强了人们对恢复秩序的渴望。一部人类文明史告诉我们：在地球的每个角落里，与其他动物本质区别在于：人必须作为"类"通过建立某种秩序相互依存地从野蛮走出，无序将使人类返回到"自然状态"，人类对秩序的渴望远大于对自由的追求。美国学者塞缪尔·亨廷顿有句名言："首要问题不是自由，而是创建一个合法的公共秩序。很显然，人类可以无自由而有秩序，但不能无秩序而有自由。必

---

① 张宝明：《启蒙的悖论（1911—1921）：20世纪思想史上的困惑》，《人文杂志》2003年第4期。

② 张宝明：《自由神话的终结——20世纪启蒙阙失探解》，三联书店2002年版。

第八章 宪政"中国化"探索中的价值选择及其范式转换

须先有权威,然后才能对它加以限制。"① 秩序的恢复依赖于一个强有力的政治权威,权威的确立先于对权威的限制,国家主义因此或强或弱地成为近代政治逻辑的当然/现实选择的一种文化倾向。

在上述因素的共同作用下,中国近代宪政史上许多著名人物,例如从维新立宪思潮时期的康有为、梁启超、严复,到革命"共和"思潮时期的孙中山(甚至到20世纪30、40年代的许多知识分子),在思想上都大致经历了从共和到集权,从民主到权威,这似乎成为一个普遍性的现象。它表明,无论民主共和的理想多么诱人,一旦转向中国的现实国情,一旦转向对于实现民主共和的现实路径的寻求,权威主义的东西就会显示出它的非理想化的现实性。② 美国学者格里德对自由主义在近代中国失败的分析评论,也许是一个中肯的注脚:"自由主义在中国的失败并不是因为自由主义者本身没有抓住为他们提供了的机会,而是因为他们不能创造他们所需要的机会。自由主义之所以失败,是因为中国那时正处在混乱之中,而自由主义所需要的是秩序。自由主义的失败是因为,自由主义所假定应当存在的共同价值标准在中国却不存在,而自由主义又不能提供任何可以产生这类价值准则的手段。它的失败是因为中国人的生活是由武力来塑造的,而自由主义的要求是,人应靠理性来生活。简言之,自由主义之所以会在中国失败,乃因为中国人的生活是淹没在暴力和革命之中的,而自由主义则不能为暴力与革命的重大问题提供什么答案。"③

---

① [美]塞缪尔·亨廷顿:《变革社会中的政治秩序》,李盛平、杨玉生等译,华夏出版社1988年版,第8页。
② 蒋立山:《法律现代化——中国法治道路问题研究》,中国法制出版社2006年版,第160页。
③ [美]格里德:《胡适与中国的文艺复兴——中国革命中的自由主义(1917—1937)》,鲁奇译,江苏人民出版社1996年版,第377—378页。

三、宪法正义面相的历史嬗变及其启示

在西方的法治文明源头，早在古希腊罗马时期，人们就开始将法与正义之间关联考察，甚至认为法即正义。问题在于：在人类社会诸如个人、社会、国家（政府）等若干向度内，法律（宪法）应当反映、体现和促进何种向度的正义？这始终是历代思想家、政治家和法学家所关心的主要论题之一。一般认为，在法的价值范畴中，正义是最基本、最重要、第一性的概念。日本学者川岛武宜认为："法律所保障的或值得法律保障的价值，我们将其称之为'法律价值'。……各种法律价值的总体，又被抽象为所谓的'正义'。"① 对于居法体系金字塔尖的宪法而言，宪法正义同样具有本源性、本体性、至上性特征，在宪法价值构成中，离开了正义价值，谈及其他诸如自由、平等、民主等宪法价值都将毫无意义。且与其他法律相较，宪法与正义价值关系更加紧密，更加直接关联，甚至于在某种意义上二者可以相提并论抑或通约。然而，古往今来，人们对正义内涵的阐释却标准各异，始终无法形成"大一统"的正义观念，这或许是正义作为宪法的永恒价值主题在人类社会历史长河中不断地被追问的魅力之所在。马克思主义认为，正义是一个历史的、阶级的概念，而不是一个永恒的、超阶级的抽象的概念。人类社会对宪法正义的价值内涵的阐释理解明显地具有历时性特征。翻开一部人类宪法（思想）史就会发现，宪法正义的标准在不同历史时期有着不同的解释。就会发现，迄今为止在人类有限的智识活动中，明显存在着宪法正义的三种面相：前宪政时期的国家（主义）正义面相，古典宪政时期的个人（主义）正义面相以及后宪政时期的社会正义面相。借助于对宪法（思

---

① ［日］川岛武宜：《现代化与法》，王志安等译，中国法制出版社2004年版，第244页。

想）史中宪法正义诸种面相的描述和考察，及不同历史时期宪法哲学之立足点的解读，有可能加深对（宪）法之为人类一种生活方式的一般认识，对于中国宪政追求中的价值选择及其发展走向可能具有一定的启发意义。

（一）前宪政时期的宪法哲学：国家（主义）正义观

近现代意义的宪法产生于欧美资产阶级革命过程中，但宪法哲学的萌芽却源远流长，可以追溯到古希腊、罗马。在古希腊、罗马时期，思想家们所论及的诸如"政制"、"政治制度"、"政体"、"政治形式"、"城邦形式"、"宪法"等词语基本上是同义的。在他们眼里，政体（宪法）"为城邦一切政治组织的依据。其中尤其着重于政治所由以决定的'最高治权'的组织"[①]，"可以说是一个城邦的职能组织，由以确定最高统治机构和政权的安排，也由以订立城邦及其全体各分子所企求的目的。"[②] 而正义是一种善（美德），并将正义区分为个人正义与城邦（国家）正义，以此作为评价一个政体优劣的价值标准。

在西方政治思想史上，如果说苏格拉底首先将正义的探讨从经验层面上升到理性的哲学思辩高度的话，那么对宪法正义予以系统阐述则是柏拉图及其弟子亚里士多德。

青壮年时期的柏拉图并不推崇宪法和法律，主张建立一个由"哲学王"统治的理想国，认为"真正的立法者不应当把力气花在法律和宪法方面这一类的事情，不论是在政治秩序不好的国家，还是在政治秩序良好的国家；因为在政治秩序不良的国家里法律和宪法是无济于事的，而在秩序良好的国家里法律和宪法有的不难设计出来，有的则可以从前人

---

① 亚里士多德：《政治学》，吴寿彭译，商务印书馆1965年版，第129页。
② 同上，第178页。

的法律条例中很方便地引申出来"①。在他的理想主义遭遇现实的挫折之后，晚年的柏拉图转而寻求"第二等好的政治"——法律的统治，在其撰写的《法律篇》一书中，曾指出："人在达到完美境界时，是最优秀的动物，然而一旦离开了法律和正义。他就是最恶劣的动物。"② 开始鼓吹君主制和民主制相结合的混合政体论，主张希腊城邦建立混合政体的国家形式。但纵观柏拉图一生的思想轨迹，他对宪法哲学的核心命题——正义的解释阐发立场始终是一致的，认为要符合城邦之目的，政体应当体现城邦正义的基本要求。柏拉图主张必须从城邦（国家）整体目标与社会制度安排的视角揭示正义之奥秘，"我们建立这个国家的目标并不是为了某一阶级的单独突出的幸福，而是为了全体公民的最大幸福；因为，我们认为在一个这样的城邦最有可能找到正义，而在一个建立得最糟的城邦里最有可能找到不正义"③。在他看来，衡量正义与非正义的标准就在于是否为优良的城邦生活提供一个稳定的社会秩序。在其之下，公民个人应当安分守己，各司其职，各尽所能，各尽其责，就是实践了自己的个人正义，"当生意人、辅助者和护国者这三种人在国家里各做各的事而不相互打扰时，便有了正义，从而也就使国家成为正义的国家了"④。由此看来，柏拉图虽然将正义区分出个人正义和城邦（国家）正义，但其宪法哲学的全部逻辑起点是整全性概念的城邦（国家），个人从属于、服务于城邦（国家），公职人员更不能例外。他说："我们是要我们的护卫者成为真正的护国者而不是覆国者……因此，在任用我们的护卫者时，我们必须考虑，我们是否应该割裂开来单独注意他们的最大幸福，或者说，是否能把这个幸福原则不放在国家里作为一个整体

---

① 柏拉图：《理想国》，郭斌和、张竹明译，商务印书馆1986年版，第143页。
② 转引自[美]萨拜因：《政治学说史》（上册），盛葵阳、崔妙因译，商务印书馆1986年版，第127页。
③ 柏拉图：《理想国》，郭斌和、张竹明译，商务印书馆1986年版，第133页。
④ 同上，第156页。

来考虑。我们必须劝导护卫者及其辅助者,竭力尽责,做好自己的工作。"① 这种国家(主义)正义价值观意味着对公民个体权利与自由的忽视,以及对个体意志的消解。因此,柏拉图反对自由,认为"极端的自由其结果不可能变为别的什么,只能变成极端的奴役";反对平等,认为在一个国家里,如果"当权的像老百姓,老百姓像当权的","儿子也跟父亲平起平坐","外来的依附者也认为自己和本国公民平等,公民也自认和依附者平等;外国人和本国人彼此也没有什么区别",没有贵贱等级之分,社会必然陷于混乱无序状态。② 由此可见,近现代思想家们高唱的自由、平等、权利等个人正义核心主题成为他所抨击的对象,公民个人追求自己真正的幸福和自由被认为是不正义的,个人正义在他那里是没有独立的话语空间。

作为柏拉图的学生,亚里士多德的宪法哲学与其老师是一脉相承的,理想的城邦国家仍是他宪法学说的逻辑起点。稍有不同的是,亚里士多德鲜明地提出法治优于人治的主张,始终把法看作是实现正义的最高权威,认为"法律的实际意义却应该是促成全邦人民都能讲于正义和善德的(永久)制度"③。但在个人正义与城邦(国家)正义二者之间,亚里士多德同样更强调城邦正义的优先性和重要性,"城邦以正义为原则。由正义衍生的礼法,可凭以判断(人间的)是非曲直,正义恰正是树立社会秩序的基础"。在他眼里,由于人的本性是"政治动物",只有城邦才可以使公民个人"得到自足而至善的生活",④ 城邦正义应当高于个人正义。"一种善即或对于个人和对于城邦来说,都是同一的,然而获得和保持城邦的善显然更为重要,更为完满。一个人获得善值得嘉

---

① 柏拉图:《理想国》,郭斌和、张竹明译,商务印书馆1986年版,第134页。
② 同上,第342、340页。
③ 亚里士多德:《政治学》,吴寿彭译,商务印书馆1965年版,第138页。
④ 同上,第7—9页。

奖，一个城邦获得善却更加荣耀，更为神圣。"① 由此可见，同他的老师一样，亚里士多德宪法哲学也不是以个人为逻辑起点来论证城邦（国家）宪法的必要性。在人与城邦（国家）的关系上，他看重城邦（国家），把城邦（国家）视为整体，而视人为这个整体的一部分。"在他的理想城邦里，公民权利并不像近代启蒙思想家所认为的那样，是天赋的、人人都具有的自然权利，国家因公民权利而得于存在。相反，在亚里士多德那里，如果说公民有权利的话，那它只是一种手段，是达到国家整体生存或存在不可或缺的组成部分，权利因国家而得于存在，因而它不是城邦宪法的起点和目的。"② 强调公民个人一切服从国家，维护城邦整体利益为出发点，他的宪法正义价值观明显地体现出整体主义、国家主义取向。无论是柏拉图还是亚里士多德，他们都是从维护和加强希腊奴隶制城邦的角度强调城邦（国家）正义的，个人正义仅仅是附带的、第二性的价值。

古罗马时期，古典自然法理论的集大成者法学家西塞罗继承和发展了希腊思想家的宪法哲学遗产。他追随柏拉图和亚里士多德，也把实现正义作为建立国家的目的。西塞罗将国家定义为：国家是人民的事业，而人民"并非是人们随意组成的群体，而是由许多人一致同意尊奉正义所结成的集合体，是为互利而彼此合作的共同体"③。西塞罗所主张的宪法正义首先体现为国家正义，与柏拉图和亚里士多德有所不同的是，他同时也兼顾个人正义，明确提出保护私有财产是国家的职能所在，只是在价值顺序上个人正义位于国家正义之后。西塞罗与近现代宪政主义者的立场不同，公民权利并不被他认为是宪法的逻辑起点和基石，更多地强调的是公民义务，而不是公民权利，并以此作为其论证的起点和依

---

① 亚里士多德：《尼各马科伦理学》，苗力田译，中国人民大学出版社2003年版，第2—3页。
② 李龙主编：《西方宪法思想史》，高等教育出版社2004年版，第40页。
③ 施治生：《西塞罗的共和国政治理论》，《史学理论研究》1999年第2期。

据。西塞罗在其名著《论义务》开篇时就指出:"人们生活和活动的各个方面,无论是公共的还是私人的,无论是法庭事务还是私人事务,无论是对自己提出什么要求还是与他人订立什么协议,都不可能不涉及义务。"① 西塞罗由此认为人类生活的全部道德意义在于对义务的履行,并将人应尽的社会义务划分为四个等级,依次为对永生的天神的义务、对国家的义务、对父母的义务、对其他人应尽的义务。相对于神事而言,在人事方面首要的便是对国家的义务。西塞罗认为,在人们的所有社会关系中,没有哪一种比我们每个人同国家的关系更重要、更亲切。他说:"父母亲切,儿女亲切,亲人亲切,朋友亲切,然而一个祖国便囊括了所有这些亲切感。"② 要求每个人都能努力地为国家(公共利益)服务,维护国家整体。西塞罗的义务观表明,个人正义在他眼里同样是被置于国家正义之下,在国家正义强势逻辑下,以公民应尽的义务为幌子,漠视甚至剥夺公民个人的自由和权利就成为可能。

(二) 古典宪政时期(18、19 世纪)的宪法哲学:个人(主义)正义观(古典自由主义)的确立

中世纪的欧洲,一切知识皆笼罩在神的光环之下,从古希腊、罗马时期延续下来的,作为对人类的社会行为与社会关系正当性追问的正义认识也被置于神学哲学体系之中。在思想家们的论证中,从奥古斯丁到托马斯·阿奎那,宪法正义的逻辑起点只能是上帝,遵从上帝的意志成为正义的代名词,世俗社会中无论是国家还是个人都未获得独立的话语空间,其客观效果是世俗政治第一次直接受到了实际的约束;另一方面基督教"原罪"伦理将古希腊、罗马时期对人性的关注由"善"转向"恶",从而中世纪的神学政治偏见也为宪法正义的立足点从国家到个人

---

① 王焕生:《西塞罗的义务观评析》,《比较法研究》1999 年第 3—4 期。
② 同上。

的逻辑转换提供了一种可能，一旦恺撒和上帝两分、祛除了神的光环走出中世纪的蒙昧主义，"人"的发现就奠定了宪法正义转型的社会价值根基。在14~16世纪的"祛魅"启蒙运动中，思想家们终于高扬人性旗帜，将目光从神转向人，从天堂转向世俗，重视人的主体性地位，倡导个性解放、个人的自由和权利，继之，在古典自然法学家那里系统形成了以自然权利为核心的宪法哲学。他们以个人为逻辑起点，以自然状态说和社会契约说为理论预设，将个人权利和自然法中的正义观念巧妙地联系起来，广泛而系统地论证了以自由、平等、权利等为主题的个人正义的正当性、在先性。经过几个世纪的思想累积，以个人正义为核心的古典宪政主义终于横空出世。

近现代自然权利观肇始于17世纪的英国启蒙思想家霍布斯。他在《利维坦》一书反复强调，"人之天生，其身心，皆相等也"，"自然之权利者，人人皆有自由"，认为在自然状态中人与人之间是"狼与狼"的关系，所以人们为了自保而缔约进入国家，国家存在的目标就是保护每个人的自然权利。而首先将自然权利学说系统化的英国思想家洛克基于保障自然权利这一共识，进一步认为，人们订立社会契约并将自己的一部分自然权利让渡给国家，因此国家的职能和界限必须由自然权利来界定，主张必须通过分权以限制政府所有公共权力，以防止政府独裁、专横的不正义。法国孟德斯鸠在检讨历史上各种国家存在目的后，指出："世界上还有一个国家，它的政制的直接目的就是政治自由。我们要考察一下这种自由所赖以建立基础的原则。如果这些原则是好的话，则从那里反映出来的自由将是非常完善的。"① 他明确提出了体现立法、行政、司法三权分立的政制原则的宪法才能切实保障个人的自由权利。美国独立战争时期著名思想家潘恩将之表述为最一般的政治"常识"而深藏于北美人民心中，并指出"宪法是一样先于政府的东西，而政府只是

---

① ［法］孟德斯鸠：《论法的精神》（上册），张雁深译，商务印书馆1959年版，第185页。

宪法的产物。一国的宪法不是其政府的决议，而是建立其政府的人民的决议"①。认为承载个人正义的宪法，是人民管理政府的根本规则，而不是相反。古典思想家们大都主张个人权利神圣不可侵犯，国家（政府）的存在只是一种必要的"恶"，保障最基本的个人自由与权利成为自由资本主义时期宪法正义观念和制度安排的核心价值。当代美国学者庞德认为，这一时期的法哲学"将法律体系构筑在个人权利基础之上"，"它的重要的法律制度是财产和契约制度，它的贡献是个人权利的全部计划的推行"。②

由此可见，自由、平等、权利等为主题的个人正义首先在近代资产阶级那里赢得了广泛的赞歌，并且深刻地融入到宪法制度实践中。美国1776年《独立宣言》明确宣布："人人生而平等，造物主赋予他们一些不可转让的权利，诸如生命权、自由权和追求幸福的权利。为了保障这些权利，所以在人们中间建立政府。"1791年美国国会通过了《权利法案》，美国宪法以修正案形式进一步确认、体现了以自由、平等、权利等为主题的个人正义，并在以后的宪政实践中通过司法（法院）不断促进个人正义的实现和深化。作为法国1791年宪法的序言部分——《人权宣言》也公开宣称："人生来是而且始终是自由的，在权利上是平等的"，"任何政治结合的目的都在于保存人的自然的和不可动摇的权利。这些权利就是自由、财产、安全和反抗压迫"，并特别指出，"凡个人权利无切实保障和分权未确立的社会，就没有宪法"。个人正义在英法美等近代宪政国家那里成为唯一目的，作为"必要之恶"的国家仅仅是促进个人正义实现的手段，因此"管得最少的政府就是最好的政府"，国家（政府）被限定在保护公共安全和秩序、税收以及国防等非常有限的领域里，且应受到严格的法律保留原则的控制。

---

① ［美］托马斯·潘恩：《潘恩选集》，马清槐译，商务印书馆1981年版，第146页。
② ［美］罗斯科·庞德：《普通法的精神》，唐前宏等译，法律出版社2001年版，第100页。

值得注意的是，17~19世纪西方宪法哲学领域存在着另一个分支：从柏拉图、亚里士多德思想遗产中继承下来的国家（主义）正义观，以黑格尔的宪法哲学为典型代表。在此之前，霍布斯、卢梭的宪法哲学中就曾间接隐含着国家主义正义某些倾向。霍布斯的宪法哲学虽然是以个人为逻辑起点，却明显存在强调国家权力和国家主义的因素，他把国家称为"利维坦"并为之歌颂："这就是伟大的利维坦（Leviathan）的诞生，——用更尊敬的方式来说，这就是活的上帝的诞生；我们在永生不朽的上帝之下所获得的和平和安全保障就是从它那里得来的。"① 卢梭的宪法哲学与霍布斯也有类似的见解，他说："我们无须再问应该由谁来制订法律，因为法律乃是公意的行为；我们既无须问君主是否超乎法律之上，因为君主也是国家的成员；也无须问法律是否会不公正，因为没有人会对自己本人不公正；更无须问何以人们既是自由的而又要服从法律，因为法律只不过是我们自己意志的记录。"② 由于卢梭将民主视为最高价值，以至于他的社会契约论所导出的"公意说"亦可能存在着滑向亚里士多德所推崇的国家（主义）正义观的危险，有学者评价指出：他（指卢梭）心目中理想的公民社会不是启蒙思想家为我们设计的以个人权利保障为主要目标的现代国家，而是古代城邦的道德共和国。这样的城邦，因为它很小，所以它便于管理，也因为它小，所以，人与人之间可以互相查看，比较容易达成共识和信任。这种城邦是由好公民组成的，他们具有自我牺牲、勇敢和节制的美德；在这种城邦中法律是全体公民公意的体现，服从法律就是服从他们自己的意志，个人利益和公共利益在这种法律中得到统一；在这种城邦中公民的道德教育是国家的第一要义。③ 德国的黑格尔通过其构建的庞大哲学理论体系，将霍布斯、卢梭以来的国家主义倾向发挥到了极致。他强调正义与国家之间的关

---

① [英]霍布斯：《利维坦》，黎思复等译，商务印书馆1985年版，第132页。
② [法]卢梭：《社会契约论》，何兆武译，商务印书馆1980年版，第50—51页。
③ 李龙主编：《西方宪法思想史》，高等教育出版社2004年版，第132页。

系，公开为国家主义辩护，旗帜鲜明地提出国家正义的宪法哲学观。认为正义的实在性和真理性只表现在国家里，国家是个体的"实体"，国家构成了公民个人的本质和最终目的。"人所有的一切都得归功于国家；只有在国家里他才能发现他的本质。一个人所拥有的所有价值，所有的精神现实，只有通过国家才能拥有所有这一切。""国家不是为了市民而存在的……国家不是某个抽象的与市民相反对的东西；相反，市民是有机生活中的环节……国家的本质是伦理的生活。"① 黑格尔认为个人自由是在国家中获得的，强调"成为国家成员是单个人的最高义务"②。

国家（主义）正义论者坚持强调国家理性至上，主张国家权力至上，个人应当服从国家。相信"无限政府"是国家独立、统一、安全和个人自由的保障，往往容易产生国家（政府）是万能的倾向，在"宪法的光环"下国家可能成为凌驾一切之上的强权，在极端情形下某个人或某个政党可以无视甚至践踏宪法的权威性，从而侵夺个人的权利和自由。在制度实践上，主要是德日作为后起工业化国家曾走上国家主义宪政道路（1949 年前国民党在大陆的一党独裁统治等）。当然在二战以后，国家（主义）宪法正义观及其制度模式在西方主要资本主义国家里逐渐成为昨日的黄花，以个人为基点的自由主义宪法正义观及其制度模式成为西方国家的一种共识。

（三）后宪政时期（二战以后）宪法哲学的深刻：社会正义观（新自由主义）的兴起

社会历史实践已经证明，以个人正义观为内核的古典时期自由主义宪政制度框架大大推动了近代资本主义的发展，人类文明因此前进了一大步。然而 20 世纪后，福利国家的出现、五六十年代民权运动的发展

---

① 李龙主编：《西方宪法思想史》，高等教育出版社 2004 年版，第 155 页。
② ［德］黑格尔：《法哲学原理》，范扬、张企泰译，商务印书馆 1961 年版，第 253 页。

20世纪前半叶 宪政"中国化"的文化探索

等社会政治经济新变化,暴露出以个人为基点的自由主义宪法正义观种种缺陷:由于个人自由优先于国家权力,一味地迁就个人,进而要求严格限制国家权力的逻辑预设必然会导致国家(政府)无所作为,尤其在解决市场失灵所导致的周期性循环的经济危机以及多数人相对贫困、疾病和不平等而未能享受"自由的繁荣"问题上束手无策,社会矛盾加剧,个人主义正义观所追求的自由、平等在大多数人那里仍只是一幅理想的图景,在国际竞争日益加剧情形下对外甚至可能削弱国家主权的权威。面对现实困境,经过思想家们的沉思和重新阐释发展,二战以后的宪法哲学在个人正义基础上开始向社会正义转换,完成社会正义观的系统理论建构是当代美国学者约翰·罗尔斯。

罗尔斯认为:"每个人都拥有一种基于正义的不可侵犯性,这种不可侵犯性即使以社会整体利益之名也不能逾越。因此,正义否认为了一些分享更大利益而剥夺另一些人的自由是正当的,不承认许多人享受的较大利益能绰绰有余地补偿强加于少数人的牺牲。所以,在一个正义的社会里,平等的公民自由是确定不移的,由正义所保障的权利决不受制于政治的交易或社会利益的权衡。"① 罗尔斯称之为"公平的正义"的社会正义如何才能实现和获得保障?为此他提出了两个正义原则(90年代补充完善后重新表述):"甲、每一个人对一种平等的基本权利和基本自由之完全充分的图式都有一种平等的要求。它是一种与所有人的相同图式相容的图式;在这种图式中,平等的政治自由且只有这些自由,才能使其公平的价值得到保证。""乙、社会的和经济的不平等要满足两个条件:第一,它们要让各种岗位和职位在机会公平均等条件下对所有人开放;第二,它们要最有利于那些最不利的社会成员。""这些原则的每一个原则都在一特殊领域里规导各种制度,不仅是对基本权利、自由和机会,而且也对平等的要求进行规导。而第二个原则的第二部分,承诺着

---

① [美]罗尔斯:《正义论》,何怀宏等译,中国社会科学出版社1988年版,第1—2页。

这些制度保证的价值。这两个原则——第一个原则优先于第二个原则——一起规导着实现这些价值的基本制度。"① 这里，罗尔斯向世人表达这样一种价值理念：平等主义的自由主义或者说社会自由主义，其着眼点在于强调社会中的每个人首先应平等地享有基本的权利和自由，更多关注社会平等性问题，其次才是追求公平基础上的效率问题，认为如此制度安排的社会就是公平正义的社会。

从宪政主义角度上分析，与前两种宪法正义面相不同，社会正义观认为，社会在理论逻辑起点上先于国家（政府），也大于国家（政府），国家（政府）只是社会的一个组成部分。无数个个体构成了社会，个体具有实在性，个体的性格决定着社会的性质。社会与政府的关系在本质上是个人与政府的关系，个人是目的，政府在性质上只是手段，是工具。个人与社会和政府相比，个人才是三者中真正具有终极性质的实体。社会正义观依然崇尚以理性为基础的个人正义，更加重视对人的终极关怀，更加强调对社会成员个体权利的平等对待和平等保护。因此，这种社会正义与其说是一种全新的宪法正义，毋宁说是古典宪政时期纯粹以个人为基点的自由主义正义观在当代的"纠偏"和深化发展。用法律来规范、控制政府（公共权力）依然是西方宪政最核心的内容，正如美国当代著名宪法学者 C. H. 麦基文所指出："它（宪政）是对政府的法律限制；是对专政的反对；它的反面是专断，即恣意而非法律的统治。……真正的宪政，其最古老、最坚固、最持久的本质，仍然跟最初一样，是法律对政府的限制。"②

就社会中的个体而言，社会正义观关注以往被个人正义观所忽视的对个人权利的普遍的平等保护问题。现代法治社会中，司法救济是权利保障的最基本和最重要的方式，司法的目的在于通过纠纷的解决实现正

---

① ［美］罗尔斯：《政治自由主义》，万俊人译，汪晖、陈燕谷主编：《文化与公共性》，三联书店1998年版，第242—243页。

② ［美］C. H. 麦基文：《宪政古今》，翟小波译，贵州人民出版社2004年版，第16页。

义。将社会正义观置于司法视野下考察,比较恰当地揭示了宪法正义面相的当代转变这一趋势。以美国为例,虽然美国宪法还是1787年宪法,但通过司法判例形式反映了宪法对社会正义的维护和促进。在1954年的校区隔离第一案(或称布朗第一案)中,联邦最高法院推翻了1896年车厢隔离案确立的"隔离但平等"原则,判决种族隔离"注定就是不平等",侵犯了宪法第十四修正案所保障的"平等法律保护",强调个人作为社会的人的社会地位和社会尊严的平等对待、平等保护。在2000年美国大选期间布什诉戈尔一案,联邦最高法院再次重申了公民权利的平等法律保护这一宪法原则。① 这些判例同时反映出司法角色在当代的某些变化,即司法在传统消极、被动基础上出现了能动主义特征倾向。正如当代意大利法学家莫诺·卡佩莱蒂所认为的,为探求包括经济和政治贫困、法律贫困在内的现代社会种种不正义问题的"有希望的解决方案",司法基本目标应当是"促进法律和政治制度,其权利、利益及其保护,为所有人实效性地接近"。② 强调司法应承担的当代社会责任就是促进社会正义的实现。

从社会的组成部分国家上说,社会正义观不再仅仅囿于限制国家(政府)权力消极层面,认为它们还有其他诸如制定政策、解决社会问题等功能的积极层面,从而赋予了宪法正义更丰富的内涵。从前者来说,宪法正义"主要保护的是个人不受政府任意干预的消极自由,这需要建立有效地约束政府权力(不论是专制王权还是多数人的暴政)的制度"。从后者来说,当代的宪法正义"要求政府积极采取行动,让每一个人都能享受到同样的权利,创造有利条件实现人的全面发展(成为他

---

① 任东来等:《美国宪政历程:影响美国的25个司法大案》,中国法制出版社2004年版,第206、471页以下。

② [意]莫诺·卡佩莱蒂:《比较法视野中的司法程序》,徐昕、王奕译,清华大学出版社2005年版,中文版序第32页、自序第11页。

应该成为的人），甚至有所强制也在所不惜"。① 社会正义观认为以人权保障为终极价值，国家（政府）可以干涉社会生活，可以干涉一定时空范围内的公民权利和自由，并将其解释为国家（政府）的职责和实现更大多数人（包括后代子孙）的自由的手段，谋求代内公平和代际公平。从此意义上说，以社会为逻辑起点的宪法正义，正在重新构建出一种新的宪政秩序。社会正义观主张通过建立重叠共识的公共空间，多元化的利益在平等对待的基础上加以合理整合，以寻求"互惠"的正义，倡导双赢而非零和的和谐均衡的宪政制度。因此，社会正义的实现过程在某种程度上可以说存在多向度的正义，包括国家正义、民族正义、团体正义、阶级阶层正义、个人正义等在内。它超越以往一切关于宪法哲学对正义的认识，更具包容性。当然，社会正义观最终归宿还是人本身，只不过它的终极关怀不仅仅是"一切为了人"，还包括"为了一切人"在内。

"对法律史的一种解读显示出法律的演进与人类生活的变化之间的联结。"② 从柏拉图、亚里士多德将宪法与正义关联考察开始，宪法正义就是一个不断被追问的、与时俱进的永恒主题。前宪政时期，公民生活依赖于一定国家而存在，因此思想家们的宪法哲学以国家为向度强调公民的政治参与性，城邦（国家）正义成为考量人类社会生活的全部至少是主要准则；古典宪政时期，市民社会下获得独立主体资格的"人"的发现，颠覆了国家（主义）在宪法正义的价值位序，国家（主义）正义被剔除，国家的存在只是一种必要之"恶"，无"善"（正义）之可言，个人（主义）正义成为古典宪法哲学的价值基石；当人类社会进入后宪政时期，出于对个人（主义）正义观修正的必要，以及对国家（主义）正义观否定之否定，从而将二者容纳统一于社会正义之中，追求和谐均

---

① 殷啸虎、刘守刚：《西方宪政发展的自由主义背景》，《华东政法学院学报》2002 年第 3 期。
② 李琦：《法学关于法律是什么的分歧》，《法学研究》2005 年第 6 期。

衡的、互惠的宪法正义。在漫漫的历史长河中，宪法正义面相的历史嬗变表明，宪法正义是一种关乎人类社会应当如何组织国家（政府）及其生活方式之正当性追问的哲学思考。毕竟为人类社会寻求一种优良的生活方式，始终是宪法恒久不变的价值追求。

（四）宪法正义面相嬗变的历史启示

通过对宪法（思想）史中宪法正义诸种面相的描述和考察，及不同历史时期宪法哲学之立足点的解读，我们可以得出一个初步结论：在宪法正义的价值判断追求上，对于国家（主义）正义的认同及其程度方面，只是一个历史文化时空因素和具体国情决定的问题。尤其是20世纪以来兴起的社会正义观下，个人（自由主义）与国家（国家主义）在保持警惕和距离中成为了莫逆。自由主义也基本认可了国家干预，与国家主义区分在于这种干预的程度，到20世纪末叶，"各方所争，不是应该支持或反对权威，……人人都承认以人民意志为基础的近代国家具备正当性，无论人民的意志在实践上经过怎样的稀释。世纪末叶，政治辩论的主题变成，那个具备正当性的中央权威，其用途应该如何，也就是说，国家对社会生活应该作多少管制。'个人主义者'说应该'非常少'，'集体主义者'说应该'非常多'"[①]。也就是说，国家理性与公民自由并不是泾渭分明的楚河汉界。随着时空语境的转换，二者之间处在不断流变过程中。

[①] [美]约翰·麦克里兰：《西方政治思想史》，彭淮栋译，海南出版社2003年版，第546页。需要指出，即使在自由主义那里，现代自由主义发展及制度实践是呈现出多元化趋向的，至少有两条基本分支：一条从英国霍布豪斯开始，包括同时代凯恩斯、霍姆斯、耶利内克等在内，至当代的霍布森、韦尔、伯林、克罗利为代表的新自由主义，强调国家干预的正当性，另一条以哈耶克、诺齐克、卡尔·波普等人为代表的复兴的古典自由主义，反对国家干预或过多干预。当然，在全球化背景下，最弱意义上的守夜人政府仅存于学术探讨领域（如诺齐克等人主张之），在当代宪政实践中已不复存在。就此而论，数百年西方自由主义宪法观念思想的发展演变，已使现代社会人们不可能对宪政制度有一种统一的看法。（参见徐大同主编：《当代西方政治思潮：20世纪70年代以来》，天津人民出版社2001年版，第19—20页。）

第八章
宪政"中国化"探索中的价值选择及其范式转换

从宪政实践上看，二战后，以英美法德等为代表的宪政国家表现出：一方面行政权力日益扩张，另一方面作为公民权利的救济和保障机制的司法权同样也变得越发强大，美国是最为典型的代表。这同时表明，国家（公共权力）和公民（个人权利）之间至少不应是一个此消彼长、此强彼弱的矛盾体。诚如美国自由主义学者加尔斯顿在1991年出版的《自由主义的目标》一书中指出："美国人天生地害怕专断权力，恐惧多数人对少数人的迫害，因此设置权利以抵制侵犯。这种害怕和恐惧过了头，以至有削弱国家而不能保护我们权利的危险。政府太弱而不会威胁到我们自由，可是政府太弱又会保护不了我们的权利，更不用说增进我们的共享目标。反之，如果政府足够强而有效地保护我们的权利并增进我们的目标，又会有难以控制的危险。这是一个两难困境，不可能一劳永逸地获得解决，并永远驱除。关键的是要唤起公众对太弱国家和太强国家的同等意识，将权力的危险与权力消弱的危险公平地相比较。"① 因此，公民权利与国家权力之间如何寻找一个关键结合点，从而构建一种新型的和谐关系，即如何实现公民自由与国家理性之间、自由主义价值与国家主义价值之间张力的动态平衡，谋求二者的文化中道，成为现代社会尤其是后发现代化国家所面临的一个最根本的宪政实践难题。

四、当代中国宪法文化价值选择的范式转换

立宪是宪政的基础，既有政治选择的因素，又受文化选择的影响。各国宪政史反复说明，宪法实施过程实际上反映一种文化选择。宪法文化滋养着宪法制度，宪法制度又推动着宪法文化的发展。在中国，近代

---

① 转引自周枫：《自由主义的道德处境》，《人文杂志》2004年第1期。

20 世纪前半叶宪政"中国化"的文化探索

以来"宪政—富强"文化范式的演绎生成有其历史必然性。如前文所论，除文化传统因素外，一个可能合理的解读就是，权威的确立先于对权威的限制。在西方扩张的背景下，处于民族危机面前的中国首先需要一个强有力的政治权威，重建民族国家，并迅速、高效动员所有社会资源的参与实现现代化，这直接触发了人们强烈的"忧国"意识，以及对国家寄予厚望甚至依赖于国家的意识。由于涣散而软弱的政府权威可控制利用的资源的贫乏，当作为舶来品的西方宪法文化之于中国时，在工具主义意识支配下，人们自然很容易将宪法文化选择的关怀对象直接指向"国家"，而不是"公民"自身。20 世纪初，近代中国虽曾开展一场被后来者看来是极为有限的宪政启蒙运动，但更多的具有救国的工具色彩，希冀"再造中华"，把（宪法）文化看成是解决政治问题、救国的根本办法，以至于从总体上看，以个人（公民权利和自由）至上为滥觞的自由主义在中国遭到了冷遇甚至排斥"反感"，至多居于附属的地位。也许可以这样认为，近代以来，在动荡不安的年代里，在"落后就要挨打"的硬道理面前，为维护国家的统一和实现富强，外部压力与挑战的存在所造就的"时空挤压"效应特质，选择国家（主义）优先进路作为当时宪法文化诉求的根本价值关怀具有正当性。国家主义成为当然的强势逻辑选择，且可能在实践中得到强化。而作为宪法文化价值根基的自由主义在近代中国的式微，被挤压到了边缘的位置。社会历史实践已经证明：在当时特定时空语境下，（宪法）文化救不了国，但建国（宪政国家）一定不能没有（宪法）文化。在宪法命运的文化建构问题上，有什么样的宪法价值观念，就有什么样的宪法制度。随着时空语境的变迁，在当代，一个具有较大国际文化认同的 1959 年《德里宣言》向世人表达了一种新的宪法观念，即宪政不仅仅要防御国家（政府）公权力的滥用，而且要创造和维护保障个人尊严和自由的各种条件，保障人们具有充分的社会经济生活条件，促进社会的和谐进步。那种迷信"无限政府"的国家主义宪法文化观的流弊逐渐暴露，尤其在人权保障观念日

第八章
宪政"中国化"探索中的价值选择及其范式转换

益深入人心的今天,国家(主义)优先的正当性基础在人们的质疑声音中悄然动摇了。正如西方古典时期以个人为基点的自由主义宪法正义观那里,同样也存在着难以自足发展的实践困境一样。

由是,在新世纪曙光初露的今天,在和谐社会建构成为时代主题,人权保障成为全球趋势下,建构融自由、民主、共和、法治一体的中国特色的宪政主义,以构筑现代政治文明的文化基础,需要以开放的视野、包容和反省的精神关注宪法文化范式的现代转换问题。也就是在当代和平发展年代里,尤其是作为一个大国正在崛起的时候,应当思考的是:如何辩证地认识国家和公民、国家主义和自由主义之间的关系?国家主义(公共权力)价值优先是否仍有必要?自由主义(公民个人权利和自由)价值能否得到应有的重视并建立相应的制度保障机制?从富强到自由有否实现的可能?当代中国宪法文化又应当如何重构?

对于全球化时代的今日中国来说,一方面,民族、国家之间竞争日趋激烈,瘟疫、毒品泛滥、环境污染、恐怖组织等威胁和挑战,理想主义地鼓吹个人高于国家的自由主义,强调个人至上,注定要遭遇现实的尴尬困境。另一方面,国家主义往往注重维护国家权威而忽视了人权保障,可能动辄强调"以大局为重"和个人的"无私奉献"精神而漠视正当的个人权利和自由。[①] 在一定条件下,还会蜕变为侵犯自由的暴政。所以,无论是自由主义还是国家主义,"崇高"的理念太多,实在的成分太少(也许国家主义更甚)。作为两难悖论的双方,只能在张力中相互依存,非此即彼的选择都可能有遗憾甚至错误,对于一个现代国家里的公民来说都不是一件好事。实际上,无论是自由主义还是国家主义,都属于意识形态范畴,属于价值范畴,在价值问题上是很难有"真伪判

[①] 更有甚者极少一部分打着维护国家(政府)的权威,以国家利益的代言人身份却谋划着某个人、某集团的种种利益侵夺他人的权利和自由,这种"假公济私"现象既与国家主义理念相违背,更为自由主义理念所不容。当然,自由主义那里同样可能存在。但相比较而言,在国家主义理念下,这种现象因其冠冕堂皇更易滋长,更须警惕和防范。

断"的。这里强调价值无真伪,并不等于两者在价值和生活意义上不存在好坏,不等于不偏不倚的折衷态度,纯粹的价值中立(理论上这是学术研究应有的规则)是不可能的,任何人、任何集团、党派或政府都有自己的价值立场。从最坏角度上比较而言,也许"自由主义是当今人类在道德上最可以被接受,也最合理(最可以受到辩护)的一种价值,只不过这一'最'字的上下文含义不是'最好'的意思,而是'最不坏'的意思"①。因此,从价值理性上说,自由主义价值优位,决不能把国家看成是霍布斯心目中的"利维坦"凌驾于个人之上,国家主义只具有维护和促进个人权利和自由的工具性价值,而不是相反。但在实践理性上,二者价值在相当长的时间内也许能"同等"关注(下文另有分析)。"中国的实际情况是,权利长期受权力的压抑,所以人们对权力的负面作用特别警惕。但即便是如此,处理权利与权力关系的价值追求仍然应该是实现两者的平衡,所以遇事还是应做具体分析,不可以盲目张扬权利贬抑权力,当然更不可以反其道而行之。"②

因此,在当今世界的和平发展成为时代主题下,对于转型时期仍处于流变中的中国宪政文化的解读和建构,应明确反对把自由主义与国家主义抽象地对立起来。这只是一种表面上"虚假的对立",本质上二者存在一定耦合之处。笔者认为,强调赋予国家(政府)程序正义下的自由裁量权,发挥其能动作用,并不因此与自由主义价值优位相背离;强调个人权利和自由的保障并不是要也不应削弱国家(政府)的权威,更不是无政府主义,当然强调"有限政府目标"也不必然因此导致国家

---

① 周枫:《自由主义的道德处境》,《人文杂志》2004年第1期。按照伯林的观点,现代自由主义的道德基础有三:一是自由的平等,己所不欲,勿施于人;二是对那些使我享有自由、繁荣,使我受到启蒙的人给予回报;三是最单纯与最普遍意义下的正义。反对的是任意的干涉,而不是合法的干涉(当且仅当在公共利益和善良风俗情形下)。这就要求公民应当对国家的必要干预作出主动、积极、热烈的回应,提高对国家干预认识的自觉性。(参见徐大同主编:《当代西方政治思潮:20世纪70年代以来》,天津人民出版社2001年版,第13页。)

② 童之伟:《〈物权法(草案)〉该如何通过宪法之门——评一封公开信引起的违宪与合宪之争》,《法学》2006年第3期。

(政府)的权威减弱,相反更可能得到强化而成为一个强大的政府。正如美国自由主义学者斯蒂文·霍尔姆斯所洞见:"有限政府也许会比无限政府更强有力。制约可能是力量的源泉,这并非自相矛盾,而是一种充满悖论的洞见。这一见解是自由主义宪政的核心。……一部宪法通过限制政府官员的专断权力,可能在适当条件下增加国家解决特定问题以及为了共同目标而动员集体资源的能力。"① 与之相应的是,应当防止另一种认识倾向即传统的有限而无为"小政府"的狭隘认识,"有限政府论"本义是指在政府(权力)之上有一位"无冕国王"——法律,在法律的规范下政府(权力)是有限的,却并不必然得出政府必须是或只能是软弱无为之类的结论。相反,政府是且应当可以有所作为而强大的,这种作为要求表现为:法治目标下政府(治理和整合社会)能力的增强。而这种政府的力量正是扩大、保障公民权利和自由所不可缺少的东西,当代的宪政实践已充分证明了这一点。以此而论,当代宪法学界应更多地强调"规范"而不是简单的"限制"或"制衡"公共权力,即如何把公共权力规范在法律的框架内,"宪政的最终目的不是制衡公共权力,而是构建一种以自由为最高价值的自我约束的政治生活"②。制衡不是目的,仅仅是第二位的法律技术。

五、当代中国宪法文化价值重构的和谐之维

2006年,中共十六届四中全会制定通过了《中共中央关于加强党的执政能力建设的决定》纲领性文件,首次完整提出了构建社会主义和谐社会的重大命题,规划了民主法治、公平正义、诚信友爱、充满活力、

---

① 参见潘伟杰:《宪政的理念和制度》,上海人民出版社 2004 年版,第 134 页注 1。
② 王怡:《宪政主义:观念与制度的转捩》,山东人民出版社 2006 年版,第 211 页。

安定有序、人与自然和谐相处的总体目标蓝图。显然，实践和谐社会是一个长期的历史过程，也是一个从不和谐到和谐的螺旋上升式的动态过程。当下中国正处于由传统向现代过渡的转型时期，观念的变革既给社会带来了前所未有的发展，又形成了日趋明显的价值分化与困惑，异质多样性文化及其价值冲突已成为一个不争的社会表象。构建和谐社会在法治层面的展开就是要建立新型的宪法制度及其秩序，其观念基础是构建和谐的宪法文化。

（一）从刚性到柔性的转换：和谐宪法文化的逻辑展开

一般认为，国家（权力）与公民（权利）之间的关系是现代宪政国家中最为基本和核心的内容，国家（权力）和公民（权利）是宪法文化的两个基本价值维度。构建和谐宪法文化的核心和关键在于，寻求宪法主体——国家和公民之间关系的和谐。

在国家和公民的关系问题上，主要有两种传统的文化进路：一是自由主义进路。它强调个人的权利高于一切，国家不能侵犯个人利益；公民权利先定，先于国家而存在，是国家（政府）建立的本原和基础。国家（政府）存在目的是为了保障公民权利的实现。二是国家主义进路。强调国家理性和国家权力至上，个人应当服从国家。相信"无限政府"是国家独立、统一、安全和个人自由的保障。前者基于"国家（权力）——公民（权利）"二元对立的理论预设，认为国家的存在只是一种"必要之恶"，无"善"之可言，从而为国家权力的行使划定了边界；后者则认为国家的存在本身就是一种"善"，无"恶"之可言，从而为国家权力的无限延伸提供了正当性根据。无论是在自由主义捍卫者还是在国家主义支持者那里，国家（权力）和公民（权利）之间的关系总是输赢累计相等的零和游戏，形成了一种简单的此消彼长式的对立形态：在自由主义价值世界里，国家（政府）权力的任何扩张意味着公民个人

第八章
宪政"中国化"探索中的价值选择及其范式转换

权利的相应缩减,导致对公民个人权利的"侵犯"的负效应;在国家主义价值世界里,公民个人权利和自由的张扬被认为是个人(是缺乏共同体价值认同的"刁民"而不是"顺民")对国家的"暴政",导致对国家(政府)权威的"挑战"抑或"减损"的负效应。结果是"要么个人拥有自由而国家丧失权威,要么选择一个强大的国家而公民丧失自由,现代政治似乎总在所谓的'左'和'右'、'国家主义'和'自由主义'之间徘徊"[①]。然而,这两种传统的宪法文化进路都或多或少忽略了自由主义与强大国家之间的兼容和联系,大致显现出刚性的、自闭却又难以自足发展的困境一面,已远不能适应现代社会的政治经济变动和多元发展的需要。那么,是否存在第三种进路即"双赢"进路实现正效应的文化格局呢?对此,首先应认识到,只要国家(政府)没有消亡,就永远存在国家(权力)与公民(权利)之间、自由主义与国家主义之间的张力关系。这种张力的吊诡的现象是,自由主义对国家主义的强势既恐惧又依赖,国家主义对自由主义的充分发展是既害怕又期盼(毕竟以强制力为后盾的国家政府是一个抽象实体,其运作始终是具体的、与我们一样的人)。和谐宪法文化的建构就是要从目的出发,最大可能地消解国家和公民之间紧张关系。如是,和谐宪法文化的价值重构所要追求的最大"正效应"应当是:公民在一个强大而负责任的政府的国度里享有充分保障的自由和权利。这种吊诡的、双赢式的逻辑预设决定了:构建和谐宪法文化需要折衷的睿智和勇气,需要实现宪法文化的价值秩序观从刚性到柔性的转换。这就要求国家(权力)和公民(权利)彼此作出积极的回应,形成良性互动。

一方面,"和谐社会的建构以及中国社会的整体性转型需要国家权力在社会政治经济生活中扮演更为积极更有能动性的角色,这超越了自

[①] 刘诚:《现代社会中的国家与公民》,法律出版社 2006 年版,第 2 页。

由主义者所认可的国家的角色和功能"①。作为"必要之恶"的国家（政府），既然有存在之"必要"，某种意义上也是一种善，因而要求基于人性幽暗意识立场的自由主义以"警惕"而不是"恐惧"的态度积极回应、认同国家主义的强势，以责任形态为核心的制度安排来规范国家（政府）权力行为，抑"恶"扬"善"，抑制权力偏私性，彰显和强调其公共性，促使国家（政府）的这种"善"最大可能地能动发挥。另一方面，要求基于公共理性立场的国家主义克服对权力的迷信，充分尊重公民们的判断和选择，而不是家父权式的越俎代庖与强制，正视社会转型时期存在的的种种矛盾和利益冲突，用一系列制度设计，肯认、容纳和引导自由主义的合理张扬尤其是具体事务中多元化的意见表达与利益诉求的对话沟通，致力于在法律的逻辑框架内论证其合理性。概而言之，构建和谐宪法文化就是要建构一种国家（权力）辅助公民（权利）、公民（权利）协同国家（权力）的柔性而不是刚性，开放而不是自闭的宪法文化价值秩序，促进和谐社会理念下的人权的逻辑展开和多向度发展。

（二）责任意识下的权力谦抑性：和谐宪法文化的制度伦理和实践前提

我们知道，中国文化传统缺乏公民权利先定的自然法根基，国家主义价值意识浓厚。作为后发外源型现代化国家，近代中国的宪法文化选择一开始便以国家主义为进路。按照制度经济学家诺思提出的"路径依赖"理论：人们过去做出的选择决定了他们现在可能的选择。近代中国所生成的"富强"文化范式在当代继续演绎展开，社会主义宪政理念明显体现了国家主义价值优位倾向。然而，就在发生或可能发生"路径闭

---

① 叶传星：《和谐社会构建中的法理念转换》，《法制与社会发展》2006 年第 1 期。

锁"的关键时刻,世纪之交显现出国家/政府(公共权力)有意识退出某些领域的谦抑性特征,或许能为我们在这一文化范式转换难题上提供一种可能的解题思路。按照徐祥民先生的概念描述,谦抑是指自谦自抑,强调自觉性克制和服从的主动态度。他认为:所谓的政府谦抑有两个层面的含义,浅层次的政府谦抑"是在理性指导下对自身行为的限制","是对法律的服从,是在法律面前,在法治的要求面前的谦退";深层次的政府谦抑还包括"培育那支持约束政府的法律的,同时也对政府力量的使用具有约束作用的社会力量"。① 由于人类的理性是有限的,基于公共理性的国家(政府)作为一个抽象实体,要求代表其履行公共管理职能的具体权力行使者"应当保持克制、审慎的态度,保持高度的谦抑性,避免出现'知识的狂妄',杜绝'权力的傲慢'"。② 因此,权力谦抑性实质上是指基于人类理性有限性的认识,国家(政府)权力对自身介入公民社会生活的目的、功能的必要性、适度性和有效性的一种自我约束和自我限制,表现为权力在介入的方式、范围、方法的选择及运行的各个环节所具有的谦卑退让的品性。倡导权力的谦抑性,并非一味限制权力的内在权能,而是要抑制其不必要的扩张。妥协、克制、谦卑、尊重等这些谦抑品格,是法治精神应有的德性表现。它能使一个社会、一个民族的生活方式更具有人性关怀,相应地国家(政府)的行为、精神要求更容易在公民中间得到尊重,国家(政府)因更具有政治权威而强大。

权力谦抑具有建构和谐宪法文化所不可或缺的德性功能,权力谦抑为国家和公民良性互动提供了前提条件,是国家(政府)理性的应然体现。以现行宪法《序言》中"富强"这个奋斗目标为例。"富强"一词,其准确表达语句是"民富国强",在传统文化意识形态下却指"国富民

---

① 徐祥民:《文化基础与道路选择:法治国家建设的深层思考》,法律出版社 2004 年版,第 204—205 页。
② 詹福满:《反腐倡廉建设要树立四种意识》,《党政干部文摘》2008 年第 5 期。

强"。"国富民强"论本身缺陷在于：一是没有"民富"哪来的"国富"？二是在"国富"目标下"民强"往往被认为是可有可无的事情，"民富"却是历代统治者潜意识里最为担心之事，尤其是统治下的子民如果"富可敌国"，甚至于比国家还富裕情形下，是统治者所不能容忍的，所以在重农抑商的传统国度里，长期以来始终实行的是"藏富于国"。在国富和民富问题上，孟德斯鸠的看法值得玩味，他说："如果国家把自己的财富和个人的财富的关系调剂得相称适宜的话，则个人的富裕将很快增加国家的富裕。一切要看在这些关键的问题上作如何的抉择。国家应该通过使国民贫困的手段来先使自己致富呢，还是等待国民富裕后再由国民来富裕国家呢？国家要的是第一种好处还是第二种好处呢？国家愿意以富始呢，还是以富终呢？"① 在宪政主义者眼里，"藏富于国"是为国家主义价值目标服务的，"藏富于民"则更多与自由主义价值相联系。改革开放以来，中国正从"藏富于国"逐渐向"藏富于民"发生转变，国家（政府）权力的适度谦退带来的结果是：人民生活水平正在变得富裕，政府驾驭社会的能力得到锻炼和不断提升，国家的综合实力得到了显著的增强，一个大国正在崛起中。在经验的现实世界里，国家（政府）权力的适度谦退，在为权利的自我张扬、自我运行和自我实现留下了一定的自由空间的同时，自身也获得了荣耀（公民对政府的信心、信任和权威认同），证明了自由主义与国家主义之间可以相偕发展，从而在一定程度上消解了国家和公民之间关系失衡的"紧张"。

在社会转型时期的当代中国社会，民主、自由、人权保障观念日益深入人心。型塑法治精神内蕴的权力谦抑性品格，更应成为国家（政府）权力的制度伦理追求。这是因为，宪法不仅仅是权力的自传，更是权力的规范，而权力具有扩张的本能一面，随时可能侵夺公民个人的权利和自由，从而导向"奴役之路"的深渊。如何走出这一困境真正通往

---

① ［法］孟德斯鸠：《论法的精神》（上册），张雁深译，商务印书馆1959年版，第257页。

"自由之路"？这需要我们有更多的价值理性追求，尤其需要握有权力的人能以出世的精神认真对待宪法，认真对待权力。"韦伯理想中的政治家，是既在世俗又不为世俗，拥有权力又不迷恋权力，在工具理性的行动中追求价值理性的神圣目标。"① 也就是美国建国之初联邦党人所要追求完成的使命：把政府需要的稳定和能力与对自由和共和政体应有的神圣的关注结合起来。不充分完成他们这一部分事情，他们就不能非常完满地实现他们指定的目标或公众的期望。② 以此而论，从根本上真正实现国家（政府）必要的谦抑，培养国家公务人员的权力谦抑精神，构成了中国宪政诉求的文化范式从"富强"到"自由"转换的关键命题。早在半个多世纪前，蔡枢衡先生在分析近代中国法治之路时就对治国者寄予了更多的期望，他说："如果认为有治法尚须有治人这话是不折不扣的真理，那么应该非难的，当然是为治之人了。…为治之人应该反省的地方，实在太多了。假定近四十年来所有一切为治之人，都能克尽厥职，法治的进程，多少比现在快些，努力的成效，多少比现在大些。"③另一方面，应大力培育权力行使的责任意识，构建中国特色的政府公务人员问责制。这是实现权力谦抑性的制度要求和核心环节。正如阿克顿所说："只要条件允许，每个人都喜欢得到更多的权力，并且没有任何人愿意投票赞成通过一项旨在要求个人自我克制的条件。"④ 没有责任意识，权力谦抑性就没有落脚的可能。为此，应建构人大系统、司法系统、行政系统内部及社会舆论、新闻媒体等外部系统的多元问责机制，强化政府公务人员的责任意识，保证国家（政府）权力的合法、合理行使，满足广大公民的利益诉求，确保国家（政府）能更好地回应社会，以构建高效良好的责任政府。与之相应的是，责任意识的养成也离不开

---

① 许纪霖：《中国知识分子十论》，复旦大学出版社 2003 年版，第 117 页。
② ［美］汉密尔顿、杰伊、麦迪逊：《联邦党人文集》，程逢如等译，商务印书馆 1980 年版，第 180 页。
③ 蔡枢衡：《中国法理自觉的发展》，清华大学出版社 2005 年版，第 135 页。
④ ［英］阿克顿：《自由与权力》，商务印书馆 2001 年版，第 343 页。

政府信息公开。如果说阳光是最好的防腐剂,那么公民知情权就是责任落实的最佳催化剂,不知情则问责就大打折扣甚至流于形式。值得一提的是,2008年5月1日实施的《政府信息公开条例》顺应了这一社会要求,为问责制度的建立和完善提供了前提准备。作为宪法权利,公民知情权的行使也是公民作为国家的主人参政议政、以权利协同权力回应政府的可靠保障和最一般的基础方式,同时也有利于增加公民对国家(政府)权威的自觉认同和自愿合作,促进社会和谐与稳定。

(三) 多元价值下的宽容精神:当代中国宪法文化价值重构的和谐之道

宽容是与国家、政府(公共权力)谦抑有关的另一个概念,谦抑指涉自身,主体与对象同一,而宽容指涉对象是他人(或他物),主体和对象不一致。没有公权力的谦抑,宽容无从谈起;没有宽容,公权力的谦抑无法体现,宽容是谦抑的最好注脚。按照《布莱克维尔政治学百科全书》对"宽容"概念的解释:"宽容是指一个人虽然具有必要的权力和知识,但是对自己不赞成的行为也不进行阻止、妨碍或干涉的审慎选择。宽容是个人、机构和社会的共同属性。"① 美国学者房龙认为:宽容是容许别人有行动和判断的自由,对不同于自己或传统观点的见解的耐心公正的容忍。② 宽容对待任何观点、见解、理论、学说、主义的态度是 more or less(多或少),而不是 all or nothing(全或无),没有真伪之分,思想的火花甚至于真理在宽容中得以迸击诞生。宽容作为人类生生不息、文明得以积累的润滑剂,其哲学基础来源于人类理性的有限性,有限理性为宽容和妥协留下了可能的空间。人类现实生活是复杂多样

---

① [英] 戴维·米勒、韦农·波格丹诺主编:《布莱克维尔政治学百科全书》,邓正来等译,中国政法大学出版社2002年版,第820页。
② 任喜荣:《有限的宪法典与宽容的宪政制度——以"全球化"为概念性工具的分析》,《中国法学》2004年第2期。

的，上帝创造了人（基督教徒眼里），却不让人洞悉一切，不知"最好"的人类只有在不断试错中比较、发现"更好"至少是"最不坏"，现代性由此才能获得了积累。在这一过程中，宽容提供给人类社会自我纠错的功能和机制。在全球化时代的今天，在改革开放和市场经济体制不断发展的转型社会，利益主体的多元化、价值多元化的背景下，人们要达成理性共识更是几乎不可能，以至于宽容是寻求彼此最不坏结果的必要手段，"只可能在互利的基础上各自放弃一部分合理性的诉求而达成妥协"①，通过建立重叠共识的公共空间，多元化的利益在平等对待的基础上加以合理整合，以寻求"互惠"的正义。宽容是对人类理性有限性的理性克服的有效方式。

宽容与宪政有着紧密的联系。在自由与宪政之间，宽容具有不可或缺的功能性价值，宽容是宪政产生与存续的前提，宪政不仅表现为宽容、妥协的产物，而且是宽容、妥协的常规机制和准则。② 在前宪政社会里，宽容仅是非常态的例外原则，多表现出一种给人恩赐的假象，或所谓的"牺牲小我，成就大我"难以两全的"无奈"式随大流。只有在符合人权保障宪政秩序的社会里宽容才成为常态原则，从而为扩大而非限制人权保障范围提供法理依据。"宽容的宪政制度从抽象的文化视角上看，是指这一制度能够客观的看待、反映和容纳文化进化过程中文化冲突的普遍性，能够提供一种公共的政治空间，每一个个体不管文化观点如何，都能够在这一制度框架中寻求保护自己权利的方式。从具体的制度运行的机制的视角上看，则应该包括平等的利益表达机制、合理的利益协调机制和有效的权利救济机制。"③ 宽容是自由主义与生俱来的理念，没有宽容，就没有自由主义，就没有现代自由主义的多元发展；没

---

① 王怡：《宪政主义：观念与制度的转换》，山东人民出版社 2006 年版，第 127 页。
② 尹华容：《论宪政与宽容——以自由主义为视角》，《湘潭大学社会科学学报》2003 年第 11 期（第 27 卷第 6 期）。
③ 任喜荣：《有限的宪法典与宽容的宪政制度——以"全球化"为概念性工具的分析》，《中国法学》2004 年第 2 期。

有宽容,也就无所谓宪政。因为宽容,个人生存的社会意义得以彰显,它让每个人能够有尊严地体面生活着。"只有在承认并尊重人所固有的尊严之基础上,谈论权利、自由、民主或法治才有意义。"① 而宽容的目的使言论自由、思想自由等权利成为了可能的现实。托尔斯泰有句名言:"虽然我不同意你的观点,但我坚决捍卫你说话的权利。"这一通俗而简约表达语句正是宪政意义下宽容理念之体现。

虽然现代各国宪法文本并未直接规定宽容或容忍基本原则,但在宪政主义者看来,宽容原则是至少主要是作为约束国家、政府(公共权力)的普遍要求而隐含于宪法价值中,也是转型时期国家、政府(公共权力)谦抑性精神的要求和体现。诚如台湾有学者所论:"宽容若具有宪法的意义,应是用来拘束国家,特别是作为国家干预人民自由权利之行事依据之一,因为,宪法是以规范国家权力、保障人民自由权利为核心,从宪法中早先存在的平等原则、中立原则、比例原则、信赖保护原则……等,应可推论出国家于行使公权力时,即应对人民(包括自然人、法人)之自由权利,应予尊重,即内含宽容的意义。"② 所以,在价值多元化背景下,将宽容当作全体国人尤其是国家公共权力的德行,至少应当是公权力行使的一种价值取向。孟德斯鸠认为:"一个宽和的政府可以随意放松它的动力,而不致发生危险。它是依据它的法律甚至它的力量,去维持自己的。"③ 宽容能够为国家(政府)在接纳人民、团体、党派尤其是不同见解、思想、主张等过程中,在造就各方"双赢式而非零和式的和谐"④ 的共生共存过程中实现"善治",内含宽容精神的现代国家(政府)公权力合法性基础由此不断得到扩大和巩固。当然,宽容是

---

① 张千帆:《宪法学导论——原理与应用》,法律出版社 2004 年版,第 57 页。
② 李震山:《论宽容与宪法》,刘幸义主编:《多元价值、宽容与法律》,五南图书出版公司 2004 年版,第 412—413 页。
③ [法]孟德斯鸠:《论法的精神》(上册),张雁深译,商务印书馆 1959 年版,第 31 页。
④ 李震山:《论宽容与宪法》,刘幸义主编:《多元价值、宽容与法律》,五南图书出版公司 2004 年版,第 414 页。

有界限的，不是一味地迁就，无界限的宽容是纵容，历史上给人类造成的教训是深刻的。20世纪20、30年代的德国，虽然有当时堪称世界上最好的自由民主宪法——《魏玛宪法》，但在德国资产阶级的纵容下，纳粹党魁希特勒上台在二战期间犯下了种种侵犯人权的暴行（也殃及到德国资产阶级自身），就是一个很好的例证。我们认为，宽容是以不侵犯他人权利和自由，或者不损及合宪秩序，或者不违背公序良俗为界限，如德国学者考夫曼教授所说："宽容系根植于自由的理念，当不宽容的人未危害宪法所保障的自由时，诚如 John Rawls（约翰·罗尔斯）完全正确的指出，'并无理由…拒却他的自由'。"[①] 反之，侵犯自由的不宽容者被视为"宪法的敌人"而不予以宽容。

总而言之，从宪政意义上分析，宽容构造了宪政文化价值建构的和谐之道，它体现了宪法制度的文化生态观，在宽容面前，无论是自由主义还是国家主义，无论是国家（政府）、公务人员还是个人、平民百姓，意味着彼此之间获得了尊重，也是对彼此之间作为独立存在的认可。宽容是人类从此岸世界通往彼岸世界，从必然王国到自由王国不可或缺的桥梁，也是实践和谐社会、构建和谐宪法文化的原则精神。

---

① 李震山：《论宽容与宪法》，刘幸义主编：《多元价值、宽容与法律》，五南图书出版公司2004年版，第414—415页。

主要参考文献

一、著作类

1. [德] 鲁道夫·冯·耶林:《为权利而斗争》, 胡宝海译, 中国法制出版社 2004 年版。

2. [法] 卢梭:《社会契约论》, 何兆武译, 商务印书馆 1980 年版。

3. [法] 孟德斯鸠:《论法的精神》(上), 张雁深译, 商务印书馆 1959 年版。

4. [加拿大] 詹姆斯·塔利:《陌生的多样性:歧异时代的宪政主义》, 黄俊龙译, 上海译文出版社 2005 年版。

5. [美] C. H. 麦基文:《宪政古今》, 翟小波译, 贵州人民出版社 2004 年版。

6. [美] 埃德加·斯诺:《西行漫记(原名:红星照耀中国)》, 董乐山译, 三联书店 1979 年版。

7. [美] 格里德:《胡适与中国的文艺复兴——中国革命中的自由主义 (1917~1937)》, 鲁奇译, 江苏人民出版社 1996 年版。

8. [美] 汉密尔顿等:《联邦党人文集》, 程逢如译, 商务印书馆 1997 年版。

9. ［美］吉尔伯特·罗兹曼：《中国的现代化》，江苏人民出版社 1988 年版。
10. ［美］昆廷·斯金纳：《近代政治思想基础》（上卷），奚瑞森、亚方译，商务印书馆 2002 年版。
11. ［美］罗尔斯：《正义论》，何怀宏等译，中国社会科学出版社 1988 年版。
12. ［美］萨拜因：《政治学说史》（上册），盛葵阳、崔妙因译，商务印书馆 1986 年版。
13. ［美］塞缪尔·亨廷顿：《变革社会中的政治秩序》，李盛平、杨玉生等译，华夏出版社 1988 年版。
14. ［美］托马斯·潘恩：《常识》，何实译，华夏出版社 2004 年版。
15. ［美］托马斯·潘恩：《潘恩选集》，马清槐等译，商务印书馆 1981 年版。
16. ［美］约翰·麦克里兰：《西方政治思想史》，彭淮栋译，海南出版社 2003 年版。
17. ［美］周策纵：《五四运动：现代中国的思想革命》，周子平等译，江苏人民出版社 1999 年版。
18. ［日］川岛武宜：《现代化与法》，王志安等译，中国法制出版社 2004 年版。
19. ［意］莫诺·卡佩莱蒂：《比较法视野中的司法程序》，徐昕、王奕译，清华大学出版社 2005 年版。
20. ［英］约翰·密尔：《论自由》，程崇华译，商务印书馆 1959 年版。
21. ［英］哈耶克：《自由秩序原理》（上），邓正来译，三联书店 1997 年版。
22. ［英］霍布斯：《利维坦》，黎思复等译，商务印书馆 1985 年版。
23. ［英］汤因比：《历史研究》（上册），曹未风等译，上海人民出版社 1997 年版。

24.《陈独秀最后对于民主政治的见解》,(台北)东升印务局1949年版。

25.《胡适全集》(第38卷),安徽教育出版社2003年版。

26.《胡适文集》(1~12册),北京大学出版社1998年版。

27.《胡适作品集》(第37集),台北远流出版公司1986年版。

28.《梁启超全集》(1~10册),北京出版社1999年版。

29.《梁漱溟全集》(1~8卷),山东人民出版社1989~1993年版。

30.《列宁选集》(第3卷),人民出版社1995年版。

31.《马克思恩格斯全集》(第35卷),人民出版社1971年版。

32.《马克思恩格斯选集》(第3卷),人民出版社1995年版。

33.《毛泽东书信选集》,中央文献出版社2003年版。

34.《毛泽东文集》(1~3卷),人民出版社1993~1996年版。

35.《毛泽东选集》(1~4卷),人民出版社1991年版。

36.《毛泽东早期文稿》,湖南出版社1990年版。

37.《孙中山全集》(1~11卷),中华书局1981~1986年版。

38.《孙中山选集》(下册),人民出版社1991年版。

39.《辛亥革命前十年间时论选集》(第二卷下册),三联书店1963年版。

40.《新民学会资料》,人民出版社1980年版。

41.《论世变之亟——严复集》,胡伟希选注,辽宁人民出版社1994年版。

42.《张君劢集》,群言出版社1993年版。

43.《张君劢开国前后言论集》,再生杂志社1971年版。

44. 艾恺:《最后的儒家——梁漱溟与中国现代化的两难》,江苏人民出版社1995年版。

45. 柏拉图:《理想国》,郭斌和、张竹明译,商务印书馆1986年版。

46. 蔡枢衡:《中国法理自觉的发展》,清华大学出版社2005年版。

47. 陈独秀:《独秀文存》,安徽人民出版社1987年版。

48. 陈其津:《我的父亲陈序经》,广东人民出版社1999年版。

49. 邱志华编:《陈序经学术论著》,浙江人民出版社1998年版。

50. 陈序经：《文化学概观》（三），商务印书馆1947年版。

51. 陈序经：《文化学概观》（四），商务印书馆1947年版。

52. 程文熙编：《中西印哲学文集》（上册），台湾学生书局1981年版。

53. 哈佛燕京学社、三联书店主编：《儒家与自由主义》，三联书店2001年版。

54. 何勤华主编：《法的移植与法的本土化》，法律出版社2001年版。

55. 曹伯言选编：《胡适自传》，黄山书社1986年版。

56. 胡颂平：《胡适之先生年谱长编初稿》（第一册），联经出版公司1990年版。

57. 黄克武：《一个被放弃的选择——梁启超调适思想之研究》，新星出版社社2006年版。

58. 蒋立山：《法律现代化——中国法治道路问题研究》，中国法制出版社2006年版。

59. 蒋世弟等编：《中国近代史参考资料》，高等教育出版社1988年版。

60. 金耀基：《从传统到现代》，中国人民大学出版社1999年版。

61. 李龙主编：《西方宪法思想史》，高等教教育育出版社2004年版。

62. 李泽厚：《中国现代思想史论》，安徽文艺出版社1994年版。

63. 梁治平、贺卫方主编：《宪政译丛》，三联书店1996～2002年版。

64. 林毓生：《中国传统的创造性转化》，三联书店1996年版。

65. 刘诚：《现代社会中的国家与公民》，法律出版社2006年版。

66. 刘幸义主编：《多元价值、宽容与法律》，（台北）五南图书出版公司2004年版。

67. 刘作翔：《法律文化理论》，商务印书馆1999年版。

68. 罗荣渠：《现代化新论——世界与中国的现代化进程》，北京大学出版社1993年版。

69. 罗荣渠编：《从西化到现代化》，北京大学出版社1990年版。

70. 牛彤：《孙中山宪政思想研究》，华夏出版社2003年版。

71. 欧阳哲生：《自由主义之累——胡适思想之现代诠释》，江西教育出版社2003年版。
72. 潘伟杰：《宪政的理念和制度》，上海人民出版社2004年版。
73. 逄先知编：《毛泽东年谱》（中卷），人民出版社1993年版。
74. 乔丛启：《孙中山法律思想体系研究》，法律出版社1991年版。
75. 钱永祥：《纵欲与虚无之上——现代情境里的政治伦理》，三联书店2002年版。
76. 任东来等：《美国宪政历程：影响美国的25个司法大案》，中国法制出版社2004年版。
77. 孙立平：《罗荣渠与现代化研究——罗荣渠教授纪念文集》，北京大学出版社1997年版。
78. 汪晖、陈燕谷主编：《文化与公共性》，三联书店1998年版。
79. 王德志：《宪法概念在中国的起源》，山东人民出版社2005年版。
80. 王耿雄编：《孙中山集外集》，上海人民出版社1990年版。
81. 王健编：《西法东渐：外国人与中国法的近代变革》，中国政法大学出版社2001年版。
82. 王人博：《宪政文化与近代中国》，法律出版社1997年版。
83. 王炎编：《宪政主义与现代国家》，三联书店2003年版。
84. 王怡：《宪政主义：观念与制度的转捩》，山东人民出版社2006年版。
85. 夏勇：《人权概念起源——权利的历史哲学》，中国政法大学出版社2001年版。
86. 萧公权：《宪政与民主》，清华大学出版社2006年版。
87. 谢维雁：《从宪法到宪政》，山东人民出版社2004年版。
88. 熊月之：《中国近代民主思想史》，上海人民出版社1986年版。
89. 徐大同主编：《当代西方政治思潮：20世纪70年代以来》，天津人民出版社2001年版。

90. 徐祥民：《文化基础与道路选择：法治国家建设的深层思考》，法律出版社 2004 年版。

91. 许纪霖、陈达凯主编：《中国现代化史》第一卷（1800～1949 年），上海三联书店 1995 年版。

92. 许纪霖：《中国知识分子十论》，复旦大学出版社 2003 年版。

93. 许章润：《说法·活法·立法——关于法律之为一种人世生活方式及其意义》，清华大学出版社 2004 年版。

94. 薛化元：《民主宪政与民族主义的辩证发展》，（台北）台北稻香出版社 1993 年出版。

95. 亚里士多德：《尼各马科伦理学》，苗力田译，中国人民大学出版社 2003 年版。

96. 亚里士多德：《政治学》，吴寿彭译，商务印书馆 1965 年版。

97. 杨深编：《走出东方——陈序经文化论著辑要》，中国广播电视出版社 1995 年版。

98. 余定邦、牛军凯编：《陈序经文集》，中山大学出版社 2004 年版。

99. 余英时：《现代儒学的回顾与展望》，三联书店 2004 年版。

100. 约翰·密尔：《代议制政府》，商务印书馆 1982 年版。

101. 岳华编：《儒家传统的现代转化》，中国广播电视出版社 1992 年版。

102. 叶海波：《政党立宪研究》，厦门大学出版社 2009 年版

103. 张宝明：《自由神话的终结——20 世纪启蒙阙失探解》，三联书店 2002 年版。

104. 张晋藩：《中国宪法史》，吉林人民出版社 2004 年版。

105. 张晋藩主编：《中国法制通史》（第 10 卷），法律出版社 1999 年版。

106. 张君劢：《立国之道》（第四版），桂林出版社 1947 年版。

107. 张君劢：《民族复兴之学术基础》，山东人民出版社 2006 版。

108. 张君劢：《明日之中国文化》，山东人民出版社 1998 年版。

109. 张君劢：《宪政之道》，清华大学出版社 2006 年版。

110. 张君劢：《新儒家思想史》，(台北)台北弘文馆 1986 年版。

111. 张磊：《孙中山思想研究》，中华书局 1981 年版。

112. 张千帆：《宪法学导论——原理与应用》，法律出版社 2004 年版。

113. 张世保：《陈序经政治哲学研究》，人民出版社 2007 年版。

114. 张学仁、陈宁生主编：《二十世纪之中国宪政》，武汉大学出版社 2002 年版。

115. 赵明：《近代中国的自然权利观》，山东人民出版社 2003 年版。

116. 赵晓力：《宪法与公民》，上海人民出版社 2004 年版。

117. 中国文化书院讲演录编委会：《中外文化比较研究》，三联书店 1988 年版。

118. 钟群：《比较宪政史研究》，贵州人民出版社 2003 年版。

119. 周质平：《胡适与现代中国思潮》，南京大学出版社 2002 年版。

二、论文类

1. 曹骏扬：《在传统与现代的两难中寻求新路——由中西文化比较试析梁漱溟的法文化观》，《社会科学》2005 年第 5 期。

2. 陈金英：《近代国人对于共和在认识上的误区》，《人大研究》2005 年第 8 期。

3. 陈先初：《抗战时期中国共产党民主建政的历史考察》，《抗日战争研究》2002 年第 1 期。

4. 方维规：《"议会"、"民主"与"共和"概念在西方与中国的嬗变》，《二十一世纪》2000 年第 4 期（总第 58 期）。

5. 何景春：《论毛泽东的宪政思想》，《党史文苑》（学术版）2006 年第 11 期。

6. 贾孔会：《试论抗战时期中国共产党的新民主主义宪政实践》，《理论月刊》2004 年第 3 期。

7. 刘田玉：《自由、宪政及其关系——解读中国宪政运动的自由之结》，《西南政法大学学报》2004年第4期。

8. 罗志田：《杜威对胡适的影响》，《四川师范大学学报》（社会科学版）2002年第6期。

9. 牛彤：《简论孙中山民主立宪思想中的政党观》，《政治学》（中国人大报刊复印资料）2003年第2期。

10. 任喜荣：《有限的宪法典与宽容的宪政制度——以"全球化"为概念性工具的分析》，《中国法学》2004年第2期。

11. 施治生：《西塞罗的共和国政治理论》，《史学理论研究》1999年第2期。

12. 宋海春、栾雪飞：《毛泽东的科学立宪思想与中国宪政发展》，《中共福建省委党校学报》2007年第1期。

13. 宋俭：《新民主主义宪政研究》，2004年优秀博士论文。

14. 童之伟：《〈物权法（草案）〉该如何通过宪法之门——评一封公开信引起的违宪与合宪之争》，《法学》2006年第3期。

15. 汪生太、程乃胜：《从动力来源看中国宪政现代化的模式》，《法学评论》2007年第2期。

16. 王本存：《宪政与德性》，2007年中国优秀博士学位论文。

17. 王德志：《论宪法概念在近代中国的转型》，《法学家》2004年第5期。

18. 王焕生：《西塞罗的义务观评析》，《比较法研究》1999年第3~4期。

19. 王人博：《宪政的中国语境》，《法学研究》2001年第2期。

20. 王向民：《中西璧合：民国政治学家的民治诉求》，《学术月刊》2007年第11期。

21. 王祖志：《孙中山五权宪法思想研究新见》，《法学研究》1999年第4期。

281

22. 翁贺凯：《张君劢宪政民主思想的起源》，《清华大学学报》（哲学社会科学版）2008年第5期（第23卷）。

23. 吴国光：《反政治的自由主义——从胡适的宪政思想反省宪政主义在中国的失败》，《当代中国研究》2003年第四期。

24. 徐国利：《论梁启超的非宪政观》，《江西社会科学》2008年第4期。

25. 许纪霖：《在现代性和民族性之间：张君劢的自由民族主义思想》，《学海》2005年第1期。

26. 许纪霖：《政治美德与国民共同体——梁启超自由民族主义思想研究》，《天津社会科学》2005年第1期。

27. 杨鹏程：《"民主共和观念深入人心"：辛亥革命未完成的文化使命》，《历史教学》2001年第10期。

28. 叶传星：《和谐社会构建中的法理念转换》，《法制与社会发展》2006年第1期。

29. 殷啸虎、刘守刚：《西方宪政发展的自由主义背景》，《华东政法学院学报》2002年第3期。

30. 尹华容：《论宪政与宽容——以自由主义为视角》，《湘潭大学社会科学学报》2003年第11期（第27卷第6期）。

31. 余品华：《略论"马克思主义中国化"提出的历史原因和契机》，《江西社会科学》2010年第6期。

32. 詹福满：《反腐倡廉建设要树立四种意识》，《党政干部文摘》2008年第5期。

33. 张宝明：《启蒙的悖论（1911～1921）：20世纪思想史上的困惑》，《人文杂志》2003年第4期。

34. 周枫：《自由主义的道德处境》，《人文杂志》2004年第1期。

35. 邹平学：《反省与超越：东亚宪政主义发展的路径与模式》，《环球法律评论》2007年第1期。

后　记

　　人们通常认为，对历史的回顾影响着对未来的选择。实际上，关于现实的定位和未来的选择更容易凸显历史的记忆。自近现代以来，当民主宪政成为社会统治的正当性、合法性根据的政治逻辑时，百年前中国思想界先辈们曾因为宪法（宪政）而梦想、渴望、诉求而努力，百年后我们也因为宪法（宪政）而苦苦探求、痴迷。宪政中国如何可能，始终是一个多世纪以来历史和时代的重大课题。从思想史角度梳理20世纪前半叶新知识群体在回应现代性的挑战中对推展宪政"中国化"命题的种种思考和探索方案，以及可能存在的缺陷或局限性，初步构建该问题研究的知识谱系，以认识和把握20世纪初以来宪政"中国化"所面临的种种际遇和现实发展的可能性问题，对于当代中国宪政建设来说，无疑亦能从中汲取许多可资借鉴的思想资源。因为任何思想学说、学术观点的产生，都是为了解决社会存在的问题。宪政思想史的研究不只是为了展示先辈们对民主宪政的认知、解读和追求，更在于通过对20世纪初以来宪政思想、学术观点的研究为解释、解决现实的政治问题提供可能的智识启迪。这正是本书写作旨趣所在。

　　本书从确定选题、搜集资料、构思框架到完稿花了较长的时间，其中的苦乐自知。毕竟宪政思想史的研究是一个博大深邃的学术领域，其本身具有鲜明的多学科性或跨学科性，既需要有政治学或法学（宪法学）理论的知识逻辑，更离不开丰富的思想历史实证资料。常言道："乱世出英雄"，在20世纪前半叶动荡不安的岁月里，正是孕育政治家、思想家甚至文化大师的英雄时代。除了本书所初步涉猎的梁启超、张君劢、胡适、梁漱溟、陈序经、孙中山和毛泽东等人宪政思想外，尚有诸如康有为、严复、罗隆基、萧公权、张东荪、张佛泉、储安平、施复亮、钱端升、陈独秀、熊十力、傅斯年、殷海光、徐复观等一大批"以天下为己任"的新知识群体，他们都曾各自以其智识思考在中国宪政思想史上留下或浓或淡的一笔。当然面对如此浩繁而深邃的研究领域，进行系统、全面、综合地开展研究，自然力不从心。本书主要以宪政"中国化"问题为研究对象，突出研究的专题性，且是以20世纪前半叶一些重要思想人物为主要叙事单元，试图初步揭示20世纪前半叶宪政"中国化"探索中的不同文化面相，以期抛砖引玉。

在本书即将付梓之际，我要特别感谢董四代教授提供了一些宝贵资料和中肯的修改意见。没有董老师的帮助、鼓励和支持，我在教学科研上的成长甚至拙著的问世是不可能的。我还要感谢我的妻子卓琛女士。由于分居两地，她不仅要面对工作上的许多压力，还要操持大量家务以及照顾疾病缠身的年迈父母，仍无怨无悔。她以其辛劳、宽容和大度给予我莫大的帮助，对此我将铭记于心。

需要说明的是，书中的部分章节内容曾以论文形式在期刊杂志上发表过，有的章节标题仍沿用了原论文题目，因此在内容上难免出现前后少许重复的现象。囿于自身知识积累和学力上的不逮，以及资料欠丰，书中内容定有不少错误和不足之处，若蒙学界同仁和读者批评指正，我将不胜感激。

施建兴
2011年6月